武汉大学2021年研究生教材建设培育项目

# 一流大学建设的治理逻辑

彭宇文　等　著

**撰写组**（排名不分先后）

彭宇文　王　萍　李骏锋　易　慧　周思钰

夏施思　徐玉胜　唐依凡　曾心媛

WUHAN UNIVERSITY PRESS

武汉大学出版社

**图书在版编目（CIP）数据**

一流大学建设的治理逻辑／彭宇文等著 . -- 武汉 ：武汉大学出版社，
2024.12（2025.5 重印）. -- ISBN 978-7-307-24517-4

Ⅰ. G649.286.31

中国国家版本馆 CIP 数据核字第 2024S9592E 号

责任编辑:沈继侠　　　责任校对:鄢春梅　　　版式设计:马　佳

出版发行:**武汉大学出版社**　　（430072　武昌　珞珈山）

（电子邮箱：cbs22@ whu.edu.cn　网址：www.wdp. com.cn）

印刷:湖北云景数字印刷有限公司

开本:787×1092　1/16　印张:14　字数:319 千字　插页:1

版次:2024 年 12 月第 1 版　　2025 年 5 月第 2 次印刷

ISBN 978-7-307-24517-4　　定价:68. 00 元

# 目　　录

# 绪论：关于本门课程的介绍

**课程时间**：2020 年 2 月 21 日 8：40—9：00
**地　　点**：腾讯会议
**主 讲 人**：彭宇文教授

**彭宇文**：各位同学好！我先介绍一下本门课程的由来及其教学方式，算是我们这门特殊课程的开场白吧。

近年来，武汉大学鼓励研究生教育教学的新探索，推出了"研究生研究学分课程"项目，根据 2018 年 4 月武汉大学研究生院发布的《武汉大学关于开展研究生研究学分课程建设的通知》规定，"研究生研究学分课程旨在推进培养模式转变，鼓励教学方法创新，优化硕、博士研究生课程体系，充分发挥研究生在课程学习中的主动性和创造性，激发高水平原创研究成果的产出"。按照我的理解，开设研究学分课程，就是希望突破原来研究生课程中存在的被动性知识传输缺陷，鼓励研究生以主体性姿态参与课程教学，强化思想性、探索性和原创性。而对于研究学分课程的定位，文件则将其提高到相对重要的地位，规定"研究学分课程以责任教授为主导，以有志投入原创研究的研究生为主体，着重提升研究生的原创研究能力，是现有研究生精品课程的升级版"。可以说，研究学分课程是高于研究生精品课程的升级版，说实话，我之前没有申请过精品课程，但看到研究生院下发的这个通知以后，我感觉这是一个难得的探索研究生课程教学新形式的机会，一冲动就以"'双一流'建设与高校治理现代化研究"为主题进行了申报，结果被学校批准成为当年度立项建设的 24 门研究学分课程之一，正式进入课程建设阶段。获批以后，我对这门课程的教学内容与形式进行了精心谋划，并于 2018—2019 学年第一学期正式第一次开课，摸索了教学经验。本学期是这门课程第二次开课，根据相关主题现实发展情况，我在原有专题基础上进行了一定调整，将课程主题确定为"一流大学建设的治理逻辑"，更加聚焦于一流大学治理方面的内容。

实事求是地说，开设这门课程对我的压力与挑战都非常大，虽然学校文件赋予了研究学分课程比精品课程更高的地位，但实际上教学要求也更高，文件规定，"研究学分课程倡导开放式教学，课堂应采取问题式教学、探究式教学、前沿讲座教学等。教学团队成员要着重指导研究生通过查阅资料、梳理文献、开展实验、定期组织小组汇报及讨论等方式进行文献综述、归纳研究现状、提出原创课题，开展科研设计和科研实践。交叉学科类、前沿类、方法类、实践类、研讨类课时应占课时总比例的 60% 以上"。可以看到，我们这门课程的教学方式更丰富、更自由，也更自主，对老师、对学生都提出了更高要求，需要大家以主人翁的意识共同参与各方面教学环节，才可能有效实现课程教学目标。除开那些一般性的教学要求以外，我特别期待的有两点，一是以教育学科为主的跨学科性，在教育学科理论基础上，充分发挥各位的多样化学科专业背景特点，开展跨学科交流，形成学科之间互动的交叉融合；二是以课堂研讨为主的跨区域性，在开展多种形式的课堂研讨的同时，能够走出课堂、走出校园，开展实地调研，理论联系实际，了解并把握高等教育治理的前沿问题，实现来自实践的理论升华。当然，理想很丰满，也许现实很骨感，能不能实现我的期待，还有赖于各位的共同努力。

如前所述，作为研究学分课程，这门课的教学方式跟其他的课程不一样，不过，由于受新冠疫情的影响，我们不得不调整教学方式，借助线上系统开展在线教学，主要采用在线教学研讨、专题报告、自我研修加研讨的形式，原本设计的实地调研等其他形式只能再商定了。说实话，对此我觉得非常遗憾，同时，如何开展有序而且有效的线上教学，我们都没有经验，只能在实践中摸索了，希望大家理解并共同努力来上好这门课程。

由于有 8 名同学选修这门课程，所以我设计了 9 个专题。第一讲是由我来讲，后面的8 讲，每个专题安排一个主报告人、一个副报告人，用 PPT 作报告。因为这门课程的目标是做学术研究，所以我想改变一般课程经常采用的分组集体报告方式，希望能够发挥每一个同学的独立性，独立开展研究。主报告人相对全面地报告这一讲的内容，而副报告人可以选择某一个点来阐述自己的思考和观点。主、副报告人两个人不用沟通，各讲各的，不怕重复，不怕冲突，我更希望听到不同的观点，围绕某一个专题有不同的观点表达。讲完以后大家再一起讨论，我会进行点评，谈我的观点。每一次的报告内容我们都会录下来，由主讲人把它整理出来。

每一个人独立的专题研究与大家相互参与研讨相结合，这样的研究其实是很有价值的，我希望通过 9 个专题的研讨，能够形成相对完整的系列研究成果。这门课的宗旨是希望提升大家的原创研究能力，产出高水平原创研究成果，各位都已经进入研一下学期了，有一定的研究基础，所以我想通过这门课的学习，能够使同学们的研究能力有一个提升。我在这里想再说明一下，我设计的专题也许不一定那么严谨，不一定那么准确，你们可以提出你们的意见。这个课程就是一个研讨性的课程，我希望能够听到一些不同的声音，如果同学们觉得有问题可以直接提出来，希望大家敢于质疑。

# 专题一　一流大学建设的治理逻辑起点：法人治理结构

课程时间：2020 年 2 月 21 日 9：00—12：00
地　　点：腾讯会议
主 讲 人：彭宇文教授

## 一、分专题讲解互动

**彭宇文：** 这门课的主题是"一流大学建设的治理逻辑"。实际上，"双一流"建设跟治理之间有重要的关系，一流的学科离不开一流的大学，一流的大学离不开一流的学科，但是无论怎么讲，两者都离不开有效的治理，治理在一流大学建设中有重要的意义，所以我围绕这个主题确定了 9 个专题。之前我已经把大纲发给了大家，相信各位应该有所思考，下面，请每一个专题的主报告人谈一下对所选专题的理解，每一个人讲完我会补充阐释一下。

第 1 个专题是"一流大学建设的治理逻辑起点：法人治理结构"。大学治理最重要的出发点、逻辑起点在哪里？我认为还是高校法人治理结构，这是我一直以来主张的一个学术观点。法人治理结构是来自经济学、管理学的一个用语，那为什么我要把它作为逻辑起点？其核心点是，大学要实现一流的治理必须建立在自身是独立法人的基础上。所以在这一讲里面，我会着重谈一谈什么是高校法人治理结构，然后阐述在这个基本概念之下涉及的相关的几个要素，如法人、权力、权利等。

其实，法人治理结构的核心要义在于它包含着内部和外部的关系，一流大学建设要落实到内外部关系的协调上。我之前也讲过，我们研究高等教育，研究教育政策与教育管理，研究各方面的社会问题，其实一个很重要的思路就是"关系"，都离不开"关系"这两个字。在家庭里面有父母子女的关系，在社会中有你跟其他群体的关系、同学的关系、师生的关系，一流大学建设同样建立在各种关系的基础上。对内部而言，有不同权力（权利）主体之间的关系；从外部来说，有高校与社会、高校与政府等这样一些关系。这些都是我们研究大学治理不可回避的关系，所以"关系"是最重要的一个内容，是一个核心要素，大家可以抓住这一点来思考问题。

**夏施思：** 我来谈一谈对第 2 个专题"一流大学建设的历史基础：我国高校治理的制

度变迁"的理解。因为我最近对制度研究比较感兴趣，我认为我国高校的内部治理主要是由政府的政策在主导，国家颁布的一些相关政策文件是高校治理实施的依据。所以，我想通过研究整个政策的变迁过程，来了解我国的高校治理有一个什么样的发展过程。

在这个主题之下，包括改革开放以来高校治理发展的过程及特征、高等教育重点建设工程的政策变迁、我国高校治理制度变迁的规律几个部分，也是我比较想研究的。我觉得改革开放以来，我国高等学校的规模其实是在不断扩张的，所以在大学治理方面会出现一些混乱的表现，存在一些问题和不足，优化治理的问题比较迫切。比如说大学的决策管理权、教师的绩效考核、大学与社会和政府的关系、高校的领导体制、高校办学自主权等很多问题，我觉得都是可以通过政策的不断变化发展反映出来。从研究方法来说，其实我还想用一个政策分析工具来做这个专题。

**彭宇文**：施思讲了一些想法，这个地方我也补充一下。刚才她特别强调使用政策分析工具，这个确实很重要。这一节其实隐含着两个方面的问题，第一个问题就是从一流大学建设的历史角度进行分析。回顾历史是一个基本的研究方法，所谓变迁，其实就是一个历史的发展过程。从研究工作量考虑，我把重点放在了对改革开放以来高校治理包括重点建设工程等进行历史梳理。

第二个问题就是政策，实际上制度变迁落到这个点上，讲的就是政策。"双一流"建设是一个重点建设工程，作为高校治理中一个很重要的部分，它可能是一个牛鼻子，我们现在可以看到，国家是用"双一流"的政策工具来牵动整个高校的建设，带动整个高等教育的体制变革，来引领整个高等教育的发展，这是政府一贯的思路。所以，从政策角度而言，我们需要研究一下，为什么要有这么多重点工程？重点建设工程作为高校治理中一个重要的政策工具，在整个治理中应当发挥什么样的作用？

另外，政策变迁实际上肯定是有规律可循的，回顾历史是要总结历史的规律。我们改革开放40多年以来的政策发展，它有什么样的规律可以总结？有哪些做得不足的、不成功的地方需要进一步摸索？这些规律在我们现在看来，有什么样的现实价值？其实这些都需要总结，专题2大概是这样一个思路，就是围绕历史的梳理，使用政策分析的工具来总结。好的，接下来是专题3。

**徐玉胜**：关于专题3"一流大学建设的时代背景：治理体系与治理能力现代化"，在我看来，是在前面两个基本理论和历史回顾专题的基础上，对整个政策的时代背景进行宏观研究，前三个专题可能都是我们这个课程的基础，基于这些基础再去讨论各种具体问题。我感觉，对《中国教育现代化2035》、党的十九届四中全会通过的《中共中央关于坚持和完善中国特色社会主义制度 推进国家治理体系和治理能力现代化若干重大问题的决定》（以下简称《决定》）等重要文件的解读，就是要明确新时代教育应该是一个什么样的发展状况？一流大学建设应当实现什么样的建设目标？相当于是一个顶层设计。这是我目前的一点想法。

**彭宇文**：徐玉胜同学本科学习的是财政类专业，这样的学科背景对我们的研讨的确很有价值，所以我很欢迎他加入。刚才他讲了一下对专题3的理解，关于这个专题的逻辑思路，他讲的是对的，因为前面回顾了历史以后，我们就需要来观照这个时代、呼应这个时代，新时代"双一流"建设有什么新的背景？对重点建设的模式，到底现在有什么新的要求？新时代发展的核心之一就是治理体系与治理能力的现代化。《中国教育现代化2035》《决定》这两个文件我不知道大家看过没有，希望大家能够认真学习。

这个专题的重点，是对国家治理现代化的大背景进行阐释，并在此基础上研究一流大学治理的时代需求与核心要求。高等教育发展、一流大学建设在国家的整个建设中具有重要的支撑意义，有了一流的高等教育、一流的大学，才可能有一流的科研产出、一流的人才培养等，才能支撑国家的高质量发展。高等教育的目标、一流大学建设的目标必须呼应国家的总体建设目标，也得围绕治理现代化来推进。所以，我们要分析在这样一个大的时代背景下，高校治理现代化的时代内涵与特征、高等教育治理的制度优势及其延伸到一流大学建设的制度优势，而最关键的是这个制度优势怎么转化为一流大学治理的效能，这是最重要的一点。我学习党的十九届四中全会的文件，有一个最深刻的感受就是"效能"两个字。其实现在我们可以总结很多关于治理的制度优势，包括党的领导等这样一些优势，但是实际效能如何？这是我们最需要反思的问题。什么是制度的优势？什么是治理的效能？制度优势能不能转化为治理的效能？如何转化为治理的效能？这些都是我们需要研究的问题。

所以刚才玉胜讲得很好，专题3主要是要从宏观角度来研究，但它其实也不仅仅是宏观研究，它也是宏观与中微观的结合。我希望大家能够关注两个点：一个是高等教育治理现在的基本要求是什么？时代特征是什么？再一个是治理的效能，特别是怎么把制度优势转化为治理效能，这个是很重要的一点。接着是专题4。

**唐依凡：**我对"一流大学治理的核心要义：一流大学的一流治理"这个专题感兴趣，是因为之前做过一个世界一流大学个案研究的专题，分析了世界一流大学在治理结构、师资等方面做得比较好的地方，以及对我们现在建设一流大学有哪些值得借鉴的地方，所以对这一方面还算比较熟悉。关于这个专题，我大概的想法是：要先了解现在建设一流大学新的要求与新的背景，然后进行国内外比较研究，学习国外世界一流大学的一些先进理念、治理方式，在此基础上总结一流大学治理的一些核心要素与关键点。

**彭宇文：**依凡刚才讲的这些基本上涵盖了相关内容，我们要注意，这个专题从逻辑上来说，谈到了一流大学建设的最高要求。一流大学应当有一流治理，只有一流治理才有可能建成一流大学。因此，我们就需要把握，到底什么才是"一流"？所以这个专题最重要的一个点就是对标，要把一流的标准列出来。我们要建成什么样的一流大学？我们要实现什么样的一流的大学治理？标准在哪里？标杆如何？这些问题非常重要。所以，这个专题的第一部分是研究什么是一流大学？它包括哪些核心要素？这需要我们总结出来，围绕这样一些要素去进行建设、治理。这样就进入第二个部分，什么是一流的治理？治理有很多表达方式，比如说法治化、科学性、规范性等，那么到底怎么样才是一流的治理？这个也需要研究。有一流的就肯定有二流的、三流的，甚至是不入流的治理，所谓不入流的治理就是有问题、做得不好的，那么哪些情况是不入流的？从这个角度进行研究也是非常必要的。所以，这个专题研究的是我们的标杆，非常重要。

刚才依凡还谈到要进行比较研究，学习国外一流大学像耶鲁大学做得好的一些地方。

我也补充谈一点，我们确实是需要比较，因为一流的标准肯定是建立在世界标准之上的，肯定不只是我们国内自娱自乐的一流。我们强调的是世界范围的一流，这一点很重要。但是同时我们也要注意一点，就是一流的本土化问题、一流的中国化问题，我们不能只注重西方标准，也得要注意中国元素，中国特色、中国本土化也是我们要注意的。这是专题4，接着是专题5。

　　**王萍**：关于专题5"一流大学治理的思想基础：中国特色社会主义教育思想"，刚才彭老师也讲到了一流大学要有中国特色以及本土化的问题，我想，要真正实现一流治理的效果，必须要有一流思想的指导，这个指导思想，就是中国特色社会主义教育思想。

　　这个专题的第1部分是研究一流治理的中国特色，我们的特色点究竟在哪里？我们要想达到中国特色的一流治理，肯定要在中国特色的思想内挖掘。我们可以借鉴外国的经验，但是要实现中国特色的世界一流，还是得用真正适合中国的治理方式来进行治理。我还有一个想法，就是我们应该要找出中国特色中有优势的和有需要的部分，才可能是真正有用的部分。

　　关于第2个部分"立德树人的一流人才培养体系构建"，立德树人是核心，也是根本任务。我在想一流人才培养体系构建和一流治理之间的关系，我觉得人才培养体系构建应该是蕴含了一部分管理和治理的，因为人才培养体系应该包含学科、教学、教材管理等多个方面，但我不知道老师为什么在这里突然从治理的范围一下子扩展到了人才培养机制。

　　**彭宇文**：王萍刚才讲得很好，她也提出了自己的一些思考。这个很好，大家都可以这样来思考，可以提出你的疑问。其实从专题4开始就进入实施的阶段，所以会是几个"基础"。首先是思想，就是我们讲的中国特色社会主义教育思想，这是一个思想的基础。我们怎么去做一流大学的治理？需要有一个思想的引领。这个思想引领，第一，它必须是有中国特色的思想。所以，我们首先必须要研究到底什么是一流治理的中国特色？这是我们思想研究的要点。我们这里讲中国特色的教育、一流的教育，肯定是有中国特色的、世界范围内一流的教育，而作为重点的问题就是到底哪些是中国特色？这需要我们从中国特色社会主义教育思想的理论中去梳理和总结，所以我把思想基础放在首位来研究。

　　王萍提出她的疑惑，就是怎么会突然间谈到人才培养问题了？我是这样延伸过来的，中国特色社会主义教育思想里面有很重要的一点是立德树人，强调一流大学要培养一流人才，《中国教育现代化2035》、党的十九届四中全会通过的《决定》以及习近平总书记的多次讲话，强调的都是立德树人，中国的大学必须要坚持这样的目标，所以我把人才培养单独列出来。其实要全面地说起来，一流大学应该履行一流的科研、一流的社会服务等不同的职责，但现在可能我们最缺的也最需要加强的是一流的人才培养，而实现这一点的目标是立德树人。人才培养体系，刚才王萍讲得很对，包含了治理的含义在里面。一流的人才培养体系实际上是整个治理中的一个内容，一流大学治理包括的要素应该是很多的，一流人才培养是一流大学建设的一个重点，而这个重中之重在于什么？怎么实现一流人才培养？既要有一个好的思想的指导，比如说立德树人，还要有一个好的体系的构建，而体系构建实际上是现在的一个难点，也是学术界和官方都很关注的一个问题，比如说师资队伍、专业设置、课程设置、教学方法、教学模式、教材等，怎么样形成一个有效的培养体系，其实是一个难点。一流大学的治理如果没有这样一个完整有效的人才培养体系，也不能成为一流大学。但这个专题是有难度的，因为中国特色社会主义教育思想的核心内容是什么？也没有形成一个完整的结论，现在有很多人提出来，把习近平总书记在全国教育大会上讲的一些观点，比如说"九个坚持"等作为教育思想的一个核心点，但怎样把它从宏大叙事落实到一流大学治理中来？有哪些思想是可以适用于指导一流大学建设的？可能还需要结合政治学等方面的一些知识来进行研究，所以这一专题有它的难度。第6个专题是谁的？

**李骏锋**：我来谈谈对第6个专题"一流大学治理的文化基础：回归教育本源"的理解。其实我对这个主题有自己的理解，从题目的设计来看，应该是要回归教育的本源，那么首先要弄清楚什么是教育的本源？"源"就是指源头，要从大学精神、教育规律这两个角度出发，去探讨现在进行一流大学治理的教育本源应该是怎样的。就大学精神而言，我个人是想进行古今中外的一些一流大学的研究，探讨他们的大学精神。因为现代大学实际上起源于西方，所以可能重点是在对西方的一些大学教育思想的梳理，比如说德国大学的一些古典教育观，当然还有一个角度是在新时代要体现新发展，要将大学原有的精神跟新时代结合在一起。

关于教育规律，我个人觉得是一个难点，就是怎么去发现中国特色的教育规律。其实在上个学期，刘亚敏老师（原武汉大学教育科学研究院教授）和彭老师上课时就让我们做过类似的专题，去探讨中国高等教育的特色举措，分析我们中国教育的特色在哪儿。我们有一些总结，但可能还不能够那么准确地去表达出来。所以我觉得重点或难点应该还是在教育规律这方面，即中国特色教育规律怎么去找。以上就是我对专题6的一些理解。

**彭宇文**：骏锋讲得很完整，这个专题有几个点需要注意：一个就是专题6和专题5之间有一定的延续和交叉，因为思想和文化本就无法割裂。那么专题6和专题5的区别主要在于，专题5可能更多的是从政治站位角度，从中国特色社会主义理论体系这样一个角度来谈一流大学治理的思想，而专题6更多的是从教育原理的角度来谈一流治理的思想，其实也都是落到了思想文化角度，这是两者的关系。

这个专题是回归教育本源，"本源"实际上有两种写法，一种是我现在这样写的"源"，还有一种是"原"。我也曾犹豫过到底用哪一个，后来就用了这一个"源"，更加强调源头，强调教育最根本的东西是什么，也就还是我们讲到底什么是一流大学的精神根源？大学的精神是什么？建立在什么样的精神和规律之上的大学，才能是一流大学？这是核心点所在。

这里有两个点，刚才骏锋也把握住了，一个是新时代大学建设，原来讲大学精神时提到的比如说教授治校、大学自治等这样一些西方的大学精神，在新时代中国，能不能成为我们现在的大学精神？如果可以的话，我们怎么使它具有新时代的特点和中国元素的表达？其实中国新时代的大学精神与西方传统的大学精神，既存在一致性，也存在不同性，这是我们需要讨论的问题。另一个是教育规律的中国特色的问题，普遍意义的教育规律有哪些？其中哪些能够成为中国特色的教育规律？这个是值得研究的。所以这个专题也有它的难度，因为思想文化都是相对抽象的东西。第7个专题，法治基础是由谁来做的？

**曾心媛**：关于专题7"一流大学治理的法治基础：教育治理法治化"，我先根据子目录提纲"依法治校""一流大学治理的章程统领模式"来讲一下我的理解。一开始看到这个题目，我就想到了老师上个学期给我们开的讲座，我记得您当时说"法治化是'双一流'建设的善治之道"，所以我觉得法治化是"双一流"建设的保障。那么从依法治校这一个点来看的话，我会从依法治校包括哪些方面内容入手，比如政府依法管理学校、学校依法办学、教师依法执教、社会依法支持参与学校的管理，等等，从各个方面去研究怎么样更好地进行依法治校。我最近也在读一些相关文献，发现在依法治校这方面，好像相关的法律有一定的滞后性，"双一流"建设的法律依据不充分，那么能不能从这个方面入手去探究一下关于立法方面的问题？关于章程，因为大学章程是依法治校的一个基本法，我想从这里入手研究如何通过章程去推动依法治校，确保依法治校落到实处，见到实效。我觉得这个专题的研究需要结合一些与法律相关的知识，可能会比较有挑战性，这就要求我们要多看一些书，要通读研究一下包括《全面推进依法治校实施纲要》和有关省、自治区、直辖市的"双一流"建设文件等政策。这就是我初步的想法。

**彭宇文：**好，心媛刚才讲得很对，确实，这个专题的挑战就是需要有一定的法学专业基础，需要有一些法学知识来做支撑，但也不需要那么多，因为毕竟我们还是讲教育法治，是从教育的角度来谈怎么治理。这个专题有几个关键点，一个是依法治国的战略引领，依法治国落实在教育上就是依法治教。一流大学的治理必须要有法治化基础，教育治理的法治化是这个专题的重点。

我把它分解为两点，一个是依法治校，实际上这里的依法治校是一个大的概念，是从内外部关系的两个方面来说的。从外部关系诸如学校和政府的关系、学校和社会及市场的关系等的视角，探究如何保证学校作为一个独立的法人，享有办学自主权，实现自己的一流治理。从内部关系如师生关系、权力的运行、权力的架构等的视角，探究如何通过法治化的手段来规范内部的治理。

在此基础上，从内部关系展开的研究往下再进一步延伸，就到了第二个点，叫作章程统领模式，这是我一直在提的一个大学治理模式。2018年我在《中国教育报》上发表了一篇小文章——《构建现代学校制度的章程统领模式》，就阐述了这个问题，大家可以看一看。一流大学的治理，要以章程作为一个总的杠杆，就像宪法是依法治国、依宪治国的基本依据，学校也要依据章程治校，以章程为龙头来构建学校的整体制度，统领学校治理。章程既可以对外来界定政校关系、校企关系、学校与社会和市场的关系，对内也可以明确内部各方面主体之间的权利义务关系，所以章程统领模式是一流治理研究的一个很重要的点。接下来是第8个专题。

**易慧：**专题8是"一流大学治理的权力基础：治理结构的权力优化"。专题之下彭老师设置了3个子标题。第一个是"一流大学治理的权力要素及其优化"，主要是分析一流大学治理的内外部的一些权力要素。比如大学治理的外部关系当中，存在政府、社会、市场这三个比较核心的权力要素，这些权力要素就对应不同的大学治理模式，比如说政府控制型、市场主导型还是社会服务型，不同的模式会产生不同的影响。然后是内部治理，我觉得一流大学内部治理的权力，可能主要讨论的是党的政治权力、行政系统的行政权力、教授的学术权力，还有师生民主监督权力，这些不同的权力之间应该如何配置？如何形成一个比较好的互动？形成比较好的生态？这是我对第一点的理解。第二个是"政府职能变革"，我觉得重点是讨论政府与大学之间的关系，主要是确定政府和大学之间的权力边界。第三个是"利益相关者共同治理机制"，我觉得它相当于是对治理结构权力优化的一个理论指导，利益相关者理论这一点我现在查的资料不是很多，没有做细致的研究，我觉得主要是起到一个理论指导的作用，后期的话还要多查一下这方面的资料。这就是我对专题 8 的一个理解。

彭宇文：易慧讲的这个专题，实际上是我们整个专题里面一个重要的核心点。一流大学的治理应该讲清楚大学法人治理结构这个最重要的点，按照我的观点，关键点就是权力，权力怎么配置？权力怎么运行？这就是我们讲的一流治理结构。那么在这样一种治理结构中间，有它的基本原理，应该怎么优化内外部的权力配置，这是这一专题要研究的内容，所以非常重要。这里涉及这么几个主题，第一点其实是总领性的，就是一流的治理包括哪些权力要素？诸如政治权力、行政权力、学术权力、经济权力，等等。这些权力要素在新时代背景下，按照一流的治理要求，有哪些标准与特点？有哪些中国特色？围绕这些时代的、中国特色的要求，我们怎么使它优化，符合一流大学治理的标准？这是我们要研究的内容。

接下来的第二、三点实际上相当于分论部分了。把政府职能变革作为第二点单独列出来，其实是基于我国传统的政府主导模式。现在一流大学的重点建设工程，是政府主导的建设工程，还是传统的政府主导的建设路径。政府主导的建设路径确实可以体现出中国模式的优势，但是这种传统模式的优势怎么跟时代发展的新特点相结合，适应新时代要求，需要反思。所以，怎样变革政府职能，使政府能够真正尊重大学作为独立法人的自主权，尊重大学作为独立法人所构建的治理结构，成为必须解决的现实问题，因此，从这样一个角度就需要把政府职能变革问题单独拿出来讨论。而第三点，应用利益相关者理论作为研究工具，来谈怎样实现共同治理，实际上跟第一点是相关的，其实也可以糅合在一起，但把它单独拿出来，是为了突出利益相关者的重要性。专题 8 是我们整个课程的一个核心。下面是最后一个专题。

周思钰：我来谈一谈对专题 9 "一流大学治理的技术基础：现代信息技术"的理解。建设世界一流大学以及一流学科，对于建设教育强国有很重要的意义。随着人工智能、云计算以及移动互联网的发展，为了不被时代抛弃，必须要跟上现代信息技术发展的浪潮。就第一部分"服务全民终身学习的教育体系构建中的大学职能"来说，我主要是想从两个方面来谈。一是大学对于人才的培养，因为现在终身学习意识肯定要比 10 年前强很多，有越来越多的人选择接受高等教育，他们自己有意识去接受终身学习，大学正好为终身学习型社会培养了大量的高质量人才，这是有助于去构建全民终身学习型社会的。二是我想从大学的资源方面来说，因为现在很多大学都已经开放了慕课平台、网课平台，大众可以通过这个平台去学习，我们正在打造一个"人人皆学、处处能学、时时可学"的一个学习型社会。关于第二部分"一流大学治理中现代信息技术的应用"，我觉得疫情期间的在线教学是最能体现的。正是因为现代信息技术的应用，一些数字校园门户给我们提供了很方便的支持，能实现在线上课、远程教学，让我们的学习没有因为疫情而受到太大的影响，我们照样可以在网上一起讨论学习。

但是我觉得一流大学建设中目前存在的相关问题还有很多，比如说一些人不太会运用现代信息技术，还要花大量的时间对其进行培训，这是第 1 个问题。第 2 个问题是人们对于现代信息技术不太信任，他们觉得在网上会存在一些信息泄露之类的隐患。第 3 个问题就是信息孤岛现象，人们总是不太愿意相信网上的信息，他们总还是愿意去相信现实生活中发生的事情。所以，现在的一流大学建设需要解决好以上三个问题。我现在能想到的只有这么多，以后可能还要通过阅读一些文件、一些书籍去思考更多的问题。

**彭宇文：**思钰刚才讲得很好，她也思考得比较全面。这个专题为什么放到最后？其实这个专题跟其他的专题是有联系的，因为现代信息技术的应用已经对现在的高等教育造成了很大冲击和影响，既包括正面的、积极的影响，也包括负面的、消极的影响。在这样的情况下，一流大学的治理必须有一流的现代信息技术为支撑，必须有现代信息技术的应用，所以我把它放在后面。

在这个专题下我分了两个分主题，第 1 个小题目叫作"服务全民终身学习的教育体系构建中的大学职能"，貌似跟专题没有直接关系，刚才思钰讲到了，现代信息技术带来了泛在教育新形式，全民终身学习离不开泛在学习。党的十九届四中全会通过的《决定》中，关于教育的一段话的总标题就是"构建服务全民终身学习的教育体系"，一流大学肯定是要有一流的社会服务，其中理所当然地应当包括在构建服务全民终身学习的教育体系中发挥自身的职能。那么，一流大学怎么样为社会提供这些服务？应当提供哪些服务，而且提供的是一流的服务？很多人讲一流大学时，会有一个观念，就是认为有些社会服务比如说继续教育、成人教育、职业培训不应该由一流大学来做，而应该是由二、三流学校去做。那么，就需要讨论在现代信息技术背景下，一流大学应该发挥什么职能？怎么发挥职能？其实，这需要回到我们之前讲的大学精神，思考建设一流大学的基本理念。什么叫一流大学？它一流的内涵究竟在哪里？所以这一点我特别把它提出来，希望大家思考一下，一流大学的社会职能以及它怎么发挥作用。这也许跟现在的一些观点有矛盾，现在会有一些观点，认为一流大学应当进行高精尖的、高大上的研究，而全民终身学习可能是一个比较 low 的活动。但是，这样的观点是不是符合新时代教育发展的新趋势？在构建服务全民终身学习的教育体系的国家战略中，一流大学应该发挥什么作用？我最近在读一本书叫作《学习型社会》，是美国学者罗伯特写的，年代很久远的一本书，但在里面就谈到了现代信息技术的问题，我觉得写得很好，书中的许多观点现在对我们都是有启发的，大家时间也可以读一下这本书。

第 2 个小题目是"一流大学治理中的现代信息技术应用"，研究怎么应用现代信息技术来为大学治理服务。对此我觉得有两点需要特别注意。一是现代信息技术应用的标准要求。现代信息技术必须充分地应用在一流大学治理中，但怎么用才符合一流的标准？这个要明确。它不是简单地搞个 PPT 这样的技术应用，那么到底什么是一流的现代信息技术的应用方式，怎么通过一流技术支撑一流大学治理的效能，这是我们要研究的问题。二是对现代信息技术可能存在的弊端风险的防范。现代信息技术有明显的优势，但是我们对其应用中的问题和弊端要有警觉性，要对信息孤岛、技术鸿沟这样一些问题加以避免，要防止现代信息技术可能出现的负面影响，不能走向反面。在这方面还要跟前面的关于大学精神、教育规律的研究联系起来，要发展现代信息技术，要用现代信息技术来发展教育，但是又不能违背教育的本质。疫情期间现代信息技术被迅速全面应用，但是乱象也不少，许多老师和学生对新的在线教学方式一时间还难以适应，所以我们要研究现代信息技术应用存在的问题，这个一定是要注意的。

好了，刚才我们讨论了一下对九个专题主要内容的理解，下面我归纳一下这些专题之间的逻辑关系。一流大学的建设要以一流的治理为基础，只有一流的治理才能打造一流的大学，这是我们题目的核心。我想总的逻辑是这样一个逻辑，没有一流的治理，肯定就没有一流的大学。那么整个主题的逻辑关系如何？我想这样来归纳，也许表达得不一定那么准，大家可以参考。从逻辑起点上看，是法人治理结构，一流大学必须建立在一流的法人治理结构上，以法人治理结构为基本的出发点。从逻辑主线上看，我觉得要建立在对权力架构的分析上，无论我们使用利益相关者理论还是更大层面的治理理论进行研究，其实都建立在法人治理结构中的几个权力及其配置与运行方面，无论是内部关系还是外部关系，这是整体研究的逻辑主线。逻辑思维方面，这是思想基础，包括中国特色社会主义教育思想和中国特色社会主义教育规律，必须以这两点作为思维方式来指导我们的研究。再者就是逻辑路径，整个研究的逻辑路径是什么？就是治理现代化，我们要研究如何从原来政府主导、行政主导的传统路径向治理现代化转变。最后是逻辑目标，我们整个主题的研究目标，当然是实现一流的治理，以一流治理来支撑一流大学建设。

下面我再简要地讲讲关于治理的概念等基本问题，以便大家能够更好地理解我们的研究内容。什么叫治理？这里我用了全球治理委员会的一个标准。全球治理委员会（Commission on Global Governance）1995 年在《我们的地球之家（*Our Global Neighborhood*）》报告中提出："治理是各种公共的或私人的个人和机构管理其共同事务诸多方式的总和。它既包括有权迫使人们服从的正式制度和规则，也包括各种人们同意或认为符合其利益的非正式的制度安排。"其实中国传统上也有"治理"一词，比如《荀子·君道》提道："明分职，序事业，材技官能，莫不治理，则公道达而私门塞矣，公义明而私事息矣。"当然，它的意义跟现在西方的治理理论不完全一致，强调的是统治和管理、治国理政等。按照政治学家俞可平的总结，现代社会表现出这样一种发展趋势，即从统治（government）走向治理（governance）、从善政（good government）走向善治（good governance）、从政府统治走向没有政府的治理（governance without government）、从民族国家的政府统治走向全球治理（global governance）。这个观点现在是不是能够完全成立？或者是不是真正符合发展要求？值得我们思考。

"治理"的概念由中国官方明确提出，首先是在党的十八届三中全会，在全面深化改革的目标设计上，首次提出"治理"这一概念。党的十八届四中全会首次提出"善治"概念，指出"法律是治国之重器，良法是善治之前提"。而党的十九届四中全会，则使中国特色治理理论进一步系统化。所以，我希望大家一定要认真读一下党的十九届四中全会通过的《决定》，比如说它讲了中国特色社会主义的 13 个制度优势，落到每一个领域，到底中国特色的治理是哪些？怎么实现？是我们需要研究的。特别是落实到一流大学的治理上，应该有哪些特色？哪些标准？如何把这些特色转化到一流大学的治理上来？这是我们可以研究的内容。

# 二、彭宇文老师作主报告

**彭宇文**：下面我们进入专题 1 "一流大学建设的治理逻辑起点：法人治理结构"。我上学期讲的《高等教育管理学》课程中，也讲了一些相关内容，这里我再阐述一下。

第一个方面，什么是高校法人治理结构？所谓高校法人治理结构，是指在一定的财产权制度基础上，为实现高校的教育目标，就高校内部治理的组织机构设置及其相互之间权力配置、制衡与激励等所进行的制度安排，以及对高校与外部利益相关者等关系进行处理的机制安排。这里有几个要注意的核心点：一个是财产权制度，法人组织很重要的一点是财产，所以财产权制度是研究高校组织治理的重要基础。我们讲"有恒产者有恒心"，你没有钱，你就不稳，不成熟不可能有恒心，所以这是一个重要的基础，当然我们这次研究的重点没有放到这里来。如果同学们有想法，也可以围绕在中国应该有什么样的财产权制度来支撑一流大学治理进行研究。这是一个关键点。第二个关键点是教育目标，法人治理要服务于实现教育目标，实现一流的教育、一流的人才培养。第三个关键点是内外部关系，一流治理的内容需要通过内外部关系来体现，内外部关系中有哪些权力？怎么配置、怎么运行、怎么激励制衡？这就是我们讲的高校法人治理结构的概念，因为之前已经学习过，就不多说了。

还有一点我在这里也跟大家再讨论一下，就是高校法人治理结构和现代大学制度的区别。这是两种不同的表述，但它们的核心意义可能差不多，也许只是不同的表达方法。当然，从高等教育学的学科角度，更多的人用的是现代大学制度这样的表达方式。但我觉得两者的出发点不一样，法人治理结构可能更多的是从经济学角度出发，比如对民办高校法人治理结构的研究就比较多，因为民办高校由民间资本出资，对资产所有权等方面问题的关注度更高。把法人治理结构理论引入教育学是完全成立的，而且某种程度上，我觉得它比现代大学制度这样一种表达方式要更科学、更学科化、更学术化。现代大学制度这种表达方式，其实有一点政治化，我们国家官方的文件用的是现代大学制度，这种表达方式将学科属性体现得并不是那么深刻，而且我认为它最大的问题是没有把"治理"这样一个核心要素凸显。所以，我个人还是更倾向于用高校法人治理结构这样一个表达方式。这是我的观点，大家也可以思考一下这两者究竟有什么样的不同。

第二个方面，高校独立法人地位。讲法人治理结构、讲一流大学治理，离不开独立法人地位，高校必须是一个独立法人。一流治理为什么要强调独立法人地位？我觉得以下三个方面非常重要。

首先，这是构建高校法人治理结构的法律基础。从法律上来说，如果高校不是一个独立法人，就谈不上去构建它的治理结构，就像只有具有完全行为能力的自然人才可能谈到相应完整的权利义务问题，高校作为一个法人组织，只有具有独立的人格，才可能从法律上来构建它的治理结构。

其次，这是高校自主发展、自我成熟的逻辑前提。我这里特别强调成熟，就是一所大学要真正发展到成熟，这是一个最高的标准，我们讲一流大学、一流治理，如果用一个模糊的词来表达，是什么？就是成熟。就像我们评价一个人的最高标准是什么？成熟，政治上成不成熟、思想上成不成熟、行为上成不成熟。那么，到底什么是成熟呢？可能见仁见智，但我觉得成熟一定是我们一流大学的最高境界。我们到哈佛大学、牛津大学这些世界名校去看，他们学校的建筑不一定有那么现代化和气派，但是给我们最深刻的印象是成熟，"腹有诗书气自华"。成熟的逻辑前提是什么？就是它的独立性，是具有独立法律地位的法人，如果它只是依附型、寄生型的，就不可能走向成熟。所以，独立是成熟的基本逻辑前提，要成为一流大学必须要成熟，必须要有独立的法律地位基础。

最后，这是处理高校与政府、社会关系的基本依据。高校具有独立的法人地位，才能以独立身份去处理与政府、社会、市场这样一些外部利益相关者的关系。只有这样，也才可能逐步成熟。高校独立法人地位问题，可能以前教育学科有时候对此不太注重，但如果我们换一个视角，从法学、经济学角度来理解它，那么高校独立法人地位就会居于非常重要的位置，这个是我们要注意的。

那么，什么是法人治理的核心要素？我国民商法学权威学者，中国政法大学教授江平先生讲过："独立名称、独立意思、独立财产、独立责任是团体独立人格的四大要素。其中独立财产为本，独立名义为表，独立意思为其动力，独立责任为其一切民事活动的最终归宿。从这个意义上也可以说，独立财产与独立责任是法人独立人格的两根基本支柱，而独立责任是独立财产的最终体现。"对高校而言，要成为一个独立法人，这四个要素非常重要。徐玉胜，能不能请你从经济学专业的角度来谈谈对这四个要素的理解？

**徐玉胜：**这里讲的独立财产应该包括大学经费的来源。如果学校的经费一直依赖于财政拨款的话，就走不出体制管控，会受到相应制约。就像公司，你拿了股东的钱，你就要实现股东利益的最大化。如果高校的经费渠道来源更多的话，可能高校的自主权就会更多一点，这就是我理解的独立财产要素。

**彭宇文：**好。如果一所大学过于依赖某一个单一的财产来源渠道，或者说没有自己自主、独立的财产来源渠道，那么可能就很难成为一个有自主发展动力的法人。为什么讲财产权制度是基础？比如说民办高校，为什么会有这么多问题？为什么有时候会变成一股独大？因为出资者要控制，出了钱就要牟利，这就导致了很多问题。如果说学校有自主的财产来源，就像你们各位大学毕业参加工作以后，财务上获得独立，不再依赖于父母，就可以完全自主发展了。这是一个因素。

但是我们还要注意另一个逻辑线，之所以强调独立法人地位，是因为举办者的经费一旦到了学校，就成为学校自有的法人财产，学校享有法人财产权，有权自主使用。高校法人财产权成为一个屏障，来分隔出资人、举办者和管理者、办学者之间的界限，这也是我们讲的独立财产的独立之体现。

另外还有一点，独立责任是一切民事活动的最终归属，独立财产与独立责任是法人独立人格的两根基本支柱，而独立责任是独立财产的最终体现。什么叫独立责任呢？它的内涵是什么呢？怎样来理解？有没有谁想发表一下观点？

**王萍**：我的理解可能比较直白，就是谁使用谁负责。大学用了这个钱，所产生的一切后果不管是好的还是坏的，都由学校负责。

这就像您之前讲过的投资人，比如说政府财政拨款，财产投入以后所取得的成果属于学校，而不是投资人。

**彭宇文**：其他人还有补充吗？

**李骏锋**：我从治理的角度来理解，治理一个最关键的地方就是要发挥各方的作用，对大学来讲，你首先要有能够发挥自己作用的能力，我们追求独立财产，其实就是要保证一所大学的自主权，实际上也就是它的一种责任。

**彭宇文**：独立责任，意味着可以自主承担后果。刚才王萍讲到了"后果"这个词，不论是好的结果，还是坏的结果，你都要能够承受。一所大学办专业、办学科等，办得成不成功，责任都由大学本身承担，这就是独立责任。而独立责任则是独立财产的最终体现，每一个独立法人使用自己的财产去办事，所取得的后果由该法人自身来承担。一旦大学出现了问题，就去找教育部、教育厅负责，这显然不符合一个独立法人的定位，责任应该由大学自己来承担，这才是一个真正的一流大学的标准。

所以，上面讨论的这四大要素很重要，大家要充分地理解才行。下面我给大家提两个问题，大家可以回去思考一下：一是法人与自然人有什么不同？要理解法人，首先要理解自然人，这是一个法律用语，大家如果没有系统学习过法律，可能要进一步理解一下。二是高校独立法人地位的现实状况如何？大家想想，从独立法人地位这个角度分析，高校有没有真正实现其独立法人地位？现实情况如何？比如说民办高校，有没有真正地摆脱出资人的控制？公办高校有没有更多的自主权来考虑自身建设？等等，这样一些问题大家都可以进一步地思考，我们在课堂上就不作深入讨论了。

第三个方面，权力要素。权力作为社会组织运行的基本要素，同样存在于高校之中。法人治理结构最基本的构成要素就是权力，其核心既包括对高校内外部关系的各方面权力予以清晰厘定，也包括对这些权力进行科学配置，并使之有序规范运行。进一步分析起来，其中最关键的一点就是权力之间的平衡。荷兰学者弗兰斯·F.范富格特说过："人们不会把自治视为一种绝对的东西，而是会视其为一种有联系的问题，一方面涉及院校与政府的权力平衡，另一方面涉及院校内部行政与学术的权力平衡。"因此，"平衡"是我们研究高校法人治理结构中权力关系的一个很核心的词。平衡不等于绝对的平均，实际上在"平衡"一词中，"平"和"衡"是两个词、两个意思。所谓"平"，我觉得它包括了很多意思在里面，包括了对权力分配的公平、权力配置的公平，但这并不是绝对的，不是平平整整的"平"。所谓"衡"，就像刚才骏锋讲的制衡、制约，这些权力相互之间是咬合的，要形成制衡的形态，你脱离不了我，我也脱离不了你，不是各自脱离的平行运行、双轨运行，而应该是交叉运行，通过这样形成一种制约。那么，由此我们就需要思考，什么是权力？权力最突出的特性是什么？权力最大的特点，就是强制性和权威性，它一般采取一种自上而下的运行方式。

权力是我们研究治理结构时一个很重要的点，我把它分为政治权力、行政权力、学术权力、民主权力、资本权力，那么，这些权力之间构成什么样的结构，需要我们思考。公办高校实行党委领导下的校长负责制，那么在公办高校法人治理结构中，我们能不能说是政治权力主导的多元权力结构？到底是一元主导？还是多元共生？或者是相对平衡的结构？权力之间的不同分量，可能形成不同的重心，进而构成了不一样的架构，希望大家能够进一步思考这个问题。

克拉克提出了 10 种学术权力的类型，个人统治、集团统治、行会权力、专业权力、魅力权威、董事权力、院校官僚权力、政府官僚权力以及政治权力和学术寡头权力。他是从不同角度来归纳的，因为西方的表达模式和我们中国话语的语境不一样。那么，大家可以思考一下，我们可以把这 10 种权力归纳到我们讲的那些权力里面去吗？或者，根据我们讲的政治权力、学术权力、行政权力、民主权力与资本权力，结合克拉克提出的 10 种权力，还有没有其他形式的权力？大家可以比较两种不同的表达语境、表达方式，在现代治理这样一个新背景下，进行更深入的思考。

第四个方面，是办学自主权。法人治理结构落脚到学校层面，独立人格、独立责任的体现，就是办学自主权。办学自主权其实也是一个涉及权力博弈的问题，法人治理结构的构建、一流大学的治理，问题主要在于对内外部关系如何处理，到底是集权还是分权？权力到底怎么平衡？政府想要更多的权，学校也想要更多的权，社会也想更多地参与进来，市场也想要更多地加入，等等，这样一些不同利益相关者都想进来，那么怎么博弈？各利益相关者间的博弈主要体现在掌握的办学自主权的多少，最终体现在对一流大学的治理方面，权力怎么配置实际上就是不同主体之间博弈的结果。这是一个重要的点，是我们需要理解的。

那么，怎么来理解办学自主权？有几个关键点，我们可能要进一步思考和讨论。第一，高校办学自主权，它到底是权利还是权力？第二，它的来源是什么？来自哪里？是天赋的，是政府给予的，还是法律所赋予的？因为权力的来源不一样，性质就不一样。第三，它的内容是法定的还是自定的？这跟来源也有关系。第四，高校办学自主权还存在什么现实问题？比如说有没有内部人控制或者权力冲突的问题？有没有不同的利益相关者的定位和地位冲突的问题？这样一些问题，我们可以简单地讨论一下，前面三个问题可以联系起来讨论。

这里我还提出了一个问题，法无明文限制，则为学校还是政府的权力（利）？在法律上有一个观点，即政府职权法定，政府的权力是公民以法律的形式把自有的天赋的部分权利让渡出来而形成的。所以，政府作为社会的管理者，权力必须是法律明确授予的，叫作职权法定。换个角度来说，作为公民，凡是法律没有限制、制约的，都是我的权利，法无禁止的我都可以做。所以，政府叫作"法无授权不可为"，公民叫作"法无禁止均可为"。这是两种不同的角度。那么，高等学校作为一个独立法人，办学自主权来源于哪里？到底是属于 right 还是 power？下面大家谈谈你们的观点？各位谈一谈。

**李骏锋**：高校办学自主权，我觉得应该是法律赋予的。我们现在讲治理体系和治理能力的现代化，我觉得在治理体系中最关键的是法治体系的建设，所以我想它的来源是法律赋予的。

**彭宇文**：好。其他人还有什么观点？有没有同学认为是天赋的？高校作为法人组织而言，有没有天赋的权利？大家可以随便说，不要怕说错。

**王萍：**我觉得应该是政府给予的权利。因为教育作为一项公共事业，是人民都应该享有的，而政府应该是为人民发声的、为人民服务的代表，所以我认为从这个角度说，应该是政府赋予教育一定的权利。

**彭宇文：**你认为是政府给予的权利？不是法律给予？

**王萍：**对，政府应该是作为人民发声的一个代表。

**周思钰：**蔡元培说过大学就是一个研究高深学问的地方，我觉得大学创办的目的就是研究学问，学术自由，它自创办开始就有使命，就是要研究学问，就算没有政府、没有法律的一些限制，大学还是需要研究学问的。

**彭宇文：**你认为学校权利有天赋的成分？

**周思钰：**对，大学一开始就是带着使命来的。

**彭宇文：**其他同学有什么观点补充吗？

**夏施思：**我还是觉得高校这个权利是由立法机关给予的，我觉得只要在法律认可的范围之内，高校就有一定的自主权，可以自己决策自己干什么，我还是觉得是法律赋予的。我和骏锋的想法略同。

**徐玉胜：**我认为应该还是要先看学校和政府的关系，可能还要参照不同的政府体制。比如说，如果我们认为是政府赋予学校权力，让学校承担了一些政府没有完全做到的一些社会职能，如社会服务等，应该属于政府赋予的权力。但是可能在西方社会，学校的职能是独立的，学校的权利可能更属于一个完全独立的自然天赋的权利。

**彭宇文：**刚才几位讲了自己的观点，我也谈谈我的观点，以回答这几个问题。

第一，它的属性到底是权利还是权力？按照我的观点，它兼具两个方面的属性，首先是一种权力，作为国家法律授予的权力，是高校应当去承担的责任，比如说培养人才、开展科学研究。但它同时也是一种权利，高校一旦成为一个独立法人后，就可以按照自己的法人人格，具有法人的基本属性，享有可以通过作为或不作为方式获得利益的权利。

第二个问题非常重要，这些权力（利）是天赋的还是国家给予的？大家刚才的讨论也有不同的观点。我们也许可以从大学的组织属性及其发展来分析。大学作为一种研究高深学问的社会组织，具有特殊的组织属性，正是基于这样一种不同于经济组织、政治组织等其他组织的特殊属性，形成了大学自身特有的权利（力），而且这种权利（力）伴随大学的产生而"与生俱来"，从而具有天赋的特点。进一步分析，大学的办学活动必然与其他社会组织发生各种关系，这些关系需要通过法律来予以规范，因此，在这些法律关系中，大学又具有国家所授予的权力（利）。因此，基于这个角度而言，我认为高校的权利（力），既有天然内生的、符合教育规律和大学本源的权利（力），同时也有政府和法律所赋予的权利（力），而这两者可能会有冲突，冲突来自哪里？两者怎么结合好？怎么协调好？就是我们需要研究的一流治理的重要问题。所以，现在我们要回归到本源来看教育，要站在一个更高的角度来思考一流大学治理。透过现象来看社会发展的本质，法律、政府的给予，这是一个表象，但是表象的背后，我们要去抓本源这个根本问题。我们每一个人要追问哲学的三个问题：你是谁？从哪里来？往哪里去？大学自主权也要问这三个问题：大学是什么？从哪里来？要去往哪里？可能没有一个绝对的答案，而是一个多角度的理解。

最后一个问题，高校办学自主权与一流大学建设的关系，我们为什么要对高校办学自主权进行反复讨论，它跟一流大学建设有关系吗？是什么关系？我们花几分钟时间再简单地讨论一下，因为这就回到我们课程的主题：一流大学建设的治理逻辑。

**周思钰：**一流大学建设有它自己的特色，办学自主权可以让大学办出自己的特色。

**彭宇文：**这是一个很重要的方面。因为一流大学一个很重要的特点，就是个性化，除开本土化、中国化等这些宏大叙事以外，其实很重要的就是特色化、差异化、个性化。而差异化、个性化、特色化的基础来自哪里？来自自主权，可以避免过多的外在干预与不当约束。比如说，高校可以决定自己的人才培养目标，设什么专业、办什么学科、为社会提供什么服务。所以办学自主权跟一流大学的特色化建设、差异化发展是有直接关系的，这是一个方面。我觉得你说得很好。还有什么要补充的吗？

**曾心媛：**和法治化建设有关系，自主权涉及法治，可以和一流大学建设的法治化联系在一起，我是这样想的。

**彭宇文：**是的，一流大学肯定需要一流法治，办学自主权必须以法治为保障。还有人说吗？

**王萍：**我觉得高校办学自主权可能跟一流大学建设的动力来源有关。因为如果自主权过于狭窄，比如说政府掏钱不够，太多的权力在政府手中，那么在一流大学建设当中，可能政府的主动性更强。高校的办学自主权，就是说大学自己有很多的权力，权力在谁手中，谁的主动性更强。

**彭宇文：**非常对，王萍讲得非常好。这一点抓到了一个根本，与思钰讲的特色化的角度其实可以糅合在一起。特色化角度的建设动力来源何在？在于自主权。王萍讲的实际上是一个建设路径的问题，我们需要通过实现办学自主权这样一种思路来打破传统的政府主导的建设路径，发挥治理的效能。现代治理的核心点是多元化、自主性、参与性，不是政府一方的给予，而是多元的参与。从这个角度而言，一流大学建设作为一个重点建设工程，既需要发挥政府主导的作用，发挥政府力量的优势，同时又要看到教育精神的本源，尊重高校本身的办学自主权，充分发挥高校自身的作用。所以要回归到大学精神的本源，回归到高等教育规律的本源。同时，我们要呼应治理现代化发展的需求，充分激发高校办学自主权所形成的自身的活力。高校是高等教育发展的重要主体，一流大学建设必须发挥高校自身的作用。现在实际上各高校已经出现了千校一面、一刀切的问题，以及个性化、特色化不足的问题，这是要注意的。所以自主权与一流大学建设有很密切的关系，当然还会有其他的问题，大家可以再去想想，因为时间关系，我们就不多说了。

我还想强调一点，因为我们的主题是一流大学的建设，所以后面的 8 个主题，一定要紧扣一流大学建设、一流治理这两个关键点。我们不是谈一般的高校治理，也不是谈一般的高校建设，我们谈的是一流大学的引领性的建设。"一流"既是一个静态的概念，同时也是一个动态的指标。所以在对这个问题进行研究时，各位同学一定要辩证地、动态地、宏微观结合地来思考问题，要从高处着眼，从具体地方着手来做，对标到更高的要求来做，这是我们要思考的问题。

这是今天我想讲的内容，由于是第一次线上教学，讲的时间比较长，可能内容会多一点。下一周我们先暂停一次讲课，各位围绕自己的专题进行准备，但是我想强调的是既要围绕自己的专题作准备，也需要统筹思考其他的专题，这样才能够有一个全面的观点来思考问题，一定要用全局观念来思考问题。

最关键的一点是，我希望大家的专题报告能够以自己研究的内容为主，展现大家的自我思考。可以借鉴他人的观点，但是不能照抄照搬，这不符合这门课程的要求，这门课是一个研究学分课程，所以你们要把自己的研究成果拿出来展现，不要怕讲错，不要怕讲的东西不成熟。这些是我最后强调的几点，大家还有什么不清楚的地方吗？没有的话，那我们这次课就到这里。

## 思考题

1. 请谈谈高等教育中"管理"与"治理"的异同点。
2. 高校法人治理结构包含哪些核心要素？如何理解？
3. 高校办学自主权与一流大学建设的关系如何？

## 参考文献

[1] 俞可平. 治理与善治 [M]. 北京：社会科学文献出版社，2000.

[2] 彭宇文. 中国高校法人治理结构研究 [M]. 北京：中国社会科学出版社，2006.

[3] 别敦荣. 现代大学制度：原理与实践 [M]. 青岛：中国海洋大学出版社，2018.

[4] 王洪才. 中国大学模式探索 [M]. 北京：教育科学出版社，2013.

[5] 张力等. 中国特色现代大学制度建设理论与实践 [M]. 上海：华东师范大学出版社，2013.

[6] 孙霄兵. 探索完善中国特色现代大学制度 [M]. 北京：高等教育出版社，2012.

[7] 王战军. 世界一流大学世界一流学科建设政策汇编 [M]. 北京：中国科学技术出版社，2018.

[8] [英] Osborne. 新公共治理？——公共治理理论和实践方面的新观点 [M]. 包国宪译，北京：科学出版社，2019.

[9] 彭宇文. 高校法人治理结构的构建 [J]. 教育研究，2005（03）.

[10] 余嘉云. 构筑学校法人治理结构的可行性分析 [J]. 教育发展研究，2005（24）.

[11] 胡四能. 民办高校法人治理结构研究 [J]. 高等工程教育研究，2006（06）.

[12] 史万兵. 我国高校法人地位及其内部治理结构研究 [J]. 国家教育行政学院学报，

2011（08）.

［13］张应强，蒋华林．关于中国特色现代大学制度的理论认识［J］.教育研究，2013，34（11）.

［14］王义宁．民办高校与公办高校法人治理结构的比较［J］.高教探索，2014（01）.

［15］周光礼．从管理到治理：大学章程再定位［J］.湖南师范大学教育科学学报，2014，13（02）.

［16］周海涛，施文妹．完善民办高校法人治理结构的难题与策略［J］.江苏高教，2015（04）.

［17］胡德鑫．我国世界一流大学建设的制度逻辑与路径选择［J］.复旦教育论坛，2019，17（03）.

［18］邓传淮．推动中国特色现代大学制度建设［J］.中国高教研究，2020（02）.

# 专题二 一流大学建设的历史基础：
## 我国高校治理的制度变迁

**课程时间**：2020 年 3 月 6 日 9：00—12：00
**地　　点**：腾讯会议
**主报告人**：夏施思
**副报告人**：徐玉胜

## 一、引　　言

本专题主要从一流大学建设的历史基础出发，探究我国高校治理的制度变迁问题，专题将围绕高校治理发展的历史回顾及特征和高等教育重点建设工程的政策变迁两方面进行讨论，由于本人对政策工具比较感兴趣，所以也将从政策工具的视角来分析高校重点建设中政策工具的变迁问题，最后将对新时代高等教育重点建设方面进行展望。(**夏施思**)

## 二、课 堂 实 录

### (一) 主报告人报告

**彭宇文**：今天是施思为主报告人，徐玉胜为副报告人，我们准备开始了。

**夏施思**：彭老师、同学们，大家上午好。今天由我为大家作汇报，我选择汇报的专题是"一流大学建设的历史基础：我国高校治理的制度变迁"。

第一部分，改革开放以来高校治理发展的历史回顾及特征。

这是我找到的关于大学治理的定义，大学治理源于公司治理，公司治理旨在解决权力分置带来的"委托-代理"问题，以"激励-约束"机制为基础，通过多元共治满足各利益相关者的合理利益诉求。大学较之公司拥有更多、更复杂的利益相关者，大学治理的核心工作是处理好政府与大学、社会与大学、学术共同体与大学之间的关系。改革开放以来，随着经济、政治与教育体制改革的进展，大学治理也历经变迁。因此，我想从制度层面对这种变迁的历史进行回顾。

首先，改革开放与现代大学治理的开端。1985 年 5 月 27 日《中共中央关于教育体制改革的决定》（以下简称《决定》）颁布，《决定》是我国现代教育史上比较具有划时代意义的一个纲领性的文件，拉开了新时期高等教育管理体制创新的一个序幕。《决定》认为，"在教育事业管理权限的划分上，政府有关部门对学校，主要是对高等学校统得过死，使学校缺乏应有的活力；而政府应该加以管理的事情又没有很好地管起来"。强调"当前高等教育体制改革的关键就是改变政府对高等学校统得过多的管理体制。在国家统一的教育方针和计划的指导下，扩大高等学校的办学自主权，加强高等学校同生产、科研和社会其他各方面的联系，使高等学校具有主动适应经济和社会发展需要的积极性和能力"。《决定》对于高校治理结构变迁的意义体现在调整两种关系上。

一是调整中央与地方政府的关系。《决定》指出："实行中央、省（自治区、直辖市）、中心城市三级办学的体制。中央部门和地方办的高等学校要优先满足主办部门和地方培养人才的需要，同时要发挥潜力接受委托为其他部门和单位培养学生，积极倡导部门、地方之间联合办学。"这表示中央政府把全部基础教育权责与部分高等教育权力下放，由地方政府承担，以调动地方政府办学的积极性。但实行这种领导管理体制后，调动了中心城市、省级部门和各地区的办学积极性，也存在管理上多头领导、"条块分割"等弊端。

二是调整政府与大学的关系。在以转变政府职能为核心的行政体制改革的大背景下，中共中央重新审视政府与大学的关系，决定政府工作的重点应该从大学日常管理转移到为高等教育发展提供政策、法律法规的服务上来。因此，《决定》明确提出在国家统一的教育方针和计划的指导下，扩大高等学校办学自主权的目的在于改变政府包揽办学的局面，拓宽高等教育经费投入渠道，逐步形成以政府办学为主、社会各界参与办学的新格局。《决定》直接或间接地促进了一批地方新办大学的诞生和快速发展，使民办高校悄然兴起。比如，汕头大学，建立于1981年，还有深圳大学、温州大学、青岛大学和宁波大学，等等，这些学校都是在这个《决定》出台之后才开始成立的。

其次，市场经济体制与高校治理的发展。1992年邓小平同志南方谈话后，高校发展的经济社会背景就发生了一个重大的变化，中共十四大明确提出了建立社会主义市场经济体制的目标。中共中央、国务院于1993年颁布《中国教育改革发展纲要》，全面实施科教兴国的战略，把科技和教育摆在了经济、社会发展的重要位置，这对大学治理提出了新的要求，也注入了新的活力，推动大学治理改革纵深推进。改革后，进一步整合中央与地方教育资源，学校体制改革方向出现共建、合并等形式。比如，中山大学、华南理工大学实行共建；华南农业大学、中山医科大学、暨南大学、广州中医药大学实行共建；杭州商学院、浙江丝绸工学院、浙江经济高等专科学校实行共建；浙江大学、杭州大学、浙江农业大学、浙江医科大学四校合并成新浙江大学并实行省部共建；中国美术学院、中国计量学院、杭州电子工业学院先后实行省部共建，改革后浙江省高校主要由省政府和市政府管理，原来"条块分割"的现象得到了改善，形成了"条块有机结合"的管理体制。这一时期大学治理的中心任务是围绕扩大高等学校办学自主权问题展开的，为高等教育管理体制改革和高等教育的进一步发展打下了坚实的基础。

这一阶段引人注目的进展是高校董事会的设立和运作。自1985年韶关大学建立第一个普通高校董事会起，到 20 世纪 90 年代中期我国约有 100 所普通高等学校成立了董事会或类似机构。民办高校中普遍实行了董事会制度，在领导体制上确立了董事会领导下的院长负责制，董事会承担制定学校发展规划、筹集资金等职能，院长具体负责学校的教育教学工作。但在公办高校中，董事会的职能及作用一直是这一时期讨论的热点。学者认为，在职能上高校董事会主要有两类：一类是对学校的重大问题有决策权，另一类则主要起咨询、审议和指导作用。其中，汕头大学校董会的案例具有鲜明的典型性，其设计及运作使各"利益相关者"进入学校治理结构，牵涉高校治理结构的变革，这个也是制度变迁后，比较热门的一个话题。

最后，《高等教育法》与高校治理改革深化。1998 年《高等教育法》出台，从法律上界定高等教育管理体制与大学办学自主权问题，明确规定高等学校党委、校长和学术委员会的职责，为深化大学治理结构改革提供法律依据。

一是在内部管理体制上，公办高校普遍确立了党委领导下的校长负责制。党委统一领导学校工作，支持校长独立负责地行使职权。校长全面负责学校的教学、科学研究和行政管理工作，并行使以下六项职权：

（1）拟订发展规划，制定具体规章制度和年度工作计划并组织实施。

（2）组织教学活动、科学研究和思想品德教育。

（3）拟订内部组织机构的设置方案，推荐副校长人选，任免内部组织机构的负责人。

（4）聘任与解聘教师以及内部其他工作人员，对学生进行学籍管理并实施奖励或者处分。

（5）拟订和执行年度经费预算方案，保护和管理校产，维护学校的合法权益。

（6）章程规定的其他职权。

二是以教授为主体的学术委员会等学术评议机构在高校治理中发挥着越来越重要的作用。各高校普遍设立学术委员会、学位评定委员会、职称委员会，学术委员会负责审议学科、专业的设置及教学、科学研究计划方案，评定教学、科学成果等有关学术事项。职称评审权也逐步由政府部门全部或部分地下放到部委属高校、省属高校。

三是民办高校治理结构成为中国大学治理结构重要的组成部分。民办高校一般设立校董会，校董会由举办者或者其代表、教育机构工作人员的代表和热心教育事业、品行端正的社会人士组成。校董会的职权包括：提出校长或者主要行政负责人的人选，决定教育机构发展、经费筹措、经费预算决算等重大事项。

从前面可以看出，自 20 世纪 80 年代以来，高校治理制度变迁发生于中国从计划经济向市场经济转轨的历史进程中，原有计划经济体制作为一种制度架构，成为高校治理制度变迁的初始条件，并使之形成路径依赖的效应。其制度变迁的特征可以归纳为：由单纯强制性制度供给逐步向与诱致性制度需求交互演进过渡；典型的自上而下的渐进式制度变迁；始终依赖并滞后于经济制度的变迁。

第一个特征是高校治理制度变迁的强制性。中国高校治理制度变迁的初始条件是高度集权的政治经济秩序、大一统的教育体制，政府在资源配置和改革过程中居于绝对主导地位。中国高校治理制度的变迁充分体现了政府强制性的制度供给行为，较少反映高校个体的诱致性制度需求。

第二个特征是高校治理制度变迁的渐进式。从变迁进程看，制度变迁有渐进式与激进式两种方式。渐进式变迁表现为部分改革、分步走、先易后难、由浅入深、循序渐进；激进式变迁则是革命式的彻底改革，表现为总体推进、一步到位、一揽子计划。两种变迁方式的优缺点都非常明显。基于中国社会稳定及制度环境等实际情况，总体改革路径选择决定了高校治理制度变迁采取了自上而下的渐进式改革的逻辑，同时逐步引入制度增量，从而使高校治理制度变迁的社会成本最小。首先，表现为中央教育主管部门简政放权、抓大放小，主要抓住近百所部委属高校的管理，把大量地方院校管理权下放给地方政府，形成分级办学的体制；其次，逐步放宽社会力量办学限制，引入民资民力，兴办民办高校，支持民办高校按照教育规律和市场规律，实行较为灵活的治理体制；最后，允许极个别公办高校（主要是侨资学校）根据自身情况探索新型的大学治理体制。

第三个特征是高校治理制度变迁的滞后性。高校治理制度变迁的路径依赖性还表现在它始终作为教育制度的一个子制度，在制度安排方面依赖于教育制度、经济制度，完全服务于整个社会改革的制度安排。政府主导型的治理制度从高度集中、计划管理到简政放权、抓大放小、分级办学、民办高校等形式，高校治理制度变迁无一不模仿并滞后于整体社会经济制度的变迁。

第二部分，高等教育重点建设工程的政策变迁。

什么是高等教育重点建设？主要指在政府的支持下少数或一部分高校先于大多数高校在学校整体或某一方面得到发展。政府支持高等教育重点建设的手段与方式包括制定政策、行政指导、经费支持等，高等教育重点建设的单位包括高等学校、学院、学科、专业、实验室等。从这一内涵理解出发，高等教育重点建设既包括那些明确为"重点"（如重点大学、重点学科等）的建设计划、项目，同时也包括一些虽不冠以重点之名但有着重点之实的建设计划、项目（如"985工程""2011计划"等）。

我国高等教育重点建设开始于1954年，当年10月，高等教育部下达了《关于重点高等学校和专家工作范围的决议》（以下简称《决议》）。《决议》首先阐明了确定重点高校的意义，"确定重点高等学校是为了使这些学校在贯彻中央所规定的方针政策，学习苏联先进经验，进行教学改革，加强行政领导等各方面能够先走一步，取得经验，由高等教育部及时总结推广，以带动其他学校，共同前进"。什么样的高校才能被确定为重点呢？《决议》给出了如下的条件："第一，师资设备等条件较好；第二，有苏联专家的指导和帮助；第三，行政领导比较健全；第四，教学改革有较显著的成绩和经验。"根据这样一些条件，中国人民大学、北京大学、清华大学、哈尔滨工业大学、北京农业大学、北京医学院被确定为全国首批重点高等学校。政府采取"指定"的方式确定重点高校，这是由计划经济体制下高度集中统一的高等教育管理体制决定的。虽然当时只确定了6所重点高校，但是在中华人民共和国高等教育发展历史上的意义是不言而喻的。高等教育重点建设从此成为政府指导高等教育发展的一项重要政策，在之后的30余年间被"指定"成为政府确定重点高校的唯一方式。为了让重点高校在高等教育发展过程中发挥作用，政府还制定了专门的政策支持重点高校建设。譬如，1954年高等教育部下发了《关于清华大学工作的决定》。

改革开放政策实施之后，国家高等教育重点建设的方针及机制开始发生变化。1985年出台的《中共中央关于教育体制改革的决定》（以下简称1985年《决定》）吹响了我国教育全面改革的号角，其中也涉及有关高等教育重点建设的问题。1985年《决定》指出："为了增强科学研究的能力，培养高质量的专门人才，要改进和完善研究生培养制度，并且根据同行评议、择优扶植的原则，有计划地建设一批重点学科。"这一决定对我国高等教育重点建设的发展具有重要的转折意义：一是将高等教育重点建设的单位由高校扩展到学科；二是将重点建设单位的产生方式由指定转向有竞争地遴选。

再来谈高等教育重点建设工程政策的变迁，它分为三个阶段。首先是重点高校阶段。中华人民共和国成立初期重点高校政策是在全面学习苏联的政治背景下产生和实施的，目的是使这些学校尽快学习苏联先进经验，并及时总结推广以带动其他高校，使得我国高等教育体系的结构和功能快速全面地被改造为苏联模式。

其次是工程建设阶段。1984年4月，教育部、原国家计委《关于将十所高等院校列入国家重点建设项目的请示报告》得到国务院的批复，北京大学等10所院校的建设被列为国家重点建设项目，纳入年度计划和"七五"计划，得到财政专项资金的支持。1987年8月，原国家教委启动重点学科评选，之后在全国评选了416个重点学科。

1993年7月，原国家教委印发《关于重点建设一批高等学校和重点学科点的若干意见》，阐述了"211工程"的定义、建设目标、实施办法、立项程序等。1995年11月，原国家计委、原国家教委、财政部联合印发《"211工程"总体建设规划》，"211工程"正式启动。"211工程"建设把重点学科作为一项主要建设内容，并与国家重点学科评选进行衔接。至2012年"211工程"三期验收，共112所高校进入支持范围。

1999年1月，国务院批准教育部《面向21世纪教育振兴行动计划》，首次以政府文件形式提出创建"一流大学"和"一流学科"的目标，"985工程"正式启动，一期建设高校34所。至2008年年底，"985工程"建设高校达到39所。通过"211工程""985工程"以及后来作为补充政策实施的"985工程优势学科创新平台""特色重点学科项目"，有关高校获得了中央财政近千亿元专项资金支持，办学条件得到极大改善，科研创新能力和社会服务能力明显增强。但是，重点学科身份固化、竞争缺失、重复交叉等问题也日益为高等教育系统内部和社会所诟病。

最后是内涵式发展阶段。2012年3月，教育部印发《关于全面提高高等教育质量的若干意见》，提出走以质量提升为核心的内涵式发展道路，这是高等教育开始走向内涵式发展的重要标志。同月，教育部、财政部正式启动"2011计划"。"2011计划"的根本目标是推动内涵发展，核心是机制体制改革，目的是突破我国不同体系创新力量之间的藩篱，促进各类创新力量的协同，是在高等教育及其重点建设政策改革方面进行的一次重要探索。

2015年10月，国务院印发《统筹推进世界一流大学和一流学科建设总体方案》，提出"双一流"建设的核心是"中国特色、世界一流"，标志着我国高等教育重点建设正式进入了内涵式发展阶段。"双一流"建设将"211工程"和"985工程"等重点建设项目统筹纳入"双一流"建设，在建设范围的确定上采取创新机制，首次依托专家委员会根据一定的标准遴选认定首轮建设范围，最终 140 所高校及其 465 个学科进入首轮建设。"双一流"建设明确提出"建设高校实行总量控制、开放竞争、动态调整"，体现出更鲜明的动态化管理特征。

第三部分，高等教育重点建设政策工具选择的变迁。

结合相关学者的成果，我在这里采取英格拉姆与施耐德的观点，将高等教育重点建设的政策工具分为指令性工具、激励性工具、能力建设工具、规劝性工具、系统变革工具。政策工具的选择取决于政策目标、政策环境、政策网络等诸多因素，随着我国社会主要矛盾的变化，政治逻辑、经济建设逻辑和教育逻辑在我国不同时期高等教育重点建设政策工具的选择中也发挥着不同程度的作用。

一是重点高校阶段，以政治逻辑为主要取向。无论是中华人民共和国成立后确定的重点高校，还是"文化大革命"后对重点高校的恢复，都与当时的政治环境密不可分。中华人民共和国成立初期，从外部看，在"冷战"的国际环境下，基于中苏之间的亲密关系，面对西方国家对中华人民共和国的全面封锁，半封闭下的中国"一边倒"地坚定加入以苏联为首的社会主义阵营。从内部看，对旧社会各部门的改造关系到新政权的执政基础，势在必行，然而对什么是未来要建成的社会主义国家还没有明确共识，在将苏联作为唯一社会主义超级大国的认知下，全面学习苏联经验成为当时历史条件下的必然选择，在各个领域照搬苏联模式被认为是快速恢复国民经济、建立新社会秩序的有效途径。虽然在经济领域的改造可以说立竿见影，但对高等教育领域的改造则并非一蹴而就，在知识分子群体，特别是在由民国时期仿照英美模式建立的大学改造而来的高校中，开展意识形态、院系设置、管理体制、教学体系等一系列改造都相对复杂得多。由于高校被视为政府的职能部门，该阶段重点建设政策本身及其使用的政策工具突出表现为指令性工具。

二是工程建设阶段，以经济建设逻辑为主要取向。1983 年 5 月 15 日，在武汉举行的教育部高等教育工作会议上，南京大学名誉校长匡亚明等向党中央书记处提出"关于将 50 所左右高等学校列为国家重大建设项目的建议"（"835 建言"），首次在高等教育领域提出了"重点建设"的概念，其核心是增加经费投资，把经济建设中的重点建设项目的思路引入高等教育领域。这一建议得到中央采纳，并逐步发展为后来的"211 工程""985 工程"。这些建设项目不仅从名称上，而且在实际建设管理上都表现出鲜明的工程建设特点，实行项目管理，有明确的项目审批程序和管理职责，但中央专项资金主要用于加强人才队伍建设和提高自主创新能力，不能用于基本建设项目支出。从重点建设工程核心内容分析，这一阶段的政策工具以能力建设工具为主。

三是内涵式发展阶段，以教育逻辑为主要取向。"双一流"建设强调落实立德树人根本任务，强调尊重教育规律；突出以学科为基础，明确学科在大学建设中的基础性地位；强调以支撑创新驱动发展战略、服务经济社会发展为导向；指明大学和学科建设的五大建设任务和五大改革任务，尊重建设高校办学自主权。"双一流"建设的政策内容与大学的基本功能和办中国特色高等教育的实际相契合，可以说是向中国特色高等教育逻辑的回归，这一阶段的政策工具选择更多体现出系统性变革和激励性的特征。

第四部分，对新时代高等教育重点建设的展望。

新时代重点建设该如何发展，可以从以下五个方面来考虑：

一是如何兼顾中国特色和世界一流？"双一流"建设提出以"中国特色、世界一流"为核心，首要的是中国特色，目标是世界一流，最终还要回归到为中国作出贡献，走出中国特色的一流大学和一流学科建设之路。但是，在实际建设中如何既突出中国特色，又兼顾国际可比，却经常成为两难选择。坚持中国特色毋庸置疑，但如果特色变成了"免战牌"，过度强调中国特色而忽视国际竞争，则无异于故步自封。世界一流符合各方期待，但是过度强调国际竞争则容易倒向"重科研、轻育人"而脱离立德树人根本任务，背离办学的正确政治方向。中国特色和世界一流是一对矛盾统一体，在现阶段鼓励高校差异化发展的背景下，每所高校面对的具体情况更是复杂多样，如何处理好中国特色和国际可比的关系，在服务国家重大战略和经济社会发展中达到世界一流水平，真正建成中国特色的世界一流大学和一流学科，是每所建设高校都需要深入思考的问题。在政策工具使用方面，对政府制定评价标准、树立正确导向则是巨大的考验。

二是如何促进高校深化改革？虽然"211 工程""985 工程"将机制体制创新作为建设任务，但实际上大量的资源和精力主要还是投入在条件建设上。"双一流"建设把加强和改进党对高校的领导、完善内部治理结构、实现关键环节突破、构建社会参与机制、推进国际交流合作作为 5 项改革任务，继续推动建设高校加快改革步伐。高校机制体制改革涉及人才培养模式、人事制度、科研体制机制、资源募集机制改革等各个方面，每一项改革都难度巨大且彼此交织。近年来，高校办学自主权逐步扩大，如何利用好手中的每一项权力，在推动改革的同时，处理和平衡好高校内部各利益主体的关系和权利，激发学科和教师活力，为科学研究和人才培养营造更加宽松的环境，是摆在高校管理者面前的重要课题。同时，政府自身的改革也急待深化，简政放权的同时，如何有效利用好引导、指导、督导工具，还需要系统设计，不能对权力一放了之。

三是如何分类支持、引导和评价高校？从办学定位来看，建设高校可以大致分为四类：第一类高校以世界一流大学为目标，综合性强，整体和多个学科的教学和科研水平接近或达到世界一流水平，培养的拔尖创新人才在诸多领域承担领军角色，具备参与国际竞争的实力；第二类高校在某个或某几个学科具有较大优势，科学研究服务产业和文化需求导向明显，成果转化成效突出，在解决关键技术领域或社会重大问题以及培养专门人才方面发挥重要作用；第三类高校学科相对单一，行业特色鲜明，在国内处于绝对领先地位，培养的创新型人才多为相关行业领域的骨干力量；第四类高校综合性较强，学科设置和科学研究服务地方需求导向明显，培养的学生多数成为服务地方经济社会发展的骨干力量。不同类型的高校定位不同、特色不同、地域不同，肩负的使命也不尽相同，如何科学合理地开展分类支持、引导和评价，鼓励不同高校特色发展、差异化发展，还需要深入研究，不能用少量简单的量化标准来衡量。

四是如何打破身份固化？高等教育重点建设政策作为一项非均衡发展策略，在公平与效率之间更偏向于效率，可以概括为"效率优先，兼顾公平"。但是以往重点建设中事实上产生的身份固化，使少数高校对政策产生依赖，改革进取的动力不足，高校发展和改革的速度长期处于较低水平；同时身份固化造成了新的不公平，令具有较强实力而未能入选重点建设范围的高校积极性受到较大打击，影响了整体效率的发挥。"双一流"建设提出打破身份固化，建立建设高校及建设学科有进有出的动态调整机制，但如何真正实现这一机制还有待实践检验。特别是对于已经进入建设范围的高校，是否调整对其利益和声誉的影响巨大。因此，在具体的操作办法上还需审慎安排。

五是如何发挥重点建设高校的带动作用？在重点高校建设阶段，国家提出重点高校的任务就是要为高等教育培养师资，这些师资无疑是要充实到其他高校的，同时重点高校也为其他高校树立了榜样，并要给予其他学校帮助，带动作用明确。"211 工程"包含的高等教育公共服务体系建设中，中国教育科研计算机网和中国高等教育文献保障体系本身就是为整个高等教育战线提供服务，高等学校仪器设备和优质资源共享系统的目的则是向其他高校辐射资源和条件，带动作用也非常明显。"985 工程"和"双一流"建设目前从政策文本本身上来说并没有体现相关内容，"双一流"建设主要通过对口支援和组建学科。归根结底，重点建设还是需要充分发挥其辐射带动作用，推动我国高等教育质量的整体提升，这是今后重点建设政策实施及发展中需要高度关注的重要问题。

## （二）副报告人报告

（20 分钟休息结束）

**彭宇文**：接下来由玉胜谈谈你的观点。

**徐玉胜**：彭老师、同学们，大家好，我是今天的副报告人徐玉胜，我会从高等教育的发展概况与转型、高等教育治理体制的演进特征和高校内部治理的发展特征三方面来展开汇报。

首先是高等教育的发展概况。中华人民共和国成立以来高等教育的发展经历了三个阶段，第一阶段是 1949 年至 1966 年，这一时期被称为"17 年"时期，是中华人民共和国高等教育从旧中国中恢复的发展阶段，完成了对旧中国高等教育的接管和改造，学习苏联经验，大批高等学校得以发展，高等教育培养了大批经济社会建设需要的各级各类人才。这一时期的代表性文件是 1961 年出台的《中华人民共和国教育部直属高等学校暂行工作条例（草案）》，也就是我们通常说的"高教 60 条"。第二阶段是 1966 年至 1978 年，这一时期为"文化大革命"时期，十年浩劫，教育事业遭到严重破坏，濒临崩溃边缘；学校教学秩序混乱，广大教师受到摧残，青年一代丧失了接受科学文化教育的机会。这一阶段，高校一度停办，许多高校知识分子受到冲击，教师被下放到基层。第三阶段是 1978 年至 2019 年，这一时期为改革开放时期，其间，1998 年《高等教育法》通过实施。

我国高等教育也经历了三次转型，一是 20 世纪 20 年代，以 1922 年新学制的颁布为标志，中国大学主要以美国高等教育模式为参照系进行的变革；二是中华人民共和国成立后，以 1950 年中国人民大学的成立和哈尔滨工业大学的改革为标志，中国开始了对苏联高等教育模式的全盘照搬；三是改革开放以后，以 1985 年《中共中央关于教育体制改革的决定》的颁发为标志，中国大学以欧美高等教育模式为主，参照世界各国大学的发展经验，走上自主探索和建设中国特色社会主义高等教育模式的道路。

以上是我国高等教育的概况和三次转型。

接下来是高等教育治理体制的演进特征。改革开放以来，我国高等教育取得了历史性成就，高校数量、毕业生数量规模位居世界前列，普通高校数量不断增加，由1978年598所增加到2018年2663所（4.45倍）；本、专科毕业生人数大幅提高，由1987年53.19万人增加到2018年753.31万人（14.16倍）。高等教育治理体制的演变分为以下几个时期：1978年至1984年，体制改革酝酿时期；1985年至20世纪90年代末，改革取得重大进展时期；2000年至2012年，体制创新发展时期；党的十八大以来（2012年至今），加速推进我国高等教育体制迈向现代化。

1978年至1984年，是高等教育体制改革酝酿时期，以推动高校办学自主权改革为主要特征。1978年以前，高校单一由政府举办，全部依靠国家投资，高等教育的运行完全被纳入国家计划。部门、行业、地方各自办学、自成体系，高校平均规模偏小，学科设置单一，专业口径过窄，办学效益低下。以管理、人事、分配制度改革为突破口的高校内部管理体制改革开始推动"扩大高校办学自主权"。

1985年至20世纪90年代末，这一时期主要着手优化我国高等教育办学的管理体制和投入体制。

1985年，《中共中央关于教育体制改革的决定》的颁布开启了高等教育体制全面改革的进程，这一决定突破了以往"只有中央和省两级政府办学"的体制，中心城市开始举办"市属高校"；民办高等教育开始兴起，一些高校实行"多方投资，共同管理"；高校试行"指令性计划"和"调节性计划"相结合的新的招生计划制度，对自费生收取学费；大学毕业生自主择业，用人单位择优录用的"双向选择"制度初步建立。

1993年2月，中共中央、国务院颁布了《中国教育改革和发展纲要》，为初步建立起与社会主义市场经济体制、政治体制和科技体制改革相适应的教育新体制提供了指导。改革的重点在于调整办学体制，以政府办学为主体、社会各界共同办学，在政府与学校的关系上，政府对学校的直接行政管理转变为宏观管理，以国家财政拨款为主，辅之以多种渠道筹措教育经费。

此后几年，原国家又进一步落实细化办学体制改革的举措。1995年，国家教委（现为教育部）下发了《关于深化高等教育体制改革的若干意见》，推动以"共建、划转、合并、合作办学和协作办学"为主要途径的管理体制改革。1998年，全国高等教育管理体制改革经验交流会进一步提出"共建、调整、合作、合并"的八字方针。1999年，《中共中央、国务院关于深化教育改革全面推进素质教育的决定》要求进一步简政放权，加大省级人民政府发展和管理本地区教育的权力以及统筹力度。

总的来说，通过1985—1999年的各项改革，我国高等教育基本形成了中央和省级政府两级管理、分工负责，以省级政府统筹为主，条块有机结合的体制框架；建立了以财政拨款为主、多渠道筹措教育经费的投入体制，学生交费上学，社会各界积极参与办学。

2000年至2012年，这一时期政策改革主要解决了高校分类发展的问题。

2010年颁布的《国家中长期教育改革和发展规划纲要》总结了21世纪第一个十年我国教育体制改革的经验，对人才培养体制改革、考试招生制度改革、中国特色现代大学制度建设、办学体制改革、管理体制改革等提出了明确要求。

2010 年，国务院下发《关于开展国家教育体制改革试点的通知》，探索高校分类指导、分类管理的办法，落实高校办学自主权；推动建立健全大学章程，完善高校内部治理结构；建立健全岗位分类管理制度，推进高校人事制度改革，改革高校基层学术组织形式及其运行机制等。

党的十八大以后，我国高等教育进入新的发展时期，这个时期的主要目标是加快推进高等教育体制迈向现代化，从管理体制改革、创新创业教育、民办教育发展、立德树人机制改革等多个方面进行了全方位探索

2013 年 11 月，《中共中央关于全面深化改革若干重大问题的决定》指出，要深入推进管办评分离，扩大省级政府教育统筹权和学校办学自主权，完善学校内部治理结构。

2015 年，《关于深化高等学校创新创业教育改革的实施意见》提出，要以创新引领创业、以创业带动就业，将深化高校创新创业教育改革作为高等教育综合改革的突破口。

2016 年，《关于鼓励社会力量兴办教育促进民办教育健康发展的若干意见》提出，要对民办学校实行非营利性和营利性分类管理，以实行分类管理为突破口，创新高等教育体制机制，促进民办教育持续健康发展。

2017 年 9 月，中共中央办公厅和国务院办公厅联合发布《关于深化教育体制机制改革的意见》，将学校依法自主办学作为充满活力、富有效率、更加开放、有利于科学发展的教育治理格局的重要组成部分，要求深化简政放权、放管结合、优化服务改革，把该放的权力坚决放下去，把该管的事项切实管住管好，加强事中事后监管，构建政府、学校、社会之间的新型关系。

习近平总书记在 2018 年 9 月召开的全国教育大会上指出，要深化教育体制改革，健全立德树人落实机制。要坚决克服唯分数、唯升学、唯文凭、唯论文、唯帽子的顽瘴痼疾，切实扭转不科学的教育评价导向。要深化办学体制和教育管理改革，充分激发教育事业发展的生机活力。

以上是对高等教育治理体制演进特征的一个回顾。

最后，我来向大家介绍一下高校内部治理的发展特征。有研究已经对高校内部治理历史变迁相关的政策文本进行了梳理，并将其归纳为五个方面，这里对其进行简要介绍。

一是确立党委领导下的校长负责制。20 世纪 90 年代以来，强调加强党的作风、思想和组织建设，由党委决定学校建设和改革的重大事项，加强了党对学校各项事务的管控。2014 年，新增了人才队伍建设和反腐倡廉职责。2018 年再次强调党对高校的全面领导，从办学方向、学校发展、干部选拔到人才培养都由校党委全权负责，落实党委办学治校的主体责任。关于校长的职责方面，1998 年颁布的《高等教育法》，以法律形式明确了校长职责为执行党委的各项决定，以及全面负责教学、科研和行政管理等事宜。

二是改革和完善人力资源管理制度。晋升制度由外部单一趋向自主多元，业内评价、市场评价、社会评价相结合。用人制度由固定管理趋向流动管理，1985 年是高校人事制度变革的分水岭。薪酬机制由平均主义趋向效率优先。

三是重新赋权于高校学术委员会。2010 年的《国家中长期教育改革和发展规划纲要》

提出要充分发挥学术委员会的功能和作用，探索"教授治学"的有效路径。2015 年《高等教育法》的修改以法律形式赋予学术委员会更多权力。

四是由"民主监督"趋向"多元共治"。2011 年，教育部颁布新的《学校教职工代表大会规定》，教代会的职权包括通过多种方式对学校各项工作提出意见和建议，监督学校章程、规则制度和决策的落实，提出整改意见和建议等。2017 年《高校学生代表大会工作规则》规定，学生代表大会能够在征求广大同学对学校工作的意见和建议、合理有序表达和维护同学正当权益的基础上参与学校治理，进一步强调学生群体在高校内部治理中的重要性。

五是"一校一章程"格局的最终形成。中华人民共和国成立后，高校由教育部统一领导，实施高度集权化管理，高校失去办学自主权，章程也因此失去存在和发展的空间。2003 年，"依法治校"理念被提出。"十二五"规划中提出，到 2015 年高校要实现"一校一章程"。2016 年，《依法治教实施纲要（2016—2020 年）》提出，至 2020 年全面实现高校依据章程自主办学。

以上就是我的汇报内容。主要是梳理了改革开放以来有关宏观层面和中观层面的政策变迁和它的特征。

## （三）提问交流环节

**彭宇文：**施思和玉胜讲了他们的一些理解。那么下面是这样，我想先请其他同学点评一下，也可以谈谈自己的观点。

**易慧：**我觉得施思总结得很全面，对于玉胜讲的内容我有几个问题。首先你在汇报改革开放以来高校体制演变时，引用了关于高校数量、毕业生数量变化趋势的数据，因为我们谈的是高校治理，我有一个疑问，即高校数量的变化，还有毕业生数量的变化，跟治理的关系你好像没有表达得很清楚。还有就是因为我们是在梳理改革开放以来高校治理制度的变迁，你说你是从宏观、微观几个方面来谈的，但是我觉得你讲的内容可能更偏向于微观一点，着重梳理了关于制度、制度改革的一些内容，对于整体制度变迁的特点，你并没有呈现出来。

**徐玉胜：**确实正如易慧所言，高校治理和高校数量、毕业生数量直接看起来不是明显相关的关系。我做这个题目的时候，有考虑去找一些更直接的指标，但是没有找到，于是我就想，是不是可以找一些比较相近的指标，不求精确，但求反映一些整体趋势，所以我选择了高校数量和毕业生规模数量的变化。当然它们之间也是存在一些关联的，比如，高校扩招肯定会带来高校治理难度的加大等，但是我也承认这可能不是最优的指标。

**曾心媛：**我觉得施思讲得特别好，政策梳理得特别完整。但是我有一个问题，因为这个专题汇报的是一流大学建设的历史基础，是通过梳理制度进而总结它的规律。那么这些政策为我们的一流大学建设奠定了哪些历史基础？

**夏施思：**高等教育重点政策的长期实施对高校发展产生了深远影响。比如说高等学校制定了重点政策之后，可以助推高等教育在不同地区、院校之间形成一个比较明显的差序格局。当政策出台之后，政府就会树立一部分样板学校，其他学校可以根据这些样板学校来进行学习、改革，同时也给其他学校如何建立重点提供了指导。

**唐依凡**：我觉得施思汇报得很好，思路很清晰。但我有一个小问题，即施思在第 2 部分和最后都提到了一个身份固化的问题，就是说之前的"985""211"可能会造成一些身份固化的问题，新的"双一流"建设会不会同样也会导致这样的问题？那么你是怎么考虑这些问题的？

**夏施思**：陈宝生部长（时任教育部部长）曾经说过"双一流"建设不是山寨版的"985""211"，"双一流"是可以调整的，而且院校划分为 A、B 两类，其中的 A 类好像有 40 多所，B 类是个位数，这和原来的"985 工程""211 工程"很不一样。如果一所高校被归到 B 类，反过来可以使这个学校正视它和 A 类学校的差距，它可以很清楚地知道自己差在哪？并且 A、B 类是会变化的，不存在固化问题。

**王萍**：我有了解到有学者在做历史制度研究时，一方面是将制度作为因变量，另一方面也把制度作为自变量来研究所带来的结果。其实还是在研究这个制度给高校带来了哪些优势？又有哪些曲折？可能有一部分学校上榜"双一流"名校，对于一些没有上榜的学校来说，我觉得其积极性是有被削弱的。

**彭宇文**：王萍说的这个问题，确实是我们要注意的问题，等一下我也会讲一讲。在这个专题里面来讨论这个问题，其实就是要敢于质疑，我们要总结经验，但也要通过质疑、通过批判来反思，特别是反思有没有实现治理效能。当然，我们可以用排名位次、科研经费、规模数量等这样一些表面化的指标来体现，但制度变迁中有没有实现我们预期希望达到的效能？这个特别值得我们研究。所以在以后的研究中，我希望我们更多地可以把精力放在反思上，敢于批评质疑，深入讨论，在这一点上大家可以稍微放开一点。

**周思钰**：谢谢施思，我想问的是为什么你要选择政策工具视角？另外我想问一下玉胜，你有没有从外部角度来分析高校治理？

**夏施思**：我用政策工具作为切入点的原因在于高校治理涉及了很多方面，并且政策影响具体的高校治理，比如此前部分高校可能没有注重人才队伍建设这一块，那么通过政策工具的分析，发现了这阶段的政策确实是没有注意到人才队伍建设的，那么我们的高校治理会随之而变迁。所以我选择用政策工具的视角来看待政策，并通过政策工具的变化和政策的变化来看待高校治理。

**徐玉胜**：我来对思钰的提问进行一个回应。我觉得外部主体也是高校治理中的重要相关者。目前现有的文件也经常提到一些外部主体，在外部主体里政府是一个重点。但是其他主体比如说市场或者社会，它们应该扮演一个什么样的角色，也是可以去关注的。市场对治理的参与，我们可以通过用人单位对高校毕业生的评价，或是就业质量的跟踪调查来反映。再比如，校友可能也是治理的一个主体或者是相关者，比如我们以前一个学院的院长，他就经常会到我们省内的各个地级市去参加校友联谊，组织校友活动等。

**李骏锋**：施思同学讲得特别好，她把整个内容梳理得很清晰，我觉得自己想不到的点她都讲到了。但我有一个疑问，你为什么会选择英格拉姆与施耐德的指令性工具、能力建设工具、市场新工具理论作为研究政策的工具？

**夏施思**：其实是有很多政策工具可以选择的，我查了很多资料，觉得教育所涉及的很多内容都在施耐德的理论分类的情况之中，所以我就选择了这个理论作为研究工具。

### （四）彭老师点评环节

**彭宇文：** 当初我选这个题目的时候，讲到了政策变迁，实际上就是希望大家可以去找一些相关的资料读一读，用公共政策理论来进行高等教育政策的分析，用这样一种政治科学的理论工具来研究高等教育，具有比较强的可借鉴性，也很清晰。从这个角度而言，施思做得很好。

接下来我再花点时间对他们两位的专题做一些点评。围绕制度变迁，他们两个人都做了一些自己的思考，总体而言有一些非常好的地方，当然也有值得商榷的地方。

比如施思你谈到了高校合并，那么，经过 2000 年前后这样一个高校合并的集中行动之后，学校和学校、专业和专业等内外部关系发生了很大变化，大家可以思考一下，高等教育整体格局出现了什么样的不同？地方高等教育治理形成了哪些差异？新浙大合并组建以后，就出现了浙江省的高等教育是浙江大学一校独大、其他学校普遍较弱这样一种格局；湖北应该是 2+N 的格局，即武汉大学、华中科技大学两家独大，N 所学校发展参差不齐，为什么会形成这种格局？这些可能是需要我们思考的问题。

比如三个阶段的划分，你分为重点高校阶段、工程建设阶段等。需要注意的是，阶段的划分应当使用统一的标准，而不是多维度的标准。还有就是，我们为什么原来没有叫"工程"？到了工程化的时候，为什么会用"工程"这个词？这里我觉得大家可以进一步思考一下。

运用政策工具的理论来开展分析非常好，政策分析的理论确实有很多种，其实就高等教育而言，其建设发展过程也就是执行公共政策的过程，所以，无论我们用什么逻辑去分析高等教育治理，实际上最大的逻辑就是政策，我们要高度关注高等教育治理方面国家公共政策的价值目标导向。

### （五）彭老师谈本专题

**彭宇文：** 下面我来分享我的观点，大家可以进行一些讨论。

第一，中国高等教育治理体制机制发展的历史溯源。

中华人民共和国成立以来，高等教育管理体制变革呈现出波折发展的形式。最开始是全盘苏化一边倒，学习苏联模式，中间经历了院校调整等，一直到 1966 年。"文革"期间，高等教育出现停滞倒退，中间也有所谓"右倾'回潮'"的反复。改革开放以后，先是再次借鉴欧美模式，然后随着经济社会发展逐步探索具有中国特色的高等教育管理体制。在这个发展阶段，高等教育管理部门有调整，从最开始的高教部到教育部，到国家教委，再到现在的教育部；高校领导体制也有调整，从 1950 年的校长负责制，到 1961 年的党委领导下的校务委员会负责制、1978 年的党委领导下的校长分工负责制、1985 年的校长负责制，再到从 1989 年实施至今的党委领导下的校长负责制。

与此同时，有关制度（教育法律政策）也相应变迁，我这里列举了一些制度，如：1950 年的《政务院关于高等学校领导关系问题的决定》《高等学校暂行规程》《专科学校暂行规程》《私立高等学校管理暂行办法》，1953 年政务院颁发的《关于修订高等学校领导关系的决定》，1958 年中共中央颁发的《关于高等学校和中等技术学校下放问题的意见》，1958 年中共中央、国务院颁发的《关于教育事业管理权力下放问题的规定》，1961 年中共中央颁发的《教育部直属高等学校暂行工作条例（草案）》（高校六十条），1963 年中共中央、国务院颁发的《关于加强高等学校统一领导、分级管理的决定（试行草案）》，1969 年中共中央颁发的《关于高等学校下放问题的通知》，1978 年教育部颁发的《全国重点学校暂行工作条例》，1985 年中共中央颁发的《中共中央关于教育体制改革的决定》，1986 年国务院颁发的《高等教育管理职责暂行规定》，1987 年国家教委颁发的《关于高等学校各级领导干部任免的实施办法》，以及 1993 年中共中央颁发的《中国教育改革和发展纲要》等诸多政策文件、法律法规，通过对这些制度的内容分析，我们可以较清晰地看到我国高等教育管理体制的变化发展脉络。在这么多政策文件中，有一个文件我想提出来，希望大家特别研读一下，那就是 1961 年出台的《教育部直属高等学校暂行工作条例（草案）》，一般简称为"高校六十条"。这个文件产生于一个特殊的历史时期，改革开放以后又重新发布过，它的内容非常丰富，文字表述也很有特点，读起来非常有意思。我特别希望大家能够把"高校六十条"和后面出台的有关政策文件，以及高教管理体制的实践变化，贯通联系起来研读，深入思考甚至是质疑一下，哪些有变化、哪些没有变化，哪些应该变化的却没有变化、哪些不应该变化的却变化了，我们要敢于质疑。

在这个变迁过程中，还有一个现象值得关注，就是高校重点建设工程。从 1954 年高等教育部发布《关于重点高等学校和专家工作范围的决议》开始，实施重点工程建设成为我国高等教育发展的一个基本路径。其后，1959 年中共中央《关于在高等学校中指定一批重点学校的决定》、1960 年中共中央《关于增加全国重点高等学校的决定》、1978 年国务院转发教育部《关于恢复和办好全国重点高等学校的报告》、1995 年原国家教委和财政部联合下发《"211 工程"总体建设规划》、1999 年国务院批转教育部《面向 21 世纪教育振兴行动计划》（也就是"985 工程"建设），到 2012 年启动"高等学校创新能力提升计划"（简称"2011 计划"），2015 年启动世界一流大学与一流学科建设。回顾我国高校重点建设工程的发展历程，可以看到其影响力是巨大的，对此我们需要加以总结分析，剖析其中的利与弊，为进一步优化体制机制提供反思。

第二，中国高等教育治理体制机制发展的特征评析。

溯源历史可以发现，我国高等教育治理体制机制深受社会发展、政治体制变动、政权更替等方面的历史影响。中国现代高等教育产生于救亡图存的历史背景，背负着特殊的历史使命。从清末民初到民国时期，从延安时期到中华人民共和国成立、改革开放等不同阶段，虽然每个历史阶段都有不同的阶段性特点，但是，救亡图存的危机意识没有变，国家发展、民族复兴的历史使命一直贯穿始终，也由此构成了中国高等教育治理体制机制变迁的大背景。

在此基础上进一步分析，我国高等教育发展可能存在着一些先天性缺陷，也是我们必须正视的，如：全盘西化而又没有真正领悟大学精神，天生缺乏现代大学精神传统，缺乏法人组织的独立性与自主性主体地位，缺乏知识分子的学术共同体组织，缺乏本土化成长。正是这样一些先天性缺陷，导致我国高等教育治理体制机制在发展过程中的成长性、成熟性、本土性、现代性呈现出诸多特有的特征及冲突，值得我们深入研究。诸如：以改革开放40多年以来高校内部治理体制机制发展过程为重点进行剖析，可以发现，其制度变迁既有强制性制度变迁，也有诱致性制度变迁，既有政府主导的变迁，也有高校内生自发的变迁，呈现出复合性的规律特点。但整体而言，由于我国高校历经几十年计划经济模式下的政府管制实践，缺乏自主发展的内生动力，作为独立法人的法律地位没有真正建立，因此，政府主导的强制性制度变迁必然成为基本模式，而且也是在相当长阶段内最有效的现实方式。与此同时，整个发展过程还表现出摇摆缓慢的特征。对这些年来的有关政策举措进行梳理，可以发现，相关制度化政策举措历经数年才初步形成，较大程度上滞后于理论发展，长达数十年的缓慢建设过程，实际上是对我国社会建设和高等教育改革发展历程的现实反映，具有强烈意识形态特征的高等教育，受制于我国改革开放实践的整体环境，也因此决定了高校内部治理体制机制建设的探索性、谨慎性和漫长性。

深入分析起来可以发现，在我国高校内部治理体制机制建设进程中，面临着或者说存在着诸多现实冲突，如：（1）现代大学制度建设与大学文化传统、现代大学精神之间的冲突。中国现代大学产生发展的历史过程与现代大学内在规律及其成长发展逻辑不吻合，并与大学发展的内在要求不吻合，并出现冲突，进而阻碍大学的正常成长成熟。（2）现代大学制度建设与国家要求、社会需求之间的冲突。在越来越行政化、市场化的社会环境下，急功近利、浮躁与经济化的社会导向日趋强烈，原本应当与社会保持适当距离的大学在现实压力之下不得不不断降低身段，与政府、社会之间的关系变得过度紧密，丧失应有的独立性。（3）现代大学制度建设与法治精神之间的冲突。法治理念强调规则与程序，必然和强调自由、自律的大学精神有着天然的不一致，如何协调好两者的关系也越来越成为高校治理现代化的现实挑战。（4）国家控制权与高校办学自主权之间的冲突，我国有着国家高度强势控制、高度集中垄断的传统，作为独立法人的高校需要充分的办学自主权，实现自我发展、自我成长，就必然与这种行政传统发生冲突，这也是这么多年来社会各界一直呼吁处理好政府与高校关系却又始终难以真正突破的现实困境。（5）高校内部行政权力与学术权力之间的冲突，同社会大环境及我国高校成长背景相关联，高校内部行政权力具有先天性强势地位，与学术权力的弱势形成较为强烈的反差，对高校治理中权力结构平衡构成挑战，等等，这些冲突都会对高校内部治理体制机制建设产生或大或小的影响，甚至导致形成一定的路径依赖，需要引起我们注意。深受国外高等教育影响，后发型、模式移植的现代中国高等教育，面临教育治理现代化的新形势，如何突破，如何创新？是我们要继续探究的。

好了，以上就是我关于本专题的一些想法。另外，今天是第一次由同学们进行分享，我想再补充强调一点，因为这门课程跟别的课程不一样，这门课以研究为主，所以我希望后面每一位同学更多地加入自己反思的、批判性的内容，而不只是简单地介绍他人的观点。同时，我也希望除了主报告人和副报告人以外，其他同学都能够多说一点，我们要多留点时间供大家自由讨论。今天就到这里，没有什么问题我们就下课了。

# 三、2022 年的再思考

大学师生是大学治理的主体，改革创新是发展的根本动力。"双一流"建设对大学主体的创新活力提出了很高的要求。要不断深化教育综合改革，将顶层设计和实践探索有机结合，充分调动广大师生的积极性、主动性和创造性，创新体制机制和人才培养模式；要统筹利用国内国际教育资源，广泛借鉴吸收国际先进经验，进一步提升教育对外开放水平，通过改革创新和对外开放解决难题、激发活力、推动发展。大学治理要以理论创新、实践创新、文化创新等引领大学的内涵式发展，在学校上下形成勇于探索、敢于创新的蓬勃朝气，激发创建现代大学制度的充沛内生动力。

大学治理现代化最终落脚于释放大学师生的活力和潜能，实现学术生产力的充分解放。一流大学是一流人才支撑的结果。习近平总书记强调，要把建设政治素质过硬、业务能力精湛、育人水平高超的高素质教师队伍作为大学建设的基础性工作，始终抓紧抓好。推动大学治理现代化的关键就在于塑造一支能够理解中国特色现代大学制度、拥有创新能力、专业素质和较强行动力的各类人才队伍，特别是具有较高学术涵养、学术管理水平、师德师风高尚、学术诚信意识较强的专任教师。大学里，教师从事最好的研究，学生获得最好的学习机会，才能不断发挥他们的聪明才智，释放出创新活力。创新活力源于体制机制的改革。大学应当在条件成熟的情况下，着力推进校院两级管理体制改革，通过调整校院两级管理的权力、责任和义务，结合事权下放财权和人事权，明确学院的办学实体地位，真正保证学院的办学自主权，充分发挥学院的主体能动性和自治动力功能，有效激发学院的办学活力、内生动力和发展潜力。

此外，学校管理干部和院系管理者的治理能力也与大学的治理水平密切相关，要以更高标准的德才素质能力体系遴选、培训大学、院系、职能部门的领导者和负责人，提高他们办学治校的能力，充分发挥由"思想力""组织力""决策力""制度力""资源力""文化力"及"校长力"（泛指包括党委书记等大学领导者在内的个人素质产生的影响力）等多个领导力要素构成的结构性领导合力，全面释放校院两级领导干部的表率作用，发挥教师治教、治学、治研的主体力量，不断提升大学的治理水平和治理能力。（夏施思）

## 思考题

1. 试分析我国高等教育重点建设工程的利弊。
2. 试分析中华人民共和国成立以来我国高等学校内部领导体制的变迁过程及其特征。
3. 我国高等教育治理体制机制建设有没有路径依赖？如何创新与突破？

## 参考文献

[1] 胡炳仙. 中国重点大学政策的逻辑起点 [J]. 现代大学教育，2008（02）.
[2] 龚放. 事业心 大局观 创造性——从"835建言"看匡亚明的战略决策特点 [J]. 南

京大学学报（哲学·人文科学·社会科学版），2006（04）.

[3] 郭新立．以重点建设带动高等教育的整体发展［J］．学位与研究生教育，2003（11）.

[4] 翟雪辰，王建华．我国高等教育重点建设政策的演变与启示［J］．当代教育科学，2017（07）.

[5] 郭新立．中国高水平大学建设之路——从211工程到2011计划［M］．北京：高等教育出版社，2012.

[6] 教育部．关于全面提高高等教育质量的若干意见［EB/OL］．（2012-03-16）［2020-03-06］．http：//old. moe. gov. cn/publicfiles/business/htmlfiles/moe/s6342/201301/xxgk_146673. html.

[7] 教育部，财政部，国家发展改革委．关于印发《统筹推进世界一流大学和一流学科建设实施办法（暂行）》的通知［EB/OL］．（2017-01-25）［2020-03-06］．http：//www. moe. gov. cn/srcsite/A22/moe_843/201701/t20170125_295701. html.

[8] 陈振明．政策科学教程［M］．北京：科学出版社，2015.

[9] 黄红华．政策工具理论的兴起及其在中国的发展［J］．社会科学，2010（04）.

[10] 周付军，胡春艳．政策工具视角下"双一流"政策工具选择研究——基于政策工具和建设要素双维度的分析［J］．教育学报，2019，15（03）.

[11] 徐赟．"双一流"建设中政策工具选择与运用的问题及对策［J］．教育发展研究，2018，38（01）.

[12] 李津石．我国高等教育"教育工程"的政策工具分析［J］．中国高教研究，2014（07）.

[13] 吴合文．改革开放以来我国高等教育政策工具的演变分析［J］．高等教育研究，2011，32（02）.

[14] 胡德鑫．我国世界一流大学建设的历史演变、基本逻辑与矛盾分析——基于历史制度主义的分析范式［J］．教育发展研究，2017，37（Z1）.

[15] 张端鸿．"双一流"：新时期我国院校重点建设政策的延续与调适［J］．教育发展研究，2016，36（23）.

[16] 马嵘，程晋宽．高等教育国际学生流动的新趋势及动因研究——基于国际组织相关数据报告的分析［J］．大学教育科学，2018（06）.

[17] 2018年全国教育事业发展统计公报［EB/OL］．（2019-07-24）［2020-03-06］．http：//www. moe. gov. cn/jyb_sjzl/sjzl_fztjgb/201907/t20190724_392041. html.

[18] 张文剑．"双一流"建设进程中大学治理现代化的战略选择［J］．贵州社会科学，2021（12）.

[19] 蔡连玉，李海霏．我国高校内部治理历史变迁的脉络与主题分析（1949—2018）［J］．重庆高教研究，2020，8（04）.

# 专题三　一流大学建设的时代背景：
## 治理体系与治理能力现代化

**课程时间**：2020 年 3 月 13 日 9：00—12：00
**地　　点**：腾讯会议
**主报告人**：徐玉胜
**副报告人**：夏施思

# 一、引　　言

我本科主修的是财政学专业，相较而言，对偏宏观的政策分析比较感兴趣。彭老师给出的题目是"一流大学建设的时代背景：治理体系与治理能力现代化"，提示的思路是根据《中国教育现代化 2035》和《中共中央关于坚持和完善中国特色社会主义制度 推进国家治理体系和治理能力现代化若干重大问题的决定》这两个文件的相关内容进行解读。拿到这个题目，我觉得很亲切，也有犹豫。

一方面，我在本科的时候，从财政学的角度对于"国家治理体系和治理能力现代化"有过相关的学习，我们经常提到的说法是，财政是国家治理的基础与重要支柱，我们的研究往往是围绕如何进行财税体制改革，从而推动现代化进程。

另一方面，对政策文件的解读太考验功力了，政策的每一句话每一个用词都有其深意，这种严谨，恐怕对于法学和政治学专业的同学都要有相当的能力要求，而且我以前确实没有过相关经历，如何入手，才能既不会在教育法学的专家彭老师面前显得幼稚，也能够结合我自己的教育背景提出一些创新点，这个让我觉得非常有挑战性。"与自己斗，其乐无穷"，从不知道如何下手，到四处找资料——政策文本以及相关的解读、学界大牛对这个问题的研究文章等；渐渐地我好像找到了一些思路，最后决定借鉴 SWOT 的分析框架，不局限于文本的解读，从时代背景这个更大的主题下切入，分析一流大学建设的内外部环境，提炼优势、劣势与机会、挑战，然后提出一个理想的治理模式。**(徐玉胜)**

# 二、课堂实录

## （一）主报告人报告

**徐玉胜**：彭老师、各位同学，大家上午好。我今天汇报的主题是"一流大学建设的时代背景：治理体系与治理能力现代化"。主要内容将从以下三个方面展开：高校治理现代化的时代内涵与特征、高等教育制度优势与大学治理效能、一流大学治理现代化的实现。首先我们来探讨一下什么是治理体系与治理能力的现代化，其次把治理体系与治理能力的现代化放在高校的语境下，我们应该如何去理解？再次，高校治理现代化的现实依据，我们为什么要推进校治理现代化？最后，未来它应该是一个怎样的发展？这里，《中国教育现代化 2035》就为我们指明了发展方向。

第一部分，高校治理现代化的时代内涵与特征。

首先，治理体系与治理能力现代化的一般含义。

党的十八届三中全会在《中共中央关于全面深化改革若干重大问题的决定》中最先提出来了"治理体系和治理能力的现代化"，指出全面深化改革的总目标是完善和发展中国特色的社会主义制度，推进国家治理体系和治理能力现代化。这是正式文件里面最早的一个提法。国家治理体系、治理能力，其实就是我们国家的制度体系和制度的执行能力。有了良好的国家治理体系，就能够提高国家治理能力，然后通过国家治理能力的提升，又能够把国家治理体系的效能发挥出来。其实这是一个相辅相成的过程。

彭老师之前给我们讲过"管理"一词的内涵演化，这里再回顾一下，我们现在的管理，由最初的"统治（government）"走向了"治理（governance）"，最后到达我们现在常说的"走向善治（Good governance）"。治理，其实相较于之前的管理，它的内涵更加丰富，既包括了正式的政府机制，也包括一些非正式的、非政府的机制，相当于是将管理的概念进行了外延。而"善治"，进一步强调效率、法治、责任的公共服务体系。换句话说，想要达成善治，我们需要的是效率、法治和责任。

如何评价一个国家的治理体系和治理能力是不是达到了现代化水平？

俞可平老师在《推进国家治理体系和治理能力现代化》一文中，谈到了五个方面。第一是规范化，公共权力的运行能够遵循制度安排，全社会都能遵循社会秩序规范；第二是民主化，保证主权在民，尊重人权，发挥人的权利，这种民主化是现代化的一个本质特征。第三是法治化，有一个完善的法律体系，而且在这个体系下，法律是公共治理的权威，也就是从人治转向了法治，我们不是服从于个别人的权威，而是以法律作为判断是非的标准；第四是效率化，维护社会秩序，提高行政效率，改善经济效益；第五是协调化，各项制度安排作为一个统一的整体协调运行，各项制度之间是密不可分的关系。这是判断现代化的五个标准。

其次，在高校治理的语境下，应该如何理解高校治理现代化？

包含了两个维度：一方面是纵向体系，包括价值体系、制度体系和实践体系，这个关系是从上而下的，先有一个价值判断，然后进行相应的制度安排，而实践体系就是做了什么，我感觉这是从一个是什么、为什么、如何做角度的理解；另一方面是横向体系，包括治理主体、治理机制和治理内容，也就是谁来治、怎么治以及治什么的问题。高校的治理体系是以制度为核心，包括价值理念、行为方式、主体构成及治理内容的要素在内的一个治理系统。

国外的一些机构，比如 OECD，也对现在的高校教育体系作了阐述：高校教育体系的管理框架应该要鼓励高校在个体和整体上都能够实现多重目标，而且这种教育体系及其利益相关者必须保障高校的各个方面都能够达到优质、公平和高效。美国大学教授联合会和大学学院治理委员会这两个组织也对高校治理进行了界定，"董事会决策、校长执行、教授治学、学生自我管理"。我联想到了我国实行的校长负责制，美国是董事会来决策，而我国是党委领导下的校长负责制，由党委来决策，二者之间感觉有一些相似性。

然后是国内高校治理的实践。党的十八届三中全会之后，高校治理体系开始了全面深化改革，改革的内容是推进管、办、评分离，"政府管、学校办、社会评"。治理现代化的一个方向，就是要协调政府、学校和社会的关系。采取一系列的措施，包括扩大省政府的教育统筹权和学校自主权，完善学校内部的治理结构，强化国家教育督导的机制，委托社会组织开展教育的监测等一系列的制度安排，其实都是围绕如何协调政府、社会和学校三者之间的关系。2010 年，《国家中长期教育改革和发展规划纲要》提到，大学治理的结构是党委领导、校长负责、教授治学、民主管理和社会参与。陈宝生部长（时任教育部部长）在 2018 年提到现代大学制度整体框架是，坚持和完善党委领导下的校长负责制，以大学章程为基础，学术委员会、教职工代表大会、高校理事会相配套。但是我感觉这里面有一个点没有提到，学生在治理中应该发挥什么样的作用？这一点大家可以一起讨论。

根据前面提到的现代化的五个标准，我认为，按照这五个标准——对应到高校治理的场域内，应该是这样的：第一个，规范化。要保证高等教育制度安排的规范性，通过完善的制度安排，协调政府、学校和社会三者之间的定位及其关系；第二个，民主化。既要保障学生的主体权利，也要保障教师的主体权利；第三点，法治化。根本的是要以高等教育法为纲，在大学内部发挥大学章程的作用，章程可以保证大学的特色，高等教育法则保障统一性；第四点，效率化。效率也应该从内外两个角度来说，外部而言，政府的宏观管理应该是间接的管理，能够让学校自主发展，学校不会因为政府的管理出现各种掣肘，而内部而言，学校内部的管理也要强调效率，能够激发学生和老师等各主体的活力；第五个，协调化。高校内外关系协调统一，各自有序。

再次，我们来谈一下高校治理现代化的现实依据。

为什么要去实现高校治理的现代化？彭老师在 2018 年的论文《中国特色现代大学制度建设的时代性》中，提到了为什么要建立现代大学制度的一些背景，我在这里作了参考。一是知识生产模式转型。知识生产不仅仅局限于大学内部，大学与非大学的研究机构、政府部门、企业研发等构成了网络组织共同参与知识生产，大学也转型为一个知识传播、普及和扩散的场所存在。二是高等教育大众化。我国从 20 世纪 90 年代末开始扩招，现在高校的毛入学率大概在 50%，传统的管理模式与大众化时代这么大的体量规模已不相适应，需要随着时代的发展改变管理模式。三是外部利益相关者的期望。教师、行政职能部门、企业、社会、政府部门参与大学治理中，大学已经从纯粹教授治理大学变革为群治大学，主体多元化也成为现代大学治理的基本特征，大学内部的联系在弱化，而与外部的联系在加强。四是国家发展要求。教育说到底还是为国家治理现代化、社会主义现代化服务的。

最后，了解时代背景之后，高校治理现代化的未来方向在哪里？

这里我们主要通过分析《中国教育现代化 2035》来加以探究。这个文件指引了我们今后大概 15 年的发展方向，部署了十项战略任务。文件提出，在高等教育领域，要使高等教育竞争力明显提升，治理方面，要形成全社会共同参与的教育治理新格局。文件的第十个战略任务，主要谈到了如何推进教育治理体系和治理能力现代化，一共有七点。

第一点和第二点提到，"提高教育法治化水平，构建完备的教育法律法规体系，健全学校办学法律支持体系。健全教育法律实施和监管机制"。这两点可以归纳为法治化，推进高校由传统的人格化治理转向为一种非人格化的依据法律契约来治理的模式。这里也有两层含义，我们要去建立一个良法体系，进一步，还要有比较高的法治能力。法治能力，它既需要立法者提高立法决策能力，还需要执行者做到违法必究，各方都要去自觉地守法。

如何提高法治化水平？这里有四条建议，第一是完善高等教育法及其相关法律，要避免法律形式化，真正适应新形势，指导学校的发展；第二是完善民商法中相关高等教育的条款；第三是提升大学章程的法律位阶，发挥章程的治理价值；第四是增强法治意识与法治精神，引领现代大学的制度建设。

文件的第三点和第四点，"提升政府管理服务水平，提升政府综合运用法律、标准、信息服务等现代化治理手段的能力和水平。健全教育督导体制，提高督导的权威性和实效性"。这两点是对政府提出的要求，我们可以从政府和学校关系上加以思考。政府和学校关系的变化体现为政府对大学的直接控制不断减少，大学自治权限扩大；更加强调客观、间接、法治、指导，管理与服务结合，授权与激励并重，监督与保障同行；大学内部的行政力量与外部的利益相关者参与大学治理的权限扩大。

这两点如何落实？第一，在工作理念上，要从管理中心转向服务中心；第二，在工作方式上，实现由单纯的行政管理转向综合运用法律、规划、公共财政、信息服务等积极引导和支持学校发展；第三，调整行政行为空间，政府简政放权，给高校更大自主权，激发基层活力。这是政府的方面。

文件第五点，"要提高学校的自主管理能力，完善学校治理结构，继续加强学校的章程建设"。这是从学校方面提出的要求。最关键的是学校要有自主权，保障学校独立法人的地位，完善学校的治理结构。治理结构上，一是主体构成要民主化，将权力按照其属性和运行逻辑回归到不同主体，使得不同主体之间相互依赖制衡；二是组织机制要民主化，比如说要有教师代表大会、学生代表大会，还有党员的党代会、决策的听证程序，等等；三是要加强章程建设，提升内部法治水平。

文件第六点和第七点提到了社会如何参与高校治理，"鼓励民办学校按照非营利性和营利性两种组织属性开展现代学校制度改革创新。推动社会参与教育治理常态化，建立健全社会参与学校管理和教育评价监管机制"。针对规范社会力量兴办教育，健全评价监管机制，我查阅了一些文献资料，提出五点建议。一是有必要的政府评估，如对基本的办学条件、教育管理、教学质量进行评估考核；二是强调发挥社会评估的作用，加强中立性、专业性和非营利性的专业化教育评估机构的建设，保障社会评估的相对独立性；三是分层分类评估，建立省市级专业评估机构，并使之专业化；四是实现开放评估，引进社会力量参与评估，在条件成熟的地方引入与国际机构的合作评估，鼓励开展工程认证、国际合作评估等多种方式的评估；五是在进行外部评估的同时，更要强调质量建设和质量保障的主体是学校。

第二部分，高等教育制度优势与大学治理效能。

何为制度优势？"凡将立国，制度不可不察也。"（出自《商君书》）。制度优势是一个国家的最大优势，制度竞争是国家之间最根本的竞争。效能，它是指目标的实现和问题的解决程度，强调的是做正确的事，然后通过正确的事来确保我们的工作能够坚持朝向自己的目标迈进。因此第二部分可以理解为：如何去发挥我们的高等教育制度优势，以达到高校治理的善治状态。这里分四个小节来阐述。

其一，高等教育制度的内涵。

高等教育制度，包括了正式的和非正式的两种制度，正式的包括教育法律、法规、政策、管理机制、教育的结构和考试制度等，社会意识形态、高等教育价值观念等则属于非正式的制度。从宏观和微观两种层面来看，宏观的大学制度可以理解为一个国家的高等教育制度，包括办学体制、投资体制和管理体制，是一个综合的概念；微观的大学制度，主要指的是一所大学的组织结构和体系，是维系一个大学的政策运行和发挥职能的制度保障。从不同的角度，我们对高等教育制度的内涵有不同的理解。

其二，我国高等教育制度的优势。

本专题主要根据党的十九届四中全会《中共中央关于坚持和完善中国特色社会主义制度 推进国家治理体系和治理能力现代化若干重大问题的决定》（以下简称《决定》）对其进行了归纳。

第一是党对高校的领导。《决定》提道，"坚持党的集中统一领导，坚持党的科学理论，保持政治稳定，确保国家始终沿着社会主义方向前进的显著优势。坚持全国一盘棋，调动各方面积极性，集中力量办大事的显著优势。坚持共同的理想信念、价值理念、道德观念，弘扬中华优秀传统文化、革命文化、社会主义先进文化，促进全体人民在思想上精神上紧紧团结在一起的显著优势"。党的领导，有政治领导、组织领导和思想领导，这是整体而言的优势。在高等教育的场域下，政治领导能够保证办学的政治方向，能够保证路线方针和政策的贯彻；组织领导的优势体现在党委领导下的校长负责制以及各种党政学团组织，能够保障不同时期教育目标的实现；思想领导优势是指统一的思想引领下，实现党的教育方针，实现为民族谋复兴。概而言之，党的政治领导能够把握方向，组织领导能够集中力量办大事，思想领导能够在精神上加强团结。

第二是社会主义办学方向。《决定》的完整表述是，"坚持以人民为中心的发展思想，不断保障和改善民生、增进人民福祉，走共同富裕道路的显著优势"。在教育方面的体现就是，扎根中国大地办教育，坚持社会主义的办学方向，坚持马克思主义的指导地位，坚持以人民为中心的发展思想，更好地围绕改革开放和社会主义现代化的重要需求，办好人民满意的高等教育，立德树人，培养德智体美劳全面发展的社会主义建设者和接班人。

第三是依法治教、依法治校。《决定》中提出"坚持全面依法治国，建设社会主义法治国家，切实保障社会公平正义和人民权利的显著优势"。一些学者的论文里也提到，法治是现代教育的基本特征，对教育事业发展具有稳定持久的保障作用。陈宝生部长（时任教育部部长）在《学习党的十九届四中全会的精神 推进教育治理体系和治理能力现代化》一文中，提到在法治方面的举措，"出台具体意见，加强教育行政执法工作，推进高校法治建设。加强青少年宪法法治教育，提升普法水平。深化教育领域'放管服'改革，转变政府职能，优化管理方式。完善教育政策决策、执行、评估机制，提高政策制定科学性。深化新时代教育督导体制机制改革，推动督导'长牙齿'，提高督导权威性实效性"。就个人理解，我认为"依法治教、依法治校"既是我们的优势，也是我们未来要去努力的方向。

第四是改革创新。《决定》中的原文是，"坚持改革创新、与时俱进，善于自我完善、自我发展，使社会始终充满生机活力的显著优势"。"办好中国的世界一流大学，必须有中国特色。"坚持改革创新，也是高等教育发展的中国特色。吸收世界上先进的办学治学经验，遵循教育规律、扎根中国大地办大学，探索自身发展道路，形成中国自主创新的高等教育发展模式，这是中国特色，也是优势。

其三，制度优势如何提升大学治理效能？

公办高校的领导体制是党委领导下的校长负责制，我们理解的好的大学治理效能应该能体现更高的行政效率、更低的行政成本、更好的公共服务和更多的公民支持，这种制度优势主要从领导、决策、执行三个方面提升大学治理效能。

首先，领导效能。领导力，对内而言是各个主体之间的认同，对外是保持正确的发展方向，实现进步。党的领导是中国特色社会主义最本质的特征，是中国特色社会主义制度的最大优势，按照党委领导下的校长负责制的领导体制实现对高等学校的全面领导。通过把方向、谋大局、定政策、促改革、管干部、管人才，切实为高等学校提供坚强有力的领导保证、组织保障、人才保障，引领高等学校朝着正确方向不断前进。同时，党的领导并不是包办一切，主要是发挥把方向、管大局、保落实的作用，遵循发展规律，协调各方，保持全局稳定。

其次，决策效能。主要的体现是民主集中制，在这种制度下领导班子更敢于决策、善于决策，相对于一个人的决策而言，也更加科学有效。

最后，执行效能。通过党委领导下的校长负责制，能够最大限度地统一思想、调动力量、凝聚资源，具备强大执行力，集中力量办大事、办好事、办难事，使决策及时得到贯彻落实，保障人才培养、科学研究、社会服务、文化传承创新、国际交流合作等功能的发挥。特别是在中国高等教育深化改革、快速发展的阶段，这一制度优势得到了充分的体现。

其四，如何完善党委领导下的校长负责制？

善治是公共利益最大化的过程，本质特征是国家与社会处于最佳状态，是政府与公民对社会政治事务的协同治理，公民在公共事务管理中的作用变得日益重要。但是，政府对实现善治仍然有着决定性作用，善政是通向善治的关键，欲达到善治，首先必须要善政。按照二八定律，想要提升大学治理的效能，关键的还是要发挥行政权力，先达到善政即"完善党委领导下的校长负责制"。我们主要从重新明确内涵、改进校长选拔任用方式、激发其他主体活力三个方面来讨论。

首先，党委领导下的校长负责制的内涵。党委领导强调的是党委集体领导，而不是书记个人领导。校长负责并非只是校长个人负责，不是家长制。党委领导下的校长负责制，强调的是高校党政之间关系的有机协调统一。

其次，改进大学校长选任方式。大学校长的选任方式是沟通大学制度外部关系和内部关系的桥梁或枢纽。就外部关系而言，是连接我国的行政体制和干部制度；内部关系来说，直接影响大学内部管理的组织构架和管理干部选任。我们能不能在坚持党的领导和党管干部原则的前提下，重新思考对大学校长及其行政系统的管理干部所实施的官员任命制，对大学这种学术组织的行政首长采取区别于其他领域领导干部选任的思维和方式，采取更加民主、更加公开、更加灵活的选任办法？唯有如此，我们才能建立起符合现代大学组织特性、体现现代大学制度基本精神的大学内部治理结构。

最后，激发其他主体的活力。一个方向就是协商式共同治理，既遵循大学作为学术性组织的特性，遵循学术治理要求，落实教师在大学治理中的主体地位，又强调协商在共同治理中的价值，突出尊重、平等、合作与沟通，以保障治理的成效与质量，突出学生参与、社会参与。在这方面，还需要注意反对家长制和官本位文化。

第三部分，基于一流大学的视角，探索如何实现治理现代化。

第一，我采用了SWOT分析法来进行研究。SWOT分析法也叫态势分析法，由韦里克在20世纪80年代提出，麦肯锡咨询公司将其用于战略规划报告的基本工具，包括分析企业的优势（strengths）、劣势（weaknesses）、机会（opportunities）、威胁（threats）。实质上是对企业内外部条件进行各方面的综合和概括，进而分析组织的优势劣势、面临的机会与威胁。优劣势分析主要着眼于企业自身实力及其与竞争对手的比较，而机会和威胁分析将注意力放在外部环境的变化及其对企业可能的影响上。

第二，对于一流高校而言，优势、劣势、机会、威胁（挑战）各有哪些？我们先分析大学内部的优势和劣势因素，然后再去分析它的外部面临着哪些机会和威胁因素。我们的策略是，在明确优势和机会的前提下，利用自己的优势在这个条件下创造新的增长点，这个是增长型战略。

优势是前面刚刚讲到的四个优势，其中最核心的优势就是党的领导，这里不展开阐述。

劣势有四：一是现在大学的治理体系是不均衡的，外部主体中政府参与得太多，而社会参与太少；二是治理水平偏低，长期以来都是政府大包大揽，学校相当于是一个执行者的角色，导致其各方面的治理水平并没有得到很好的发挥；三是改革的合力比较弱，行政权力大于学术权力，教师和学生参与的地位少有体现，以及管理程序的复杂性、管理的效率低；四是高校内部制度具有滞后性，行政化因素过强，其实总结起来主要就是学术的行政化。

机会，就是我们所处的时代背景。

威胁，其实更应该说是挑战。《中国教育现代化2035》中设定了这么多的目标，如果不实现的话，可能我们就无法适应时代的要求，而且这些目标又有它的艰巨性，不是那么容易去实现的。实现这些目标是我们面临的外部环境的挑战。

根据刚才的归纳，我把最核心的几个方面用图 3-1 的形式表达出来。那么，针对上述分析的优势、劣势、机会和威胁（挑战），我们应该如何去采取措施？如表 3-1 所示。

图 3-1 一流高校的 SWOT 分析

表 3-1 **基于 SWOT 分析的治理优化策略**

| 内部因素 / 外部因素 | 优　势 | 劣　势 |
|---|---|---|
| | 党的领导 | 学术行政化 |
| 机会 | SO 战略（利用） | WO 战略（改进） |
| 知识生产模式转型 | 完善校长负责制 | 法治化 |
| 威胁 | ST 战略（监视） | WT 战略（消除） |
| 政府和学校的关系 | 独立法人 | 协商治理 |

根据 SWOT 分析，我们提出的一个策略是，抓住机会，提高优势，改进劣势；面对威胁，保持优势，消除劣势。分别对应的策略：在知识生产模式转型、社会与高校连接紧密的机会下，一是完善校长负责制，二是提高法治化水平。在面临外部环境的政府和学校关系不均衡的情况下，完善高校的独立法人地位，发挥在党的领导下的学校的独立法人作

用，政府和学校处于平等的地位。对于学术行政化的劣势，采取协商治理，引入更多的社会治理，激发内部主体的积极作用，形成多元共治的局面。

根据一些材料，我整理了一个理想的大学治理结构如图 3-2，供大家批判。

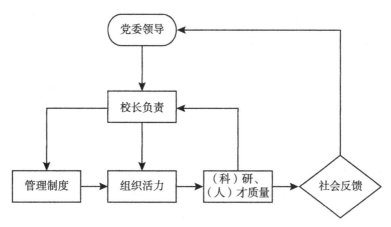

图 3-2　理想的大学治理结构图

首先是党委负责决策，校长负责行政管理。通过各项管理制度以激发组织的活力，然后形成科研和人才培养的输出，通过社会如就业市场反馈学生的质量、产学研合作的情况等，又可以指导我们人才培养、科研、社会服务的方向，通过这样的循环，形成良性的治理结构。

窦贤康校长（时任武汉大学校长）在《人民日报》发表了一篇文章《大力推进高校治理能力建设》，从政治引领力、人才凝聚力、学生竞争力、社会服务力、文化软实力几个方面，谈到了武汉大学是如何去推进治理体系与治理能力现代化的。一是增强政治引领力，坚持党对高校工作的全面领导；二是提升人才聚集力，引育并举，建立绿色通道；三是培养学生竞争力，遵循学生成长成才规律，培养拔尖人才和专门人才；四是激发科技创新力，在国家急需发展领域挑大梁，聚焦科技前沿；五是发展社会服务力，合作共建、多元投入、加强政产学研用，促进成果转化；六是涵育文化软实力，发挥青年学者在治理中的作用，塑造大学文化。我上面提到的这个理想结构，与其也有一些共通点，但是我的初步思考肯定还不成熟，仅供大家批判。

以上就是我今天汇报的内容。请各位老师同学批评指正。

**彭宇文**：很好，玉胜讲得很完善，内容涉及的比我想象中的要宽得多，除了对本专题进行了往前和往后的延伸，对一些基本原理做了思考和介绍，也谈了一些想法，特别是用 SWOT 分析，本来你在讲的时候，我还准备提议用这个方法，刚好你自己用了。

## （二）副报告人报告

（10 分钟课间休息后）

**夏施思**：我今天汇报的内容分两个部分，第一部分是高校治理现代化的时代内涵与特征，主要是对《中国教育现代化 2035》部分内容的解读。第二部分是高等教育制度优势与大学治理效能，主要也是对党的十九届四中全会《决定》相关内容的解读。

为什么要提"高等教育现代化"？

党的十九大报告中指出，要坚持全面深化改革，必须坚持和完善中国特色社会主义制度，不断推进国家治理体系和治理能力现代化，这就给我们国家很多领域的深化改革指明了方向。那么反映在我们的教育领域，就是要加快推进教育治理现代化。当前，我国高等教育事业的总体目标是加快高等教育现代化，办好人民满意的高等教育。毫无疑问，治理现代化必须服从于总体目标。所以，实现治理现代化，推进高等教育现代化，成为我们面临的一项很重要并且很紧迫的任务。跟玉胜不一样的是，他的分析侧重于"治理"，我的分析则是侧重于高等教育"现代化"，正好可以相互补充。

首先，高等教育现代化的时代内涵。

谈起高等教育现代化，我们通常会跟西方国家现代高等教育的特征联系在一起，比如说高等教育的大众化、普及化，教育民主化、多样化。但是其实我们不能把现在的高等教育，尤其是西方的现代高等教育特征等同于高等教育现代化，也不能把它作为衡量其他国家的高等教育现代化的唯一标准。我们更不能够去割裂历史传统。把握高等教育现代化的实质，需要站在哲学的高度，从人类对于高等教育的共同追求来思考，所以高等教育现代化的本质内涵是目标和过程的统一。作为目标，现代化的高等教育实际上就是促进个人的价值实现和人的自由而全面发展的教育；作为过程，它是以各国的传统文化和教育文化作为基础的，并且向远大目标发展的过程。

要理解高等教育现代化的本质内涵，就必须要理解高等教育现代化的主体是什么？高等教育现代化的主体是人，人具有价值追求的本性，人也具有一个自我创造、自我超越的本性，把自我当作主体的本性。教育的本性实际上就是人的本性在教育这种实践活动中的反映，所以从人的本性来看，教育现代化是通过教育这种实践活动来追求人自身的现代化的过程，追求的就是价值、理想和人性或者人的本体化。我觉得高等教育现代化的内涵，或者说它的本质，还是以人的现代化作为价值和衡量标准的。

其次，高等教育现代化的特征。

我总结了几点，主要包括民族性与民主性、科学性与时代性、国际性与开放性、多样性与终身性、社会性与市场性。

民族性和民主性。许多国家政策坚持努力的目标之一，其实就是不断地推进教育的民主化。它可以体现在师生关系融洽、平等上，共同参与教育过程和教育管理上，也可以体现在师生参与社会事务、自由从事研究和宽容不同意见等方面。民族性方面，高校是文化组织，所以它应该要体现出鲜明的民族特色和本土文化。在实现高等教育现代化的过程中，应该要高度重视文化的民族性和教育传统，要认识到高等教育的文化适应性的问题。

国际性与开放性。今天我们处于一个开放的世界，国际交流频繁，所以我们会相互学习借鉴其他国家的优点，以提高教育现代化的水平。只有建设一批高水平的大学，才能够与世界一流的大学平等对话、进行学术交流，才能够培养具有国际视野，敢于创新改革的人才。开放性地把学校和社会结合起来，也把人和自然、教育和生产劳动、现在和未来结合在一起，把学校教育和终身教育相结合。

接下来，我会以对外开放作为《中国教育现代化2035》分析的切入点。文件有很多不同的板块，但是对外开放这一块是我比较感兴趣的。《中国教育现代化2035》把教育对外开放新格局列为了中国高等教育现代化的十大战略任务之一。对外开放新格局是一个非常重要的主题，文件里明确了未来教育对外开放的总体思路和实践路径。我们现在正处于发展大变革大调整的时期，所以要推动教育对外开放，迈向一个全新的高度，这其实是有助于我国进一步提升教育的国际影响力和竞争力，促进国家教育现代化建设。下面我从三个方面来讲对外开放新格局。

第一，打造教育交流合作的新局面。

《中国教育现代化2035》提出了全面提升国际交流合作水平的要求。教育交流合作是我们国家教育对外开放的一个重要内容和基本途径，通过机构的互动、制度和项目对接的形式来促进和不同国家在教育领域方面的合作，当前中国和国外的交流合作也形成了一个全方位、宽领域、多层次的发展格局。

彭老师提过要有批判质疑精神，我不禁在想，现在交流合作的新局面，它真的已经很完善了吗？肯定不是，那么，它现在面临哪些问题？我看了很多文献和报道，感觉目前国际交流与合作面临着布局还没有特别平衡的问题。除此之外，学历学位互认的体系进展还非常缓慢，对外服务水平也有待提升，"一带一路"的教育共同体建设也比较滞后，对于国际组织人才的培养也应该要加强。根据这些问题，《中国教育现代化2035》就提出了全面提升国际交流合作水平这样的要求。

其一，基于对外开放的"一带一路"建设的需要，实施一些针对性的政策，比如跟一些亚非拉国家展开教育政策对话和沟通，寻求双方教育交流合作的利益交汇点，拓展教育领域合作的广度和深度，实现教育资源互联互通的优势，进一步推动中国和其他国家在教育事业上的合作共赢。

其二，多渠道引进国外的优秀人才，比如说未来有计划地引进海外高端人才和学术团队，建立外籍教师资格制度，推进外籍教师的资格认证，让外籍学者们更加顺利地融入中国的教育体系。对于外籍教师和科研人员的审批、签证、居留的手续可能就会更加完备，消除优秀人才来华工作的后顾之忧。

其三，选择国际高水平课程的资源。依托我们今天谈到的"双一流"建设，围绕国家急需的自然科学和工程科学类的专业，有重点、有步骤地去改造和升级高校现有的专业，完善人才培养方案。紧跟科技前沿，支持有条件的学校选用国际高水平的理工类的专业课程、教材等资源来提升科技人才培养的实力和成效。也可以聘请国外一些高水平的教授来进行授课，或者进行科研合作。

其四，建立双向交流合作的机制。《中国教育现代化2035》也提出了推动我国同其他国家学历学位互认、标准互通、经验互鉴的要求。扎实推进"一带一路"的教育行动，比如说通用语种人才的合作培养，还有培养通晓国外法律的高层次人才。支持职业学校、高等学校和企业共同走出去，发挥我国教育优势来吸收别国长处，创新"一带一路"的人才培养及科技发展模式，以人文交流来带动"一带一路"教育共同体的形成。

第二，提升中外合作的办学质量。

其一，对接国家发展需求，精准定位中外办学的战略布局。比如坚持合作办学目标和行动，这和我们国家的宏观教育政策相协调。吸收国外先进的办学经验，并突出地方的办学需求与自身特色。其二，建设高水平中外合作办学示范机构和项目，形成优质的国际教育资源。提高高校教育质量，需要以世界著名高等院校的参照，以及优质生源、师资和配套资源的加盟。因此，优化合作环境，吸引一批世界一流的高等学校和职业学校，进而促进研究机构与国内相关学校的合作，这样就发挥了引领的作用，为合作办学机构的项目提供了发展的土壤。其三，完善监管制度和中外合作办学退出的机制，保证中外合作办学健康有序发展。现在部分中外合作办学项目还是会存在违规招生等不规范的行为，所以在未来要重新审视中外合作办学已有的监督监管，以及定期评估和资质认证的问题。

第三，打造国际留学中心。

实施"留学中国"计划，建立并完善来华留学教育制度保障体系。首先要打造国际留学中心，吸引国际优秀的学生来华学习。其次建立并完善来华留学生教育质量保障机制，全面提升来华留学生教育质量。最后建构来华留学社会化、专业化服务体系，打造留学中国的品牌。

第四，完善中外人文交流的全球布局。

推进中外高级别人文交流机制建设，拓展人文交流领域，促进中外文明交流互鉴。一是引领各国参与，各层次、各领域深度融合，并且要相互促进中外人文交流格局。二是拓展人文交流的内容和形式，打造更多促进民心相通和文化互建的中外人文交流品牌，以优秀文明成果进行互利互赢。要坚持走出去和引进来双向发力，不仅仅是要引进外来的东西，同时也要支持汉语、中医药、武术、美食，等等，包括节日、民族文化等一些非物质文化的代表性项目走出去，加强中外文物、美术、音乐等大型赛事的举办和重点体育项目的合作也是我们之后可以进行加强的。三是打造和提升自身的教育实力，展现中华文化的魅力，可以向世界贡献中国智慧、中国经验和中国方案。一方面引荐优秀文明成果，另一方面也可以选择优秀的教育素材，开发教育案例，积累教育资源来优化合作模式。四是将国外优秀文化成果和中华优秀文化结合在一起，提升自身教育实力。五是促进孔子学院和孔子课堂的发展。六是积极参与全球教育治理。比如加强与联合国教科文组织的合作，深入参与国际教育规则、标准、评价体系的研究制定，健全对外教育援助机制等的发展要求。

第二部分，结合党的十九届四中全会《决定》，我来谈一下高等教育制度优势与大学治理效能。

党的十九届四中全会《决定》由十五个部分组成，我主要想说的是第八部分，坚持和完善统筹城乡的民生保障制度，满足人民日益增长的美好生活需要。这一节围绕促进就业、教育、社会保障、健康展开。其中，关于教育部分提出"构建服务全民终身学习的教育体系……办好人民满意的教育"等，短短的260多个字，给我们提供了什么样的信息？一是重申并且强调终身学习、继续教育在国民经济建设中的重要地位。二是把体系建设确定为全民终身学习的一个核心和基础，三是完善职业技术教育、高等教育、继续教育统筹协调发展机制。四是网络化和智能化的教育手段带来了新的发展和机遇。由于时间关系，我就不对具体内容进行阐述了，只重点谈谈终身教育问题。新时代催生新使命，也会产生新的矛盾。刚刚提到，新时代的主要矛盾已转化为人民日益增长的美好生活需要和不平衡不充分的发展之间的矛盾。当我们在物质层面得到满足之后，在精神层面就会有一个更高、更迫切的需求，反映在教育领域是什么？是人民日益增长的对优质教育的需求和不平衡不充分的现状之间的矛盾。所以我们要抓住主要矛盾，在今后的治理上也应该要从这个方面出发，主动地去回应人民群众对美好生活的新期待、新向往，要办好让每一个人都能够满意的教育。目前来说，人们对优质教育的需求有哪些？在物质比较发达的时代，大家对终身学习的需求比较高。比如很多老年人都想去老年大学学习；进城务工群体对自身学历的需求也非常迫切；还有很多人想在自己的专业和职业之外，寻找更丰富的个人兴趣和爱好，或者说是通过转型来实现人生价值，全面提升素质等。面对民众在学习方面的巨大需求，必须建设全民终身学习的学习型社会，这是中国教育和社会发展史上的一个伟大创举。我们应该要面向社会成员，创新教育理念和办学模式，推动新型大学和独特教育综合实体的诞生。

我就结合这两个政策文件跟大家分享这么多。请大家批评指正，谢谢。

### （三）提问交流环节

**彭宇文**：施思讲得比较长，也比较充分。我们还是像上次一样，请同学们分别谈一谈对他们两位，特别是对徐玉胜报告内容的想法、质疑。

**易慧**：玉胜同学，你在第一大点谈到了高校治理现代化的时代内涵及特征。你首先讲到了国家治理体系和治理能力现代化，后来又谈到了高校治理体系和治理能力的现代化。高校治理现代化是国家治理现代化很重要的一个部分，我觉得你可以多花一点篇幅阐述一下这方面的重要性。

你在第三点谈到了一流大学治理现代化的实现，用到了 SWOT 分析的方法。这个部分应该是一个比较重要的点，我觉得花的篇幅应该比前面两个部分要多，是不是可以把你第一点讲的高校治理现代化方向与第三点讲的一流大学治理现代化的实现结合起来，进一步深入展开分析实现的路径？

**彭宇文**：因为时间关系，大家都接着说完再讨论，玉胜你把大家谈的观点记下来，然后大家可以集中来稍微聊一下。

**周思钰**：玉胜同学请你把 PPT 调到"理想的现代化大学治理"这一部分。你把社会反馈机制单独放在这里，并且将其和科研、人才质量挂钩，对此我有一个疑问，如果是一个很理想的现代化的一流大学治理结构，对它的反馈仅仅与研学质量挂钩，然后再将其反馈到党委那里是远远不够的。我认为，如果要构建一个好的大学，它对于外界信息的反馈要及时迅速。关于这一方面的内容是不是可以重新再加深一点？或者更加完善一点？

**彭宇文**：好，思钰谈到这一点，等一下玉胜你再讲讲你这个图，可以对其再进一步解读一下。依凡，你说一下。

**唐依凡**：玉胜，你 PPT 中提到"提高教育的法制化水平"，因为你的标题是"治理"

的"治"，但是你这里提的却是"制度"的"制"。我就在想你是出于什么样的考虑用"法制化"这个词？这是我的一个问题。

第二个问题也是关于图 3-2 大学治理结构图的。这个是我不太理解的地方，希望你能多讲一点。因为你说这个是你认为理想中的治理结构，然后就把武汉大学的案例放在这里，我不知道这两个有什么联系？同时武汉大学这个案例我也没有看到你把武汉大学的治理结构呈现出来。

**彭宇文：**好。那接下来就是王萍。

**王萍：**谢谢玉胜，我有几个疑问想请教你。第一个疑问，你的报告主题是"一流大学建设的时代背景：治理体系与治理能力现代化"，就是说在现代化背景下，体系它指的是一种制度，相对来说是一个静的方面；治理能力指的是运用制度来转换效能的一种实际操作，相对而言是动的一方面。其实我想知道两者之间的关系，即体系运用能力转化为效能，动静之间是如何转化实现治理效能的。

第二个疑问，在第二部分，你谈到了高等教育四个优势，第一条是坚持党的领导，但我感觉这些并不是高等教育制度的特殊性所在，前三点它是适用于所有的教育领域的，我并没有在这三点当中看到高等教育的制度优势的特殊性。

第三个疑问，坚持高等教育发展的中国特色，我觉得第四条跟前三条并不是并列的关系，中国特色肯定是包括前面三条的，所以我觉得第四条跟前三条应该是一个包含与被包含的关系。

还有一个问题，就是我觉得理想中的治理结构的关系，它并不是一个简单的线性关系。我们可以用比较系统的观点来看，但是我觉得，治理结构的关系应该是一种相互的、非线性的关系，你在你的汇报中将这种关系描述得太过简单。

**彭宇文：**王萍讲的这几个问题，其实也是我想跟玉胜讨论的问题。所以等一下你可以继续回应一下你讲的特色、制度优势到底在高等教育上是怎么体现的？接下来是心媛。

**曾心媛：**我的问题跟王萍提出的类似，也是关于制度优势的问题。在听玉胜讲解之前，我所理解的要体现制度优势，应该包括它是怎么样的一种制度体系，比如说人民当家作主、全国人民代表大会制度、中国共产党领导的多党合作和政治协商制度、民族区域自治制度，等等。在这种主体下，它的治理理念又是怎么样的？治理的主体手段是哪些？如果我来阐述制度优势的话，我可能会从这么一个构架来讲。所以就会出现刚刚王萍所说的，你讲的这几个点似乎跟制度优势的联系不那么紧密，所以我觉得是不是框架设计的问题，你从治理角度来理解制度优势的话会不会更明显，联系得会更贴切，这是我的想法。

第二个是关于图 3-2 的问题，高校治理要体现内部治理结构，但是你这里只讲到了党委领导还有校长负责制，只体现了两种权力，那么外部参与的权力，以及政府的权力是如何体现的？能不能构建一个包含这些多元治理主体在内的图？我觉得这个图你更想表达的好像是组织之间的联系，但是又不够全面。第一，主体没有全面地体现出来。第二，它所涉及的部门也不应该仅仅有研学质量，比如它的运行机制是什么？包括哪些主体？如果把这些因素考虑进去的话，会把治理结构表现得更完善一些。

最后，在高校治理现代化的现实依据部分，我注意到你提及的外部利益相关者迫切希望参与大学治理，然后你讲了一句话：大学外部联系加强，但是内部联系减弱。为什么是减弱的？这是我其中一个疑惑点，主要就是这三点。

**彭宇文**：心媛讲的这些问题主要聚焦在图表上，所以我们在呈现图和表时，一定要考虑全面，图表是最容易引起人关注的。关于这个图表玉胜需要进一步阐述一下。下面是骏锋提问。

**李骏锋**：前面同学们说过的我就不讲了，关于玉胜的报告我想提两个比较小的问题。

第一个问题，高校治理现代化的现实依据中的第三点，外部利益相关者迫切希望参与大学治理，为什么会用到"迫切"这样一个修饰词？

第二个问题，高校治理现代化的未来方向中完善民商法中有关高等教育的条款，这个好像没有详细展开阐述。我想问的是为什么要单独强调完善民商法中有关高等教育的条款，而不是完善像高等教育法或者部门法之类的法律条款？

**彭宇文**：好，玉胜，你把大家提的一些问题，花点时间进行一下解读吧。我建议你先回答小问题。就像刚才骏锋提到的完善民商法中有关高等教育条款的问题，为什么你会提这一建议，是你自己想出来的？还是你参考了其他人的观点提出来的？

**徐玉胜**：关于这一点我是参考借鉴他人的。民商法的条款与独立法人地位是有关的，高校作为一个独立法人，在一些民事活动中更多的是作为一个独立的个体来进行活动的，可能会涉及一些民事活动、经济活动之类。根据时代的变化，高校如何去行使民事权利、履行义务之类的也要加以细化，这是我提出此建议的出发点。

**彭宇文**：我说两句，因为用到民商法，玉胜提到这个词以后，我当时也是在准备问这个问题。我们在做报告时，一定要把自己思考的内容，或者说已经想好的观点提出来。如果我觉得没有想好的，可以把问题提出来，刚才玉胜你说，你也觉得前面有的地方比较平淡无奇，民商法里面可能有点新意，所以你把这个点拿出阐述。但是，我们做报告的时候，得把自己已经理解的，而且是有所思考的内容拿出来展示，如果觉得没有想好，那么可以把看到的其他人的观点拿出来，我们一起讨论，这是我们作报告的一个方法，可能会更严谨。

第二个就是你刚才讲到的问题，为什么要完善民商法？民商法中有涉及高等教育的条款，这里谈到了法人主体、独立法人地位这样的问题，当然这是成立的。但是从高等教育的法治体系而言，高等教育的范围更广，既包括高等学校，也包括高等教育的一些管理部门，比如教育行政部门，有不同的角色。以学校为例，在高等教育法律关系中，有不同的角色地位。既有民事的，即用民商法来界定的作为平等主体法律地位的一些关系，同时又具有行政法律关系的一些内涵，如接受教育行政部门的管理，实际上是处于领导与被领导的地位的。在这样一种领导与被领导、管理与被管理的法律关系下，它就不能简单地适用民商法，可能就要用行政法或者其他的法律来界定它，甚至还包括刑事法律关系这样一系列的问题，所以不能简单地套用民商法，需要从不同的角度来思考。

我们讲法人治理结构，从强调法人的独立性、独立地位角度来说，更多还在于民商法里赋予的这样一种独立的民事主体资格，一个独立的法律人格，这是非常重要的一点。其实，高等教育治理现代化很重要的一点，就是要赋予主体独立的法律人格，并用法律来予以约束和规范。所以，从这个角度来说，规范高等学校的法律条款，除了高等教育法以外，可能还要有学校法，而这是我们一直没有的。我们现在都是围绕教育的层次、教育的类型来制定法律，出台了义务教育法、高等教育法、职业教育法、民办教育促进法，等等，但是没有学校法。主体意识的缺乏，其实也是我们中国传统法治的一个思维方式缺陷。现代法治强调对人的尊重，实际上就是对主体的尊重，但我们向来习惯的法律思维，是对组织、对体系制度很尊重，而对主体人格不会予以充分的尊重或者关注。

另外刚才依凡问为什么你用"制度"的"制"？你回答一下这个问题。

**徐玉胜**：《中国教育现代化 2035》这个文件里面，提到了关于治理体系现代化的一些具体内容，我把它给拆分成了七点。这里的法制化就是说要去建立完备的体系制度，以制度来支撑。因为"治"这个字其实指的是治理的能力，"制"体现的是制度化。

**彭宇文**：你这个解释是不能成立的。你说是拷贝了文件的规定，而我的印象里文件的规定，提高教育法治化的水平，是"治理"的"治"，是"水治"的"治"，不是利刀旁的"制"。所以你这个解释肯定是不成立的。

我原来跟大家讲课的时候其实也讲过，三点水的"治"，我们叫"水治"，"制度"的"制"，我们叫"刀制"，两者是有区别的。"法制"更多地强调一种静态的制度体系，而"法治"强调的是一个动静结合的形式，所以这个地方你显然是搞错了，需要进一步完善。

你重点讲一下图 3-2，说说你对它的理解，回答一下刚才大家给你提的一些问题。

**徐玉胜**：图 3-2 这个治理结构主要是站在学校的角度，探讨应该如何去协调我们的内外部关系。设想作为一所公办高校，想要创建一流的大学，要怎么具体制定现代化战略。除了建立社会反馈机制之外，这几项都是内部的治理，通过内部治理和外部环境沟通。在这里面，党委领导是全面的领导，决策方向、保证制度的层面都是由党委来领导的。校长是行政服务的角色，负责的是执行，负责整个学校的具体操作，通过一系列措施达到一流水平。管理制度包括了人事管理，还有其他各种管理，这是一个比较综合的概念，包括大学里面所有的制度安排，通过这个制度安排能够激发教师、学生的活力。

关于出口的问题，我认为作为一流大学的重要指标，能够直观反映到社会上的，是我们高校的科研质量如何，培养的学生质量如何，所以这里用了一个"研学质量"。有同学提到只是从党委领导和社会反馈这两个方面出发是不是太单一？这里面只是把它作为一个通道，相当于社会意见我们如何去采纳以及从理念、思想这种层面来进行改进。至于组织如何管理、内部的质量问题等，都可以通过我们的产出质量来体现，通过将社会对科研和人才培养的认可度反馈到决策层，由决策层去完善各项制度。

**彭宇文**：王萍、心媛，你们觉得玉胜刚刚讲的这些能够自圆其说吗？上个学期玉胜你没参加我们高等教育管理学的专题课。我记得有一次在课上报告里有人用过另外一个关于治理的结构图，现在谈谈你这个图的问题。

主要是维度的混乱。列一个表或者一个图出来，你的维度是不是统一、清晰的？你这里面有好几个维度，比如说你以领导体制为主，就是党委领导下的校长负责制，这是一个领导体制的维度，但在下面的维度又有所变化，变成了一个日常运行的维度，从运行到培养质量，再到社会反馈，就有点像决策、执行、评价、反馈这样一个闭环流程式的维度，但是又不完整。第二个维度，你从学校服务社会、人才培养等职能维度出发，进而引出科研教学的质量以及社会对质量的反馈评价，这又是另一个维度，即高校职能的维度。同时你还有一个维度，内部管理的维度，即制度建设、管理制度、组织活力等，既有静态也有动态的内容交错在一起，就让大家看得出来你这个图有很多破绽，很难说得通。

所以大家觉得这张图有问题，就是因为维度不一致。如果我们用一个统一的维度，比如领导体制的维度，党委领导、校长负责，中间层级还要通过院系、学术委员会等不同的机构来实现，这也是一种分级领导的领导体制。再比如管理流程，决策主体是谁？中间层级怎么执行？日常的运行、评价、反馈怎么做？内外部关系不同的权力配置及其运行也不一样，运行的线条一定不是单向的，而可能是双向的，甚至是多向的。如果你要重新画一个图，按照你之前思考的维度可能会很复杂，你可以进一步思考，用一个什么维度来表达会更好。

当然，我们也可以看到这个图的亮点。第一点，你希望体现的是一流治理。一流治理在哪里呢？怎么体现出来？比如活力的问题、质量的问题，要不要细化出来？比如说活力怎么体现？活力通过哪些点彰显出来？怎么为社会提供高质量的成果？这些内容的呈现，我倒还是很欣赏的。第二点，采用图的形式来呈现，使得观点更鲜明。我觉得图是最直观的一种表达方式，更有利于理解相互的关系。但是图的形式也必然会使其中的缺陷变得更明显，其实越创新就越可能有缺陷，这是很正常的，是不是？关键在于怎么进一步完善。

好，你接着回答刚才大家提的其他问题。

**徐玉胜：** 为什么用武汉大学的案例，我是想尝试去把高校如何建成一流大学的实际过程对应到图中来，正好也看到了窦校长（时任武汉大学校长）之前发的一篇文章，然后把它给复制到这里面来，像引领力对应党的领导，人才聚集力对应组织活力，学生竞争力体现在学生的质量，科技创新力体现在科研的质量。这个图比较抽象，我是想用一个我们身边的案例大概地看一下现在的一流大学是一个怎样的治理方向。

我今天最大的感受就是我虽然想了一些观点，但是在跟大家讨论完，我发现有些想法确实没有想得很全面，也没有特别深入某一个点。这就是我今天发现的最大问题。

**彭宇文：** 我顺便说两句，玉胜的这种方法我倒很赞赏，能够用个案印证、支撑、解读所提出的观点，我觉得是一种比较好的研究方法，当然，可能由于时间关系，未能充分展开论证。

刚才玉胜讲的五大力也给了我一个启发，我之前也提到过这个问题，一流的大学、一流的治理，中间很重要的就是这个力——硬实力、软实力，"力"的这种表达，其内涵是不一样的，它是有力度、有张力的。我们研究一流大学的一流治理，"力"这个词的内涵一定要关注，要思考什么叫"力"？这个"力"怎么体现？"力"其实有很多的表达方式，力度、力量、张力、弹力、软实力、硬实力。这个"力"不是简单的、平面的、静态的，它其实更多的是一种外生性、扩张性的表达，同时可能也是内敛的，就是把力量、把拳头聚集起来，这是一种力。

好，我补充这一点，你接着说，把大家提的问题集中回应一下。

**徐玉胜：**大家感觉这几个优势不是高等教育特有的，可能大家思考的角度不同，主要是区分颗粒度的问题。相对于其他国家或者相对于其他国家的高等教育而言，我们有哪些特色？颗粒度就相当于是对比的层次，我这里主要是基于国际比较的层面，相对于其他的国家来说，中国特色社会主义最大的优势就是党的领导。

**彭宇文：**大家在优势这里提的问题也很对。我记得以前讲课也讨论过这个问题，也许还真不能简单地说党的领导就是高等教育治理现代化的优势，这应该更多地算是一个时代背景。现在高等教育发展的时代背景是什么？进一步增强了党对高等教育的领导，强化了社会主义办学方向，强化了教育法治化等，这肯定是我们一流大学治理面临的时代背景。那么在这个时代背景下，具体来说有哪些优势？怎么做？这可能是我们需要思考的问题。

### （四）彭老师点评环节

**彭宇文：**因为时间关系不继续展开，玉胜，请你打开PPT，有几个地方在这里也跟大家简单地说说我的观点，然后再谈一下存在的问题。

高校治理现代化的标准这一部分。谈到标准，我觉得值得思考的一个问题是，怎么去对标治理的现代化？你可能是借鉴了俞可平的一些观点，提出来了五个标准。这几个标准的时代内涵还有不足，怎么样进一步把标准跟时代紧扣起来还需要进一步思考。实际上我们讲标准，可能有不同的维度或层面。

一个是基本标准与更高标准，我认为你提出的是一个最基本的标准。怎么把基本标准和现代化的时代标准结合起来？我觉得这是可以进一步思考的问题。玉胜这里面也提到了一些观点，比如说"活力"的问题。我在多个场合也讲过"活力"，"活力"是不是我们治理现代化的时代标准？怎么体现"活力"？不仅是效率化，效能问题是不是也应当体现？我在这个主题里面设置了"效能"这样一个表达，效能是效率的一个更高层级的表达方式。从整个标准来看，如何把效能、活力、现代化的手段等体现出来，紧扣时代的标准，这是我们要思考的。但是我觉得用标准的方法来研究是很好的一个工具。

还有一个地方值得商讨，你在民主化方面提到保障学生、教师的主体权力，这里是不是更多的应该是权利呢？权力和权利的关系如何？我们可以进一步来拓展思考。

一是主体不仅仅是学生和教师，实际上应该扩展到所有的利益相关者参与民主治理的权利，这才是一个完整的民主化。这里对主体的定义狭隘了一点，还没有把所有的利益相关者都涵盖进去，我认为都应该涵盖进去才能够成立。只有体现出更广泛意义上的利益相关者，才真正的民主化，才是真正地符合我们讲的时代发展的背景。

二是权力和权利的关系。权力具有一定强制力、不可放弃的属性，如果民主是一种权力的话，就意味着是必须实施的，是不能放弃的，它的权威性会更强。所谓权利，是可以行使但也可以放弃行使的，它的弹性要大一些。我们怎么去理解民主？它是权力还是权利？就像宪法规定的，中华人民共和国的一切权力属于人民，用的是power；但是中间讲到公民的自由权等，用的就是right，是不是？那么，一切权力属于人民的"权力"，和后面公民的"权利"，有什么区别？我把这个问题抛出来，请大家来进一步思考。

回到知识生产模式转型这一部分，我认为玉胜还是做了很多思考。随着时代的发展，一流大学治理或者教育治理现代化有哪些现实发展的新情况？这里他提到了知识生产模式转型，认为现在大家共同参与的网格化体系的知识生产模式，利益相关者增多，参与的深度和广度与以往相比也发生了变化，确实会对大学治理带来很大的变化和挑战。在这一点上我觉得是成立的。

但是后面讲的这些问题，比如说大众化还是不是现实背景就值得斟酌。实际上，中国高等教育大众化的发展步骤是从20世纪90年代后期高校扩招开始的，现在已经进入普及化的过渡阶段了。高等教育普及化给一流大学治理带来了什么新的挑战？一流大学的职能有什么变化？一流大学只承担精英人才的培养，还是需要承担各类人才的培养？普及化以后，一流大学的治理和其他大学会有区别吗？它的特征和差异化体现在哪里？这些是我们要在普及化的背景下思考的问题。

利益相关者方面，玉胜讲了内部弱化、外部加强的问题。我不知道这是你自己的观点，还是你参考的其他文献的观点，但是这点确实是给大家留下了进一步讨论的空间。高等教育普及化、知识生产模式转型等，实际上意味着高校跟社会的关系越来越密切。高等教育毛入学率达到百分之五六十，这与原来的精英教育相比，会发生极大甚至是根本性的变化。这种情况下，外部利益相关者的参与程度必然会增加，但是要不要叫"迫切地想要参与"？是利益相关者自己迫切？还是学校迫切希望他参与？我觉得需要从主动和被动的角度来进一步思考。

第四个现实背景就宽泛了一点，国家治理现代化是一个大的目标。一流大学的治理现代化，有几个时代背景。国家治理现代化的要求，这是一个最大的时代背景；然后再到高等教育普及化的发展趋势，这是一个新的时代背景；再一个就是知识生产模式转型，带来学校内外部关系等一系列的利益相关者之间关系的变化，这也是新的时代背景。除了这些以外，其实还会有一些其他的背景，比如刚才施思讲的国际化。大学治理现代化，有一个很大的时代背景就是全球治理，人类命运共同体构建。国际化会带来治理上的很多变化，比如利益相关者增多，治理格局、制度体系发生变化。一流大学可能更容易体现国际化的要求，国际化是一流大学的基本标准之一。比如以中外合作办学为形式的一些一流大学，它的治理有什么不同？这是值得我们深入研究的。

还有一个问题，时代变迁在哪里？就是党的十九届四中全会报告里讲的构建全民终身学习的教育体系。为什么十九届四中全会讲到教育的标题是"构建服务全民终身学习的教育体系"，而不是像以前党的代表大会报告里常用的教育优先发展、落实教育优先发展的战略地位？国家对教育发展的新要求，就是要呼应人力资源在经济社会发展中越来越重要的作用。现在人口红利期已经过去了，出生率下降，放开二孩都没多少人愿意生育，人口红利现在已经变成了危机。从这个角度而言，建设人力资源强国，打破经济发展中等收入陷阱，就需要构建服务全民终身学习的教育体系。如果还是像原来那样，大学成为纯粹的象牙塔，做一些束之高阁的研究，钻到故纸堆里做研究，恐怕就不行了，一流大学怎么呼应终身学习的教育体系构建？这是一个必须面对的背景。

此外，现代信息技术发展带来大学治理的挑战，也是一个新的时代背景。我在多个场合都讲过这个问题，但玉胜你在这里没提，你还是讲的老方法。为什么说你提出的现代化标准是老的呢？因为没有体现出新的时代要求。比如在特殊时期，在线教学的泛在教育方式下，教学管理怎么管？工作量怎么计算？这都是治理的问题。现代信息技术发展对一流大学治理带来的挑战是非常大的，我们要看到这一点，玉胜你用SWOT分析法，也得分析挑战，是不是？这是一个非常大的挑战。我上次给大家推荐过一本书——《大学的终结》，作者就认为以后大学不需要了。那么以后的一流大学是什么？是有实体校园的大学还是一个虚拟结构的大学？以后可能一流大学就是一个虚拟体了，北大的文科、清华的工科等，把它们整合在一起搞一个虚拟的一流大学组合体，有没有可能呢？这些其实都是需要我们思考的问题。

因此，玉胜用SWOT分析工具来研究时代背景，我觉得非常好，只是他没有把劣势包括挑战这些问题讲得更透彻。这些时代背景意味着我们有哪些机会，但其实它也可能就是挑战，机会跟挑战有时候就是表达的角度不一样而已。怎样把理论上的一些应然的优势转化为实然的效能？这是我们需要注意的问题，玉胜在这个地方的研究缺了点东西，我觉得需要进一步从静态描述向动态转化角度进行研究。

### （五）彭老师谈本专题

**彭宇文：**下面我再花点时间分享一下我的思考。我这里把《中国教育现代化2035》以及相关的一些政策文件内容罗列出来了，关于一流大学建设的时代背景及其中国特色，我们可以从这些文件中得到启示。

第一，《中国教育现代化2035》提出了一个指导思想：以习近平新时代中国特色社会主义思想为指导，全面贯彻党的十九大和十九届二中、三中全会精神，坚定实施科教兴国战略、人才强国战略，紧紧围绕统筹推进"五位一体"总体布局和协调推进"四个全面"战略布局，坚定"四个自信"，在党的坚强领导下，全面贯彻党的教育方针，坚持马克思主义指导地位，坚持中国特色社会主义教育发展道路，坚持社会主义办学方向，立足基本国情，遵循教育规律，坚持改革创新，以凝聚人心、完善人格、开发人力、培育人才、造福人民为工作目标，培养德智体美劳全面发展的社会主义建设者和接班人，加快推进教育现代化、建设教育强国、办好人民满意的教育。将服务中华民族伟大复兴作为教育的重要使命，坚持教育为人民服务、为中国共产党治国理政服务、为巩固和发展中国特色社会主义制度服务、为改革开放和社会主义现代化建设服务，优先发展教育，大力推进教育理念、体系、制度、内容、方法、治理现代化，着力提高教育质量，促进教育公平，优化教育结构，为决胜全面建成小康社会、实现新时代中国特色社会主义发展的奋斗目标提供有力支撑。

这个指导思想虽然看上去很宏大，但它明确了我们思考问题的角度和立场，比如：其一，党的教育方针、党的领导、马克思主义指导地位。中国特色一流大学、一流治理的指导思想是什么？领导力量是什么？地位、特色、道路、方向是什么？这些都是我们要考虑的问题，也就是政治方向和政治角度的把握问题。其二，立足基本国情，从本土化角度来考虑问题。时代背景离不开本土化，所以要对国情进行分析，比如，高等教育由大众化向普及化过渡、区域发展不平衡、分类管理不到位不完善等，我们要分析高等教育有哪些国情，才可以知道一流大学治理怎么做。其三，遵循教育规律，回归教育本源，这也是基本原则。无论怎么讲政治性，讲本土性，我们都必须尊重大学的教育规律，尊重什么是大学以及它的基本属性。或者说，放到时代要求下，怎么处理好大学组织的学术属性和政治属性、社会属性之间的关系？怎么处理好大学教育的基本要求和意识形态要求之间的关系？这是我们需要特别把握好的问题。其四，坚持改革创新，这是发展动力。我们一直强调要改革创新，大学怎么去创新？一流大学怎么创新？这是大学治理发展的动力源。其五，推进教育现代化、建设教育强国、办好人民满意的教育，这是发展目标。教育的最高要求是教育现代化，这也是一个前提条件，通过现代化建设教育强国。教育强国的目标是以人民为中心，办好人民满意的教育。要看到的是，随着时代发展，人民满意的标准与时代要求越来越高，那么到底什么才是"人民满意"？一流大学怎么去呼应"人民满意"？找个好工作就满意了吗？还是人的综合素质得到全面提高？这也是我们需要研究的时代背景。其六，"四个服务"，这是基本理念，也是对高校治理提出的要求。但接着后面还有一句话，"大力推进教育理念、体系、制度、内容、方法、治理现代化"。教育的现代化怎么体现？文件提出了这几个方面，这其实为我们分析时代背景提供了一个参考的维度，也是思考的依据，建议大家读文件的时候把这个理清。

第二，再看看《中国教育现代化2035》提出的八大理念、七个原则。更加注重以德为先，更加注重全面发展，更加注重面向人人，更加注重终身学习，更加注重因材施教，更加注重知行合一，更加注重融合发展，更加注重共建共享；坚持党的领导、坚持中国特色、坚持优先发展、坚持服务人民、坚持改革创新、坚持依法治教、坚持统筹推进。这八个"更加"的理念、七个"坚持"的基本原则，里面既有政治要求，也有教育规律的要求，也有时代发展的要求，非常全面，同时也是教育治理发展时代背景最大的体现，我们一定要结合起来思考问题。

第三，接下来就是总体目标。"到2020年，全面实现'十三五'发展目标，教育总体实力和国际影响力显著增强，劳动年龄人口平均受教育年限明显增加，教育现代化取得重要进展，为全面建成小康社会作出重要贡献。在此基础上，再经过15年努力，到2035年，总体实现教育现代化，迈入教育强国行列，推动我国成为学习大国、人力资源强国和人才强国，为到21世纪中叶建成富强民主文明和谐美丽的社会主义现代化强国奠定坚实基础。"可以看到，这个总体目标是阶段性的，有"2020""2035"两个目标，提出学习大国、人力资源强国和人才强国，一流的教育治理需要与这个大的目标背景相呼应。在总体目标之下，文件还提出了2035年主要发展目标：建成服务全民终身学习的现代教育体系、普及有质量的学前教育、实现优质均衡的义务教育、全面普及高中阶段教育、职业教育服务能力显著提升、高等教育竞争力明显提升、残疾儿童少年享有适合的教育、形成全社会共同参与的教育治理新格局。可以看到，发展目标里对学前、义务、高中、职业、高等教育都有不同的表达，其实不同的表达就意味着不同的现实差距。比如"高等教育竞争力明显提升"，那就意味着我们现在的竞争力还不强，一流大学治理一个很大的背景要求，就是怎么去提升高等教育的国际竞争力，一流治理要建立在竞争力的角度上，对不对？那么哪些是新时代背景下的核心竞争力？怎么通过一流治理提升我们的竞争力？这就是我们需要思考的问题。

第四，十大战略任务。"一是学习习近平新时代中国特色社会主义思想。二是发展具有中国特色世界先进水平的优质教育。三是推动各级教育高水平高质量普及。四是实现基本公共教育服务均等化。五是构建服务全民的终身学习体系。六是提升一流人才培养与创新能力。七是建设高素质专业化创新型教师队伍。八是加快信息化时代教育变革。九是开创教育对外开放新格局。十是推进教育治理体系和治理能力现代化。"这和前面的表述是有逻辑关系的，从指导思想到目标要求，以及各个具体维度，我们需要思考的问题都在这里体现了，特别是从法治化、政府职能、教育督导、学校自身、社会参与等几个维度，对教育治理体系和治理能力现代化关注的重点问题进行了阐述。而《加快推进教育现代化实施方案（2018—2022年）》的内容就更具体，提出了十项任务。对高等教育而言，提出推进内涵式发展的任务，由简单的外延式发展进入内涵式发展阶段。一流首先意味着内涵式发展，而内涵式发展关键体现在竞争力，不在于规模。这些任务因为是一个五年方案，所以会更具体，也是我们应当关注的重点。

第五，高等教育制度优势与大学治理效能问题。我们以党的十九届四中全会《中共中央关于坚持和完善中国特色社会主义制度、推进国家治理体系和治理能力现代化若干重大问题的决定》为指导来开展思考。文件提出"中国特色社会主义制度和国家治理体系是以马克思主义为指导、植根中国大地、具有深厚中华文化根基、深得人民拥护的制度和治理体系"，我在前面讲课时讲过，中国大学的产生和西方大学的产生是不一样的，一流治理怎么做到既体现普适性的现代大学的基本要求，又能够体现中华优秀传统文化及中国大学产生的历史特点，怎么做到深得人民拥护，使一流大学真正成为社会民众公认的一流，而不是我们自说自话的一流，这些是我们思考中国高等教育制度优势时需要考量的维度。《决定》把我国国家制度和国家治理体系方面的显著优势归纳为十三个方面，我这里没有一一列举。但是，我们可以借鉴这些优势，把这些优势细化到高等教育中来思考高等教育的时代发展，思考一流大学治理的优势何在。文件指出，"一个国家选择什么样的国家制度和国家治理体系，是由这个国家的历史文化、社会性质、经济发展水平决定的。中国特色社会主义制度和国家治理体系不是天上掉下来的，而是在中国的社会土壤中生长起来的，是经过革命、建设、改革、长期实践形成的，是马克思主义基本原理同中国具体实际相结合的产物，是理论创新、实践创新、制度创新相统一的成果，凝结着党和人民的智慧，具有深刻的历史逻辑、理论逻辑、实践逻辑"。这一段话大家可以仔细品味一下，就高等教育而言其实同样如此。与此同时，更重要的问题是我们有了这些优势后，如何把它转化为一流大学的治理效能？这是问题的关键。我认为，效能作为衡量社会活动的综合尺度，是有目的、有组织的活动所取得的总体效果，所谓教育治理效能，既是教育治理活动的效率、业绩和效果的整体反映，也是社会教育组织在行使自身职能、实现自身意志的过程中的治理能力的综合体现。教育治理效能既是教育活动的最高价值目标，也是开展教育活动的出发点和归宿点，对于教育治理现代化而言具有极其重要的意义。贯彻以效能为重的目标导向，对一流大学治理提出了鲜明的价值取向要求，一流大学治理必须落脚在治理效能上，无论是治理理念还是治理实践，都需要从政治上、从大的方面去把握高等教育的制度优势，并紧跟时代发展将这些制度优势充分转化为一流治理效能，从而切实推进中国教育现代化总体目标的有效实现。

因为时间关系我们就讨论到这里，我觉得今天的讨论非常好，比之前更有深度，思考得也很充分。同学们下周再见！

**同学们：老师再见！**

# 三、2022 年的再思考

因为疫情的原因，2020 年我们的课程不得已采用腾讯会议的方式开展，"无心插柳柳成荫"，网络课堂的模式下，每个人都是一个平等的小窗，师生间不是讲课与听课的关系，大家围绕同一个话题，对话、讨论、争锋。时至今日，记住当时的具体观点已不再重要，而这门课无形之中带给我的成长却让我这两年受益颇深，我们如何去看待一个热点问题，如何有理有据地去分析它，如何不被媒体和舆论带偏，如何在纷繁复杂的表象中批判性地思考问题的本质。再回首，真的非常感谢这段课程的经历。

回到"一流大学的时代背景：治理体系与治理能力现代化"，这个专题给我们带来的启发是高等教育要回应时代之问、政策关切。重大国家政策是国家的发展战略和行动指南，它体现了国家的意志和目标，也影响了社会的变化和发展。高等教育作为国家的重要组成部分，既受到重大国家政策的指导和约束，也要为重大国家政策的实施和落地提供支持和服务。随着科技革命和产业变革的加速，人类社会正面临着前所未有的挑战和机遇。在这样的时代背景下，高等教育作为培养创新人才和传播文明知识的重要载体，承担着推动社会进步和国家发展的重要使命。为了适应新时代的要求，我国提出了建设教育强国、推进教育现代化的战略目标，其中一个重点任务就是建设一流大学，提升高等教育的质量和竞争力。作为研究者，我们关注重大国家政策，就是要回应国家关切的重点，将其作为我们研究的重点。这样，我们才能紧密结合国家的发展需要，为高等教育的改革和发展提供有价值的理论和实践支持。

我们思考一流大学的时代背景，就是要从国家的发展战略和行动指南中，把握高等教育的发展方向和任务，分析高等教育面临的机遇和挑战，探索高等教育的创新和变革，为高等教育的质量提升和竞争力增强提供思想和行动的指引。疫情让我们看到了中国模式和中国方案的优势所在，在一流大学建设中，我们坚定地走中国特色的发展道路是正确的选择。当然，唯物辩证法也告诉我们，"前途是光明的，道路是曲折的"。协调复杂的内外部关系，提高法治化水平，一流大学治理的现代化也不是一朝一夕就能够完成的，相信在不远的今后，我们能够看到中国的一流大学旗帜鲜明地屹立在世界高等教育之林。（**徐玉胜**）

💬 **思考题**

1. 高校治理现代化有哪些时代内涵与特征？
2. 如何将高等教育制度优势转化为大学治理效能？

3. 如何处理好大学组织的学术属性和政治属性、社会属性之间的关系？

## 参考文献

[1] 教育部门户网站．陈宝生：推进教育治理体系和治理能力现代化 [EB/OL]．（2019-12-19）[2020-03-06]．http：//www. moe. gov. cn/jyb_xwfb/moe_176/201912/t20191220_412762. html.

[2] 邓传淮．推动中国特色现代大学制度建设 [J]．中国高教研究，2020（02）.

[3] 何健．高校治理体系现代化构建：原则、目标与路径 [J]．国家教育行政学院学报，2017（03）.

[4] 李立国．大学治理的转型与现代化 [J]．大学教育科学，2016（01）.

[5] 彭宇文．中国特色现代大学制度建设的时代性 [J]．复旦教育论坛，2018，16（04）.

[6] 窦贤康．大力推进高校治理能力建设 [EB/OL]．（2019-11-27）[2020-03-06]．http：//opinion. people. com. cn/n1/2019/1127/c1003-31475962. html.

[7] 王军．推进高校治理体系和治理能力现代化 [J]．中国高等教育，2019（06）.

[8] 邬大光．论建立有中国特色的现代大学制度 [J]．中国高等教育，2006（19）.

[9] 人民网官网．习近平：坚持和完善中国特色社会主义制度推进国家治理体系和治理能力现代化 [EB/OL]．（2020-01-01）[2020-03-06]．http：//cpc. people. com. cn/n1/2020/0101/c64094-31531147. html.

[10] 俞可平．推进国家治理体系和治理能力现代化 [J]．前线，2014（01）.

[11] 袁贵仁．深化教育领域综合改革加快推进教育治理体系和治理能力现代化——在2014年全国教育工作会议上的讲话 [J]．人民教育，2014（05）.

[12] 郑秋莲．公办高校现代治理能力提升障碍及策略 [J]．黑龙江高教研究，2016（04）.

[13] 张应强，蒋华林．关于中国特色现代大学制度的理论认识 [J]．教育研究，2013，34（11）.

[14] 张应强，马廷奇．高等教育公平与高等教育制度创新 [J]．教育研究，2002（12）.

[15] 中华人民共和国中央人民政府．中国教育现代化2035 [EB/OL]．（2019-02-23）[2020-03-06]．http：//www. gov. cn/xinwen/2019-02/23/content_5367987. htm.

[16] 澎湃新闻．中共中央关于坚持和完善中国特色社会主义制度 推进国家治理体系和治理能力现代化若干重大问题的决定 [EB/OL]．（2019-11-05）[2020-03-06]．https：//m. thepaper. cn/baijiahao_4873530.

# 专题四　一流大学治理的核心要义：
## 一流大学的一流治理

**课程时间**：2020 年 3 月 27 日 9:00—12:00
**地　　点**：腾讯会议
**主报告人**：唐依凡
**副报告人**：易慧

## 一、引　　言

　　一流大学建设的关键在于一流的治理。只有厘清一流大学的核心要素和一流治理的核心要义，才能更好地建设一流大学。在选择这一专题后，我首先想到的问题是，什么样的大学才是一流大学？什么样的治理才算一流治理？由这些问题出发，确定了本次汇报的内容。这一专题主要从一流大学的内涵和评价标准出发，在查阅相关资料的基础上，通过对比国内外学者关于一流大学的界定，厘清一流大学的核心要素。其次，从一流大学的治理逻辑出发，阐述一流治理的核心要义。**（唐依凡）**

## 二、课 堂 实 录

### （一）主报告人报告

**彭宇文**：我们准备开始了，今天依凡是主报告人，易慧是副报告人。
**唐依凡**：彭老师、各位同学，上午好。
　　今天我要跟大家分享的主题是一流大学的一流治理。我的报告一共分为四个部分：第一部分是一流大学的内涵及评价标准；第二部分是一流大学的核心要素；第三部分是一流大学的治理逻辑；第四部分是一流治理的核心要义。
　　第一部分，一流大学的内涵及评价标准。
　　这一部分主要是为了回答什么是一流大学这一问题。要了解一流大学的核心要素，我们首先要了解一下一流大学的内涵，以及它在国际和国内的评价标准。因为当前学者对于一流大学的内涵并没有统一的定论，世界一流大学的产生有不同的历史背景和文化背景，它们有一些共性，也存在特殊性。我们可以从国内外学者对于一流大学的内涵的界定中，来了解一流大学的内涵，以及分析它的核心要素。

国内学者对此主要有以下五种观点：一是"泛一流论"，认为一流大学应该具有一流的办学规模、师资水平以及科研设施，一流的办学经费以及一流的管理水平，一流的学风以及教学质量和科研水平，应该是知识和科技创新的主要基地，能够培养一流人才和社会精英。二是"指标一流论"，由丁学良博士提出，有9项可以用数量或者比例来加以衡量的一流大学的标准，根据这些标准，判断何为一流大学就有了一定程度的可操作性，但是，如何来确定这些"数量"与"比例"依然是一个难题。三是"关键一流论"，由顾秉林教授提出，认为判定一流大学要看能否培养杰出的人才、一流的大师、科研成果以及三个方面的支持条件等关键因素，这和"泛一流论"有一些相似，无本质的区别，只不过缩小了一些范围，列出了定性的重点，而不是像"泛一流论"一样面面俱到。四是"普遍规律论"，采纳了曾任清华大学校长的王大中教授和曾任南京大学校长的蒋树声教授两位校长的观点，认为一流大学发展的普遍规律是"综合性、研究型、开放式和国际化"办学。五是"产品一流论"，将学校比作工厂，将学生比作工厂中的产品，一所学校培养的学生在社会上普遍取得一流的成就，这样的学校就是一流的。

对于国外学者，我选取了三个人的观点。一是萨尔米认为，世界一流大学的核心要素是拥有众多教师与学生智力集群、充足的教学科研资金支持以及战略远见和领导力。二是默尔曼等在《新兴全球模式》一书中提出的全球使命、深度研究、教授职能、资金多元化、全球招聘、复杂性日益增加、与政府和行业的新型关系等世界一流大学的八个要素。三是阿特巴赫认为一流大学的特征包括科研、学术自由、治理弹性和充足的设备资金支持。

从以上关于一流大学的概念中，我们可以发现目前国内对于一流大学的概念的认识和界定是不一样的，而且存在一定的模糊性和不确定性问题；国外对于世界一流大学的概念以及如何建成世界一流大学，也没有一致的定论。

接下来再看看一流大学的评价标准。我选取了两个，一是QS世界大学排行榜，有6大指标，二是泰晤士高等教育世界大学排行榜，有5个一级指标和13个二级指标。这两个排行榜都是目前比较有影响力、关注度较高的大学排行榜，在一定程度上可以作为衡量大学建设水平和国际影响力的参考。这两个指标具体的指标体系和权重如表4-1、表4-2所示。

表4-1 **QS 指标体系及权重**

| 指标项 | 统 计 方 法 | 权重/% |
|---|---|---|
| 学术领域的同行声誉 | （1）对来自全球各地将近6万名学者进行学术声誉调查；（2）学者们被要求选出在近三年内他们认为在其领域表现最优秀的学校，不包括他们自己所在的学校 | 40 |

| 指标项 | 统 计 方 法 | 权重/% |
|---|---|---|
| 雇主声誉 | （1）对全球来自金融机构、航空公司、制药和汽车等制造业企业、日用品企业、国际通信和运输公司等将近2万名雇主进行调查；（2）雇主们被要求选出他们认为培养出最优秀毕业生的大学 | 10 |
| 师生比例 | 计算教学人员与注册学生的比例 | 20 |
| 单位教职人均论文引用 | （1）对斯高帕斯公司（Scopus）提供的近五年数据进行整理分析；（2）计算引文总数与教学人员的比例 | 20 |
| 国际教师比例 | 计算国际教师与教师总数的比例 | 5 |
| 国际学生比例 | 计算国际学生与学生总数的比例 | 5 |

表 4-2　　　　　　　　　　　　　　**THE 指标体系及权重（部分）**

| 一级指标项（权重/%） | 二级指标项 | 统计方法（权重/%） |
|---|---|---|
| 教学（30） | 生/师比 | 计算学校总的学生数与教学人员的比例（4.5） |
| | 博士/硕士学位授予比 | 计算学校博士授予数和硕士授予数的比例（2.25） |
| | 博士生/师比 | 按学科标准化后的博士生与教学人员比例（6） |
| | 声誉调查（教学相关） | 10000多位同行对学校教学声誉进行评价（15） |
| | 师均收入 | 按购买力评价标准化后的师均收入（2.25） |
| 研究（30） | 师均学术论文 | 按学科标准化后的师均学术论文、检索资料（6） |
| | 师均研究收入 | 由汤姆森公司提供按购买力平价标准化后的师均研究收入（6） |
| | 声誉调查（研究相关） | 10000多位同行对学校研究声誉进行评价（18） |
| 论文引用（30） | 论文被引次数 | 由汤姆森公司对近五年内发表的论文进行审查，计算按学科标准后的论文被引次数（30） |
| 产业收入（2.5） | 师均产业收入 | 计算学校教学人员从企业获得的人均研究收入（2.5） |
| 国际化程度（7.5） | 国际国内教师比 | 计算国际教师与国内教师的比例（2.5） |
| | 国际合作研究论文比 | 计算学校至少含有一个国际合作作者的论义数与学校所有发表的研究论文数的比例，使用的数据来源与"论文引用"类的数据来源相同（2.5） |
| | 国际国内学生比 | 计算国际学生与国内学生的比例（2.5） |

可以看出，QS 主要包括学术领域的同行声誉、雇主声誉、师生比例、单位教职人均论文的引用、国际教师的比例和国际学生的比例。泰晤士的指标权重，包括教学研究、论文引用、产业收入和国际化程度几个方面，并分别作出了二级的指标以及统计的方法。我

们从以上的评价标准可以发现共性的地方，都是从四个方面设计的评价标准。一是声誉，包括学校的声誉，还有学校所培养出来的应届生的声誉等；二是论文的引用，包括论文的产出以及所产出论文被引用的频率；三是师生比；四是国际化程度，包括国际留学生以及教师的国际化水平。

第二部分，一流大学的核心要素。

通过了解一流大学的内涵以及一流大学的评价标准，我总结出了一流大学的六个核心要素：

一是一流的人才。一流人才是一流大学的核心。习近平总书记在致清华大学建校105周年的贺信中曾经强调过，我国高等教育要紧紧围绕实现两个100年的奋斗目标，实现中华民族伟大复兴的中国梦，要求清华大学广育祖国和人民需要的各类人才。可以看出，国家需要的一流人才，不仅仅是学业成绩好，而应该是德智体美劳全面发展的富有创新意识和国家意识的人才，而这样的人才培养的背后，需要一流的师资、一流的生源和先进的教育理念、浓厚的校园文化支撑。

二是一流的成果。一流成果是一流大学的重要指标。科学研究是大学的基本职能，一流成果是衡量一流大学产出的重要指标，不仅是具有国际影响力、处于学科前沿的作品和学术研究成果，也是为国家和学科发展作出贡献的成果。一流成果更多体现在质量上，要瞄准世界前沿，加强基础研究和引领性原创成果，支撑我国科技强国建设。

三是一流的学科建设。一流学科建设是世界一流大学的核心。学科是大学的基本单元，一般认为，世界一流学科应该是大学经过长期办学逐步建立起来的，与其他大学相比具有比较优势，是具有较高社会认可度的学科。世界一流大学之所以闻名于世，是因为其学科水平突出，或者某些学科取得了突出成就而名声远扬。例如，耶鲁大学以一流的人文、社会科学、法律、政治学、艺术等学科成为世界一流大学，斯坦福大学以电子工程学科闻名硅谷，建校不到100年就成为世界十大名校之一。

四是促进社会发展。促进社会发展是一流大学责任的缩影。一流大学的职能不仅仅是培养人才、提供社会服务，一流大学还应该能够促进社会的全面发展，包括文化、经济、国家和地区发展的需要，甚至对全人类的发展起到推动和促进作用。美国的"硅谷"、英国的剑桥等，都有积极参与支持产业发展。斯坦福大学在校内成立工业园区，最初是把多余空间租给校友企业，为本校的学生提供实践基地和科学科研项目，后来迅速扩张，吸引了很多的科技创新公司在园区落户，最终形成了科技中心"硅谷"。

五是文化引领。这是一流大学的重要目标。我们的大学文化是社会主义文化的重要组成部分，大学文化的形成、创新和发展对社会的发展会产生重大影响。大学文化于校内来说，应该起到引导师生行为、激励师生精神的作用，从而形成良好积极的高校办学理念和价值观，推动大学内涵式发展；对社会来说，要能够通过人才输出、潜移默化的思想渗透，陶冶大众的情操，形成民族精神和时代价值，推动社会的文化繁荣，保障国家发展和新时代建设，引领文化方向。

六是参与全球治理。"坚持推动构建人类命运共同体"是习近平新时代中国特色社会主义思想的重要内涵，意味着国家坚持国际思维，为人类作出更大贡献，一流大学建设也要立足国际视野谋划，积极参与全球治理，争取更多的国际话语权和影响力。

第三部分，一流大学的治理逻辑。

这一部分主要是为了回答以什么逻辑为基础建设一流大学这一问题的。从当前比较有代表性的治理逻辑中选择了三个逻辑：一个是政府为代表的政治逻辑，一个是企业为代表的市场逻辑，一个是高校为代表的学术逻辑。政府、市场及高校，是世界一流大学建设过程中的利益相关者，他们分别代表了各自领域制度逻辑的利益目标，都有自身的行为逻辑和价值追求，因此在以各自的逻辑进行建设的过程中，存在着自身的优点，但是也存在着一定的局限性。

第一个是政治逻辑。政治逻辑是我国世界一流大学建设的原始驱动力。长期以来，我国高校办学和改革都深受政府意志的影响，从计划经济时期学习苏联的集权治理模式，到改革开放后，高校的办学自主权逐步扩大，但是政府始终以各种方式在控制着高校的发展，比如资金的分配，这使得高校的行政化倾向比较严重。

政治逻辑下的中央集权管理模式主要体现在以下两个方面：一是外部治理。在一流大学建设的各个阶段，政府的政策文件对大学制度和大学建设实践都起到了重要的推动作用。长期以来，我国高校的资源配置一直遵循着以行政权力为核心的分配模式，大部分物力和财力投入综合实力和学术声望较高的高校，而地方高校则面临着办学资源短缺的问题。这种将大学分为若干层次的分配模式，导致了大学身份的固化、缺乏竞争和结构重复的问题。二是大学内部管理的行政化趋势。政府推动的权力下放并没有明显促进大学内部行政结构的改善，大学的权力仍然来自政府，即大学的党委书记和校长由上级任命，而大学内部的行政集权在很大程度上形成了大学内部行政权力干预和控制学术权力的传统。此外，大学内部管理的行政化也意味着大学教职员工的专业自主权尚未实现，教职员工的积极性和创造性无法得到真正的鼓励。

第二个是市场逻辑。市场逻辑是影响我国一流大学建设的新兴力量。随着高等教育市场化程度加深，大学在社会体系中扮演着越来越重要的角色，大学和教师为获得外部资助而进行的市场活动被称为学术资本主义，这极大地推动了大学知识生产模式的变革，以单学科研究为基础的传统知识生产模式正逐渐转变为以跨学科为基础的新知识生产模式。这种市场对技术和应用知识需求的转变，提高了大学对知识交换价值的关注，使知识生产的商业化和实用性越来越明显，在一定程度上削弱了政治逻辑的控制，但也存在一些问题：首先，就学科结构而言，市场逻辑更倾向于市场需求，市场化、功利化更加明显，这导致了大学内部的学科分裂，不同学科之间的差距逐渐拉大。科学研究转向了经济效益和实用性更强的应用研究，而传统的人文社科类学科则逐渐失去了反思性，为迎合市场需求而做出不必要的改变。其次，市场逻辑造成了传统科学研究和人才培养两大职能与大学基本职能之间的矛盾。作为这种市场逻辑的产物，大学的评价标准更多地受到经济的影响，评价指标更多地倾向于科学研究。在建设世界一流大学的过程中，常常以市场需求为导向，通过各种激励措施提高大学的科研水平，而忽视其他职能的实现。再次，从大学组织管理的角度看，市场逻辑将促进大学企业式管理的发展。传统意义上的大学是一种为科学研究和人才培养服务的组织管理形式，市场导向的趋势使大学更加难以适应日益多样化的需求，也迫使大学改变传统的组织和管理模式。

第三个是学术逻辑。学术逻辑主要从国外引入，学术自由和管理弹性在国外评价标准中被频繁提及。改革开放后，我国开始实行集中领导、分级管理的高等教育管理体制，高校自主权得到一定程度的扩大，形成了党委领导、校长负责、教授治学、民主监督的运行体制和范式。

以上是对三个治理逻辑的分析。政治逻辑作为长期影响大学发展的主导力量，对大学的制约作用是最强的。市场逻辑弱化了政府对高等教育的直接控制，使得大学的办学模式更加丰富多样。我国在世界一流大学建设的过程中，应该从政治逻辑和市场逻辑占主导，转变为学术逻辑主导。要努力协调学术逻辑和政治逻辑、市场逻辑三者之间的关系，摆脱集权治理式的高等教育改革，构建以大学自治和学术自由为核心的现代大学制度。

第四部分，一流治理的核心要义。

这一部分包括三个方面。第一，体制突破，这是从大学的外部治理来进行分析。体制问题的核心主要是政府和大学之间的关系，一流大学建设的关键就是要扩大和落实大学的办学自主权。具体怎么做呢？

一是资源配置模式变革。目前中国高等教育资源配置的特点是以国家为中心的模式，这主要体现在公立大学的经费来源主要是政府，以"综合定额"和"专项拨款"模式为主。我国的重点大学由政府决定，这种模式导致了大学身份的固化，重点大学越来越强，一般大学越来越弱。为了打破这种身份固化，促进大学的活力，我国还推进了"双一流"建设。

二是编制管理模式的变革。核定编制是中国政府控制公立大学的重要工具，事实上，国家编制一定程度上不利于国内教师等人才的流动，因为编制的存在，国际流动以及省际流动就会很差，而教师的国际流动是世界一流大学非常重要的特征。由于政府事业单位数量有限，会产生编外聘用教师的制度，这种"双轨制"会产生同工不同酬的现象，会增加高校管理的难度。另外，在在编教师数量较少，而学生数量逐渐增加的情况下，会导致高校师生比失衡。为了解决这些问题，应该对高校编制管理进行改革，政府要淡化编制数量的管理，扩大和落实高校的用人自主权。

三是会计制度变革。目前，中国政府对高校实行严格的预算管理，这种严格的预算管理意味着高校无法独立、协调地使用项目资金。由于项目经费的严格限制，高校无法灵活使用经费，阻碍了一流大学的发展。同时，高校简单套用政府机关的会计制度，将包括科研经费在内的所有经费都视为"三公经费"，实行严格的预算管理。在这种会计制度下，人员经费的支出规模和标准被限制在一个较低的水平上。这种状况既不利于激发教职工的科研兴趣，也不利于鼓励高校外聘高水平科研人员。因此，有必要建立一套适合大学的会计制度，不能简单地采用公共部门的会计制度，而要考虑到大学组织的特殊性。首先，大学经费来源应多元化，国家应通过改革税收政策增加大学的投资和捐赠收入。其次，引入具有竞争力的薪酬制度，激励教授开展研究，提高国际化水平。

四是问责制度的变革。中国高等教育的传统问责制强调政府是问责主体，有权要求解释和实施奖惩，而高校是问责客体，有责任对相关情况进行解释和说明。这种由政府推动的部门问责制，使政府关注的重点领域决定了高等教育机构的预期行为。这种方式的弊端在于，只用惩罚来问责，并不能促进大学的整体发展。同时，政府问责制限制了社会参与的空间。有效的问责制应能促进更多的社会参与，而不是减少外部参与监督，并保持利益和价值观的多样性，而不是强调统一性。因此，应从"国家问责"转向包括"社会参与问责"在内的多元化问责体系。具体做法包括坚持依法自主治校，加快建立健全社会支持和监督学校发展的长效机制；建立健全理事会制度，充分发挥理事会对学校的监督作用；引入专门机构和社会中介机构对高校进行质量评估等。

第二，管理突破。这主要是从大学的内部治理来说的，其核心是学术权力和行政权力之间的关系。

一是党政关系问题。我国高校现行的治理体制是党委领导下的校长负责制，这种体制可能导致党政不分，关系复杂。建立现代大学制度的关键在于建立决策和执行的分权制衡制度，我国目前的公办高校大多采用决策与执行一体化的运行模式，在这种模式下，制衡机制不健全，无法建立有效的问责机制。

二是学术权力和行政权力的关系。世界一流大学都倡导学术自由和学术自治，强调学者只有在不受行政干预的情况下才能有效地开展工作。虽然中国也有意识地区分学术权力和行政权力，但学术权力薄弱的格局并未得到改善。在新公共管理运动的影响下，传统的学术管理萎缩，行政管理加强，迫使学术权力转向由大学基层学术组织控制，以建立纵向分权关系。在此背景下，中国学术界提出要对大学"去行政化"，但也有学者提出行政人员应集体退出学术组织，这是一种横向分权，容易把改革引向错误的方向。相反，学术权力与行政权力之间应有所限制和平衡，以实现学术组织的自治。

三是院系设置问题。目前的院系管理模式因大学的定位而异。一种是研究型大学，其特点是以学科为中心，教授起主导作用，企业模式的特征比较明显，教授对学科的忠诚度高于对学校的忠诚度。一种是以教师教学为基础的大学，行政人员和学生在其中发挥主导作用，科层模式的特征更加明显，教师对院校的忠诚度高于对学科的忠诚度。当今的一流大学以研究为导向，以知识生产为目的，学校的管理主要遵循科研逻辑而非教学逻辑。因此，大学研究不仅要关注学术工作，更要关注国家创新体系。建设大学不仅要达到世界一流指标，更要满足社会需求，服务国家创新驱动发展战略。因此，有必要了解国家和地区最重要的战略需求，并根据自身的优势和特长，创建具有特色的院校。

四是学术评价问题。中国高校目前的学术评价形式主要是一种行政色彩浓厚的内部评价，包括晋升评价和年度考核，强调对教师工作业绩的考核。这两种评价方式考核的都是教师的责任心，容易导致教师出现应付现象，甚至学术造假。因此，要创建世界一流大学，就必须引入学科外部评价，这种外部评价的重点应该是改进，而不是问责。在此基础上，应重视对院系事业发展的综合评价，引入系统、定期的学科评价体系。首先，外部国际标准是我们发展的指导方针。一流大学必须在多个学术领域处于领先地位，这通常以世界领先科学家和学科的数量来衡量。其次，要强化评估的诊断功能。外部评估的目的在于发现阻碍学科发展的瓶颈，发现学科发展的潜力，以此促进大学、院系和教师的发展。最后，要规范评估工作，引入院系和跨学科小组评估制度。以世界一流大学为例，通常的做法是每五年对学科进行一次国际评估，并定期发出邀请对学校的科研活动以及师资等进行评估。

第三，文化引领。在我国，大学的根本任务在于立德树人，首要职能在于人才培养。习近平总书记在全国教育大会中提到，要努力构建德智体美劳全面培养的教育体系，形成更高水平的人才培养体系，要把立德树人融入思想道德、社会实践教育的各个环节。根据这个要求，从立德树人根本任务的视角来考察现代大学治理，可以看到部分大学还存在着文化自觉不够明确，对文化育人不够重视，各主体的治理边界尚不明晰的问题，需要以一流的大学精神来引领大学治理。

一是坚持培养环节中的全方位育人。首先，要坚持思政育人，把思政课程与课程思政结合起来。一方面，要将形势政治、传统文化、红色基因等融入政治理论教学中，提高教学质量。另一方面，要在各专业课程中体现思政教育的功能，将学科发展与中华民族的家国情怀联系起来。其次，建设文化校园，将校园的一草一木、一人一事都纳入文化自觉的范畴。将文化自觉植入学生心中，潜移默化地影响学生。

二是形成共同参与的治理文化。首先，要适度加强学术权力，在大学内部营造崇尚科学、尊重知识的氛围，坚持用学术手段解决学术问题，完善大学管理体制，避免出现一切围绕经费、指标、排名转的情况。同时，要充分尊重高校全体教职员工的主体地位，建立民主参与、民主共决的体制机制。其次，要形成共同参与的治理文化，从外部治理的角度推进共同治理，关键在于解决多元主体协同参与的问题。特别是作为经济社会发展的主要贡献者的企业，更应参与高校治理，深化产学研合作，让企业参与大学治理。通过宣传舆论导向、科研成果的影响力、校友服务社会的价值等，调动社会其他部门的资源，营造共同担当的氛围。

三是注重国际视野。首先，要拓展国际化视野。一流的大学管理也要有一流的国际化视野，要有放眼世界的视野，要有放眼全球推动学校发展的高度，更好地履行国际交流与合作的使命，提高学校的国际化程度，解决大学文化对外传播的问题，充分发挥大学文化传承、创新和中外文化交融的独特作用。其次，要突出学术导向和育人导向。在现代大学治理中，要重视学术的地位，强调学术性和教育性，当然，在关注学术自由的同时，也要加强对学术问责的监督，不能忽视学术道德的培养和学术规范的完善，从制度层面规范建立和实施更加公开、公平、公正的学术评价体系，以质量为导向的科研激励机制，公平健康的学术批评机制，确保学术活动良性发展。

以上是我分享的内容，谢谢大家，请大家批评指正。

### （二）副报告人报告

**彭宇文**：好，谢谢依凡刚才的报告，时间把握得很好，那么接下来由易慧作报告。

**易慧**：彭老师，各位同学，大家上午好。

我今天报告的主题是从一流大学的核心要素方面展开的，也希望通过我的报告，还有大家的讨论，能够更深入地理解核心要素的内涵。我的报告内容大概分为两个部分：首先是一流大学的核心要素，其次是在明确了这些核心要素之后，通过优化核心要素来构建一流大学，从这些要素入手找出构建一流大学过程中在认知上存在的问题，讨论我们应该秉持什么样的态度。

第一个部分是一流大学的核心要素。关于世界一流大学的定义，有很多学者给出了一些不同的观点，没有明确的定义。有四种我觉得可以称之为核心的要素，参考不同学者们的观点跟大家一起讨论下。

一是深厚的文化底蕴。为什么说文化是一流大学的核心要素？这是由它的作用所决定的。首先，文化深深植根于大学的办学历史与办学理念，承载着一所大学的精神传统，可以展现独特特色，是校风学风的灵魂所在。建设一流大学，需要文化来引领大学的精神内核和发展方向。其次，文化体现了师生的共同理想和追求，其强大的向心力和感召力使得师生在校园生活中易于形成共同的文化自觉和价值观，这可以激励师生们共同投入参与世界一流大学的建设事业。建设一流大学，需要文化来凝聚师生们的价值认同。最后，每一所大学的历史沿革和发展历程各有不同，最终形成不同的文化积淀。独特的大学文化反映着大学独特的历史传统和特征风貌，体现和贯穿在人才培养、学科专业设置、综合实力等方方面面。建设一流大学，需要文化来构筑办学特色和独特品牌。①

二是一流的师资与人才。一流的师资是一流大学的重要体现。加州伯克利大学前校长麦克黑姆在就职演说时就曾提道："保持极优秀的教师阵容是我们大学的核心。"大学高端知识的生产和传播需要一流的大师，建成世界一流大学需要一支具有顶尖水平和国际影响力的师资队伍。一流的人才主要具备以下特征：有理想和抱负、有国际视野和本土经验、有求知欲和创造力、善于组织协作。②

三是一流的学科建设。重点学科不仅体现了一所大学的学术水平和独特特色，而且直接关联到大学在学术界的竞争力和未来发展的潜力。因此，制定一套恰当且可行的重点学科建设策略，对于任何一所大学来说，都显得至关重要。

四是雄厚的物质资源。世界一流大学的建设离不开庞大的资源支撑，包括顶尖人才的引进和各类学术活动的举办等，都需要资金和物质资源。

我要讨论的第二个方面，是这些核心要素在构建一流大学的过程当中，应该注意哪些问题？这也是我希望跟大家重点讨论的问题。

一是关于人才方面的问题。首先是挖人大战盲目引进的问题，部分大学为了迅速提升排名，实现一流建设的目标，可能会采取短期内重数量不重质量的赶超策略。这不仅破坏了高校间的合作氛围，还使得学术竞争生态趋向一种不健康的氛围。其次是人才工作的数量化管理问题，许多大学在制定相关政策文件时，会通过划分等级的形式对人才进行考评，主要依据的是他们的课题和文章数量、头衔等级。学术界的优绩主义无疑会助长学生的功利倾向，使得大学自身的内涵式发展受阻。当下建设一流大学的人才引进工作，应当在注重数量的同时必须把准质量。要想实现跨越式发展，频繁地引进人才绝非良方，重点是引育高质量的人才，保障高水平师资队伍的供给。留住高水平的人才仅仅依靠外在过强

① 艾静. 以一流的大学文化引领"双一流"建设 [J]. 高教学刊，2019 (13)：4-6.
② 施晓光. 一流人才培养：标准、关键与条件 [J]. 北京教育（高教），2019 (12)：8-11.

的物质激励难以起作用，甚至有可能导致学术生态走向异化甚至败坏。这时，大学的文化、理念等精神内核可以作为一种内在的激励形式来凝聚人才的价值认同。

二是一流大学的资源配置问题。受资源限制，一流大学和一流学科的数量总是有限的，不可能妄想说把所有的大学都打造成世界一流大学，也不可能把所有的学科都建成一流学科。当然，致力于卓越人才培养不是一件坏事，竞争是可以激发不同学校进步的，但是必须要综合考虑现实的可能性。当前在我国"双一流"建设的背景之下，政府若是过多重视一流大学和一流学科建设的政策倾斜，忽视了部分高校培养适合地方经济社会发展的专业人才的定位，从长远的角度看弊大于利。因此，中央政府应当审慎评估"双一流"建设的总体规模，特别是结合政府财政承受能力进行考量，以确保高等教育系统的稳健发展和"双一流"建设目标的切实可行性。此外，"双一流"建设需要建立动态进出机制，一流建设的高校和学科不能够只增不减，避免名不副实和身份固化。①

三是要素的叠加可以建成世界一流大学吗？这个问题是我想要跟大家重点讨论的，我是受到一篇文献的启发，那篇文献主要是说世界一流大学是构成的还是生成的？文章基于"构成论"和"生成论"两个理论，讨论世界一流大学建设过程当中的一些问题。我们讨论世界一流大学的要素、特征，基本上大家采用的都是一种分析重构的方法，比如对标不同排行榜的指标特征，如教学、科研、论文、引用等来分析国内和国外一流大学之间的差距，进而来反思我们自己的发展目标，有一些观点用于理解核心要素非常受用。其实我并不是说我们做这样的研究没有意义，因为我们在此讨论核心要素肯定有利于理论研究的深入推进，但是我们应该有一个态度，不能够局限在这个思维里面，靠这些要素的叠加就可以建成世界一流大学吗？没这么简单。首先，世界一流大学并非各要素的简单叠加，也不是外力能强行赋予的，而是在大学与外界的互动中逐渐形成的有机整体；其次，成为世界一流大学是一个历史性积累的过程，它离不开国家经济基础、文化底蕴、制度环境等因素的综合作用。② 好比种庄稼一样，庄稼所需要的阳光、水分、土壤这些要素都具备了，但还是需要外界人为地对其施肥、除草、浇水，将这些要素进行合理配置，它才能够茁壮成长。这个观点给了我一些思考，它突出了一流治理之于世界一流大学的作用，一流治理关注的是世界一流大学的"生成"过程，将大学与环境因素进行整合，促进世界一流大学的"要素潜能"得以激发和显现出来。所以，治理强调的是一种动态的过程。在前面核心要素的探讨当中，我没有把"治理体系"或者是"治理能力"放在核心要素当中，因为我觉得一流治理的作用体现在对要素进行整合激发，它就好比"精心施肥养护"的过程，通过要素优化和内外治理激发大学的潜能，使世界一流大学建设从可能变为现实。我今天要讲的大概就这么多，请大家批评指正。

① 王建华. 人才竞争、资源配置与理念重审：关于"双一流"建设的若干思考 [J]. 中国高教研究，2019（01）：16-21.

② 林杰. 世界一流大学：构成的还是生成的？——基于系统科学的分析 [J]. 复旦教育论坛，2016，14（02）：30-36.

## （三）提问交流环节

**彭宇文**：好，谢谢易慧，时间把握得很好。那么我们还是按照惯例，休息一下，10点我们再接着开始。

（休息结束）

刚才依凡和易慧从不同的角度谈到她们对今天这样一个主题的思考，我觉得都很全面。下面我们大家可以谈谈各自的观点。

我先说一下对她们两人 PPT 的总评价，我觉得她们应该是作了很充分的准备，内容很丰富，这是一个很大的优点。但是我觉得有两个需要改进的地方。

第一个是 PPT 的内容。我觉得一页 PPT 呈现的内容不宜太多，而且我也不太提倡一页 PPT 讲一二十分钟。PPT 是要吸引听众的注意力，展示报告人的核心观点，所以从 PPT 的形式来说，如果说能够更进一步地配合你对核心观点的阐述和表达，可能会更好一些。

第二个是从报告的表达方式来说，其实我更希望你们能够脱稿，用 PPT 里面的核心内容来进行阐述，作报告最好的方式是采用一种有发问、有设问、有抑扬顿挫的形式来表达，就相当于做演讲。这是我对她们两位的报告做的简单评述。那么下面请同学们谈一谈。

**夏施思**：很感谢两位同学给我们带来的很全面也很精彩的汇报，听了她们的汇报，我对一流大学的内涵、特征等都有了一个比较全面的了解，但是我想问依凡一个问题：在你提到的一流大学的治理逻辑中，你为什么要用政治逻辑、市场逻辑和学术逻辑这三个逻辑来分析？你是基于一个什么样的条件下用的这三种逻辑而不是别的逻辑？

**唐依凡**：好，谢谢施思。在我所看的文献里面，学者会从不同的视角、不同的角度去分析一流大学的治理情况以及它的建设路径。我从政治逻辑、市场逻辑、学术逻辑来分析，是因为我觉得这三个逻辑中涉及的政府、企业以及高校这三个主体，是高校建设过程中非常重要的利益相关者，而且这三个逻辑也体现了中国高校在不同发展阶段，以哪种方向为主来进行治理。在中华人民共和国成立初期，政治逻辑比较强，而到改革开放以后，市场化的倾向更加明显，市场逻辑相对来说更合适，这种市场逻辑弥补了政治逻辑的一些不足，使高校的发展更加灵活。学术逻辑更加遵循高等教育自身的发展规律，更加体现它的学术性，以及学术研究、人才培养等职能的体现。这是我选这三个逻辑的原因。

**周思钰**：我们国内有很多一流大学，但是在国际上的排名并不是很高，也不是很被认可，所以如果我来做这个主题的话，我可能会从国际一流大学入手，然后和国内的一些一流大学进行比较。

另外我想问一下依凡，你在做 PPT 的时候，有没有拿我们国家的一些大学和国外的一些学校做比较？因为我看你的 PPT 有一部分说到国内和国外高校的差距，但是你只提到了 4 个部分，其实我想知道的是除了这 4 个部分，你在治理方面有没有去做一些和国外学校的比较？

**唐依凡**：好，谢谢思钰。对于你的问题，其实一开始我的思路也是这样的，原本打算对国内外的一流大学进行比较，然后得出国内外高校的差距，以及治理上的一些差距。但是后来我看了一篇文献，作者认为，国外的一流大学很多，每个高校都有不同的办学特色，像牛津大学，它的特色就是学院制、导师制以及非常重视通识教育和古典教育，这些特点促使它成为世界一流大学。但是像美国的哈佛大学，它的治理模式以及办学方法，虽然跟牛津大学有类似的地方，但更多的是不同的地方，所以后来我就没有用比较的方法来做，因为我觉得可以用世界一流大学的共同点来体现一流大学的内涵，而在治理的过程中，要体现自己的治理特色，办出自己的特色。关于我国和世界一流大学的差距，我是基于上面两个评价标准来说的，它可能不全面，像学术自由和自治未被提及，治理模式更弹性化也没有提及。像牛津大学，主要就是通过学院来进行治理的，学院的治理权力非常大，这种学术自由和自治，是我国大学没有国外大学做得好的地方。谢谢！这是我的一点看法。

**王萍：** 谢谢依凡，你阐述了五个"论"，在关于一流大学内涵众说纷纭的情况下，你自己对一流大学是怎么样定义的？我们应该建设怎样的一流大学？有没有进行一个具体的总结？

**唐依凡：** 我在做PPT的时候，也跟你有一样的疑问，我在想该怎样界定一流大学的内涵？因为我觉得自己界定可能不是非常权威，而且也不是很完整，所以我主要是从核心要素这一块来体现它的内涵。我看了相关文献以后，总结下来，相对于世界一流大学，我国大学有一个比较明显的缺点，即学术自由、自治、全球吸引力不够，所以我觉得一流大学应该是具有全球吸引力、追求卓越、引领发展的，能够培养出一流的人才，能够产出一流的成果，促进社会发展、引领文化方向和参与全球治理。

**彭宇文：** 你写的这几个方面是你自己总结的还是借鉴别人的？

**唐依凡：** 这是我在看了相关文献后自己总结并提炼的。如果从投入产出来说，人才和成果这两点是大部分学者都会提到的。社会发展、文化方向以及全球治理，我觉得这些是我们国家比较缺乏的，一流学科建设是世界一流大学的标志性要素，很多学校都是因它的学科而出名的，我是基于这样的考虑总结出来的六点。

**曾心媛：** 首先，谢谢依凡和易慧给我们作了完整清晰的报告，听完两个人的报告，我最大的感受就是对一流大学的核心要义有了很清晰的界定。我觉得易慧提的问题也很有启发，一流大学是不是简单地把要素相加？大家也可以思考一下，因为这些要素似乎是适用于所有的大学，而且更多的是世界一流大学，而我们要建设中国特色、世界一流的大学，我们是不是能够在整合这些要素时，去体现中国特色？使得我们的一流大学，不仅是简单的一流人才、一流成果这些指标。

**唐依凡：** 这个问题之前我也想过，一流大学它怎么体现中国特色？我当时是准备呈现这一部分内容的，但是就一流大学的内涵以及核心要素而言，当前的标准都是从国际一流大学的角度来界定的，而且很多都参照了国外的评价标准来体现一流大学的核心要素。我觉得一流大学在不同的历史背景和不同的文化环境下，会有一些共性，也有一些特殊的个性。它的普遍性是可以在全世界范围内进行比较的，而这些比较出来的结果，我觉得它可以作为一流大学的内涵界定，而特殊性是每个学校自身的特色，而且同一所学校在不同时期也会有不同的特色，这一点是需要在治理过程中体现中国特色的。比如我国高校的领导体制与国外不一样，而且会有一些特殊的课程，比如思政课程，这些都是国外没有的，也是中国特色，每个学校在自身建设过程中，应该基于学科和学校自身的优势，以此来建立中国特色，所以我没有把它放到一流大学的核心要素里面来讲，这是我的一点看法。

**彭宇文**：心媛讲的问题，我觉得对我们也有启发。实际上就是需要明确一流大学的内涵包括哪些，以及这些核心要素之间的关系。唐同学提出了六个方面的核心要素，看上去很全面，但我们对此需要运用系统观念来思考。系统作为一个有机整体，具有的最基本特征就是整体性，也就是在一个系统中，系统整体的特性和功能原则上不能归结为组成它的要素的特性和功能的总和；而处于系统中的组成要素的特性和功能，也不同于它们在各自孤立状态时的特性和功能。因此，分析一流大学的核心要素，既要对这六个方面各自的内容予以剖析，又要能够跳出并超越这六个方面，从整体的更高站位来加以系统的综合性理解。也就是说，一流大学的核心要素，不只是这六个方面的简单相加，而应当建立在对这六个方面的系统理解上。这是我们需要思考的问题。

**李骏锋**：依凡你在一流治理的核心要义里面提到问责制度的变革是由"政府问责"走向"社会问责"。我想问的是，我们知道政府问责更有强制性，但是社会问责怎么保证它的效果呢？

**唐依凡**：好，谢谢骏锋。这个问题，我说的是由"政府问责"走向"社会问责"，但是得建立在一个前提之下，就是说要在坚持政府问责的前提下，让社会问责参与进来，使得问责手段更加多元化，而不仅仅是以政府问责或者以社会问责为主，像是引入专门的机构如社会中介机构或者第三方机构，对学校的学科、专业、课程等进行评估。当前高校理事会对学校进行的问责参与比较表面化，没有发挥真正的效能，应该在政策制定方面给予更多权力来落实问责权，发挥它的咨询、协商、监督的功能。

**彭宇文**：骏锋，你怎么理解社会问责？

**李骏锋**：我理解的社会问责是，只有出现问题的时候才会进行问责，就像我们在学习过程中出现问题时老师会批评我们，那这样的话效果很明显，但如果是其他人对此批评，可能就没什么效果。我想社会问责遵循的应该也是这样的一个逻辑，在某些方面觉得它本身做得不太好，让社会来进行问责。但是我想如果社会对于大学没有太多的强制性和约束力，就会导致大学有"我凭什么听你的"这种想法。

**彭宇文**：其实你今天的表达有点犹豫，感觉你的观点应该是没有社会问责，社会不能问责。其实它是评价而不是问责，因为问责是需要有权力主体参与的，要有授权的。当然如果把问责广义化，也可以这样说，一些社会舆论的批评，也可以叫问责。但是如果把政府问责和社会问责联系起来，应该是一种相对狭义的问责，本意上的问责就是追究责任。因为你用的是问责制度改革，那么这恐怕是评价的问题。社会可以进行评价，但是社会问责是没有强制性的手段的，比如说用脚投票，我不到这个学校来读书，这是一种评价机制；我通过舆论给你批评，这是一种评价，所以实际上是怎么来看待问责的问题。我个人也认为，从你讲的问责制度变革来说，不存在社会问责的问题，我的理解应该是有政府的问责，但是它还不能简单地由"政府问责"走向"社会问责"。当然这是我们各自的观点，可以讨论。对公办高校，包括对民办高校来说，政府作为管理部门，有权进行问责，应该是评价主体的多元化可能会更合理一些。骏锋今天有点犹豫，你刚才说要加强批评，其实你可以更直白地来说你觉得没有社会问责。

**唐依凡：** 是的，我很认同彭老师的观点。可能是我在表述上存在问题，但是我的本意也是像老师说的那样的，在政府问责的基础上由社会来参与问责，是一个多元参与的问责方式。

**徐玉胜：** 依凡和易慧两位同学今天讲的东西给我很多的启发和思考。我这里也有几个问题。第一，我们现在和世界一流大学的差距，比如说学术领域的声誉偏低、论文被引偏低，可能是因为在不同的评价指标体系所选取的引文数据库的原因。尤其是国际性的评价，他们更多的都是用 WOS 这种数据库，以英文文章为主，而我们的社会科学更多的是倾向于在 C 刊上发表，所以这可能是我们国内的论文被引偏低的一个原因。第二，你提到了核心要素有 6 个指标，我在想，是不是可以用一种更加具体的二级指标，做成一个指标体系，进一步细化评价的维度。最后，关于体制突破里面有一个会计制度变革，这里面我有一点小疑问，就是现在的会计制度，高校的科研经费参照的是事业单位的经费管理办法，我们现在也在提倡经费多元化，有没有可能把它按照一种公司管理的方式来编制资产负债表、利润表、现金表等，这样的会计变革对大学来是一个负担吗？会使管理更加困难吗？

我还有一个问题想问一下易慧，你提到了 4 个核心要素，其中第 2 个是一流的师资与人才，第 3 个是一流的学科建设。这两个核心要素是不是包含与被包含的关系？可能我们认为的一流学科建设，就已经包括师资与人才。谢谢老师和同学。

**彭宇文：** 依凡你把 PPT 页面翻到会计制度的改革，我们稍微讨论一下。

**唐依凡：** 对于这个问题，我先说一下，我刚刚没有说引入企业的会计制度来进行变革，在于当前不应该仅仅按照政府机构的会计制度进行简单套用，还需要尊重大学的组织特性，它的经费不应该仅来自政府，如此它的办学自主性受到一定的限制，并且大学是一个学术性的组织，它跟政府和企业都是不同的，不能够简单地套用某个机构的会计制度。

**彭宇文：** 玉胜你能不能谈一谈这里面提到的重新定义大学的财政属性这一观点？因为你是学这个相关专业的，你能不能谈谈你的一些想法？

**徐玉胜：** 大学的经费管理到底应该是按照事业单位的标准还是按独立法人的标准来核算？我们要建立一个独立于事业单位和政府以及企业之外的第三种会计制度，比如根据大学自身特点而建立的一种会计核算体系。现在的科研经费，它更多的是偏向于公共部门的，政府的会计制度采用的是非营利组织的会计核算体系，大学可能适用这种核算体系。但是其实这种核算体系也在变革，政府也在编制资产负债表。我觉得依凡刚刚提到的内容给了我们一个思考，能不能建立一个新的专门针对高校的会计核算体系？

**彭宇文：** 关于这个问题我也多说两句，我们前面讲过，大学作为独立法人，它的一个很重要的基础就是要有独立财产，能够具有自己独立的法人财产权利，所以财产的问题是大学治理中非常重要的一个基础性问题。怎么去治理离不开怎么谋取资产、使用资产，这都是治理的关键点。所以治理中财务、经费、财产权问题，是非常重要的问题，这是我们需要关注的。实际上财政部和税务总局是有关于高校会计制度的规定的，我不是学财政学的，具体做法我不清楚，但是这里有一个很值得思考的点，就是这里提出来重新定义大学的财政属性，也就是说，大学原来的财政属性是什么？现在我们要重新定义，就意味着我们要推翻原来的定义并对其进行重新定义。那么什么叫财政？更多的是带有官方色彩的公共政治属性的财产管理模式，这是不是意味着大学作为独立的法人，即使是公办高校，它不再是简单的由国家拨款的、具有国有性质的财政渠道，而是应当变成需要自主谋划财产、自主获取财产、自主使用财产的形式？后面也提到了来源的多元化，这个可能是我们需要思考的一个问题。财政属性的问题到底是什么？我们不是学财务的，但是这个词我希望大家能够去斟酌一下，进一步把它搞清楚，什么叫重新定义大学的财产属性？我们从法律角度来讲，一般会将其表述为重新界定大学的法人财产权。

易慧，你回答一下刚才玉胜提的问题。

**易慧：** 好的，刚刚他提的问题是学科建设可能包含了师资人才这一块。我觉得学科建设是可以为人才的成长或者说人才的培养提供环境的。随着人才培养层次的提高，学科建设水平也会相应提高。我觉得它们是相辅相成的关系，不是包含与被包含的关系。通过建设一流学科去吸引人才，同时通过人才队伍质量的提高，也可以促进学科建设，是一个相辅相成的作用。

**彭宇文：** 这里面就涉及对学科的理解，当然因为时间关系也不可能讲很多，关于学科的理解，我们有两种表达方式，一种是狭义的学科概念；还有一种是大学科概念。我理解的易慧讲的学科，也许是一种相对狭义的学科概念，是仅仅就这个学科本身而言的。现在的学科建设，更多的是往大学科概念来发展的，有学者把它整理为"五学"，即"学科、学者、学术、学生、学风"，我们可以把它看作一种外延、内涵相互交叉的概念。所以说要把学科概念界定得那么清楚，其实也很难。这个地方我觉得可以换个不同的角度来思考，是按照大学科的概念，还是按照小学科的概念来思考问题？这是我们可以思考的点。

## （四）彭老师点评环节

**彭宇文：** 我也接着大家的想法来谈一些观点，首先还是对你们两位的 PPT 的内容作一下总结。依凡你把你的 PPT 先分享一下，从第 1 页开始。

其实，这次主题我希望更多的是从应然的角度来讨论什么是一流大学？什么是一流大学的一流治理？我希望从应然的角度出发，通过讨论以后，得出一些观点，为我们后面的讨论奠定一个标杆性的基础，这是我设置这样一个专题的关键点。所以从这个角度来说，依凡跳出了我原来的一些想法，她从一个新的维度，我觉得是用了一种评价、问题的角度来探讨，通过分析问题来找到什么是一流大学、什么是一流治理。她从不同的角度讲的几个观点，我觉得讲得非常好。

刚才易慧和依凡关于指标体系的表达里，有一点表述不准确，比如说牛津大学得了100分满分这样一个评价，如果我没理解错的话，这个 100 分并不意味着它是满分，而是在评价指标中的一种评价方式。我用一个单位所获得的最高分作为满分，然后做相对性的比较，就像我们9个人里面谁最高，那么这个人就算100分，以这个100分来评价，比如说身高1米8的人最高分为100分，那么身高1米7的人可能是91分，可能是这样一种模式，所以100分并不意味着它已经满分了，其实只是一个相对性的评价，这一点我们在讲的时候可能需要注意。

### （五）彭老师谈本专题

**彭宇文：**接下来我分享一些我的观点。实际上我希望今天思考的问题是，我们用什么维度来分析一流大学和一流治理？这个主题可以从以下几点来进一步讨论。

第一个方面，一流大学和一流治理的关系。

就两者的关系来说，一流治理跟一流大学之间肯定是一个正相关的关系，只有形成了一流的治理，才可能形成一流的大学，一流大学一定是具有一流治理的大学。但是换一个角度来说，是不是具有了一流的治理就一定是一流的大学？这个可能不一定，治理得非常好也不一定是一流的大学。所以我们不能简单地用"一流大学"来代替"一流治理"，也不能简单地用一流的治理代替一流的大学，这两者肯定需要区别开，两者之间的关系是我们需要思考的。

第二个方面，什么是一流治理？

首先，一流治理的表达涉及一个问题，大家可以想想，治理能不能简单用"一流"来表达或评价？治理是不是分三六九等？能不能说一流、二流、三流的治理？是不是还有更贴切、更适合的表达治理的方式？比如说良好的治理、科学的治理、规范的治理、落后的治理、混乱的治理。虽然我现在是用"一流"来表达的，但其实，我个人认为用"一流治理"表达，似乎把治理的多样性、丰富性以及治理本质的要求冲淡了。一流治理和一流大学虽然都是用的"一流"这个词，但这两个"一流"的内涵实际上应该是不一样的。所以，从更多的角度来讨论，这个问题大家可以放开来思考，用"一流"来表达治理是不是最适切的？或者还有没有更科学、更合适、更贴切的表达？

其次，从治理角度来说，"一流"本身到底是什么？它怎么体现？无外乎是两个方面，一个是外部表象，一个是内部本质，表和里的问题。从表象来说，一流的治理可能更多与一些数据指标要素相关，表现出可测量性、可观察性、外显性等特点，像刚才提到的财务制度、有影响力算不算？我们能不能把它列举出来？而从本质上来说，一流治理则更多地与教育规律、办学规律、治校特色等相关联，体现出深层次、难量化等特点，需要我们透过表象去挖掘。从理性角度出发，我们需要对一流治理的表象与本质进行清晰界定，但是，因为大学的组织属性所具有的学术性特点，导致了它的相对模糊性，一流的标准可能是模糊的，不易于量化，不像企业生产的产品可以很容易进行量化。所以我很赞同阿特巴赫的"治理弹性"观点。我们也可以用"张力"这个词，要有一定的弹性，要有一定的张力。"治"的偏旁是三点水，水是什么？就是柔性化的、刚柔相济的。所以，一流治理应当具有一定的弹性，必须要留有空间，不宜过于固化或过于刚性化，一流大学本身的标准就具有多样性、模糊性，因此可能会导致一流治理的模糊性及弹性。此外，分析治理问题，还需要看到它的可比性，一流大学有不同的类型，不同大学有不同特色的治理，恐怕不能进行简单的类比，需要既提炼一般性的标准，又能够保留不同类型学校的个性化特点，找到不同学校之间的可比性，这些问题都是需要我们来思考的。

第三个方面是我们这次主题的重点，一流大学、一流治理的分析维度。

这其实就是要找到一些标杆、标准来评价什么是一流大学、什么是一流治理，需要有一些维度来分析。刚才依凡也好，易慧也好，你们的分析里面有自己的一些思考维度。一流大学的一流治理，实际上是目前高等教育治理中的顶层设计，可能有多种维度来思考，比如说包括了一流的人才、一流的师资、一流的专业、一流的党建、一流的学生工作，等等。我们9个人可能会有9种认识，所以我也没有一个具体的定论，但是我想我们需要把维度理一理，看看可以从哪些维度来分析。我在这里列举了一些维度，但在讲这些维度之前，先让我们对"双一流"建设相关文件进行简单解读，这样一些权威性的观点、权威性的官方政策，其实也给我们提供了思考分析的依据。

第一个文件，国务院2015年10月发布的《统筹推进世界一流大学和一流学科建设总体方案》，提出坚持以一流为目标、坚持以学科为基础、坚持以绩效为杠杆、坚持以改革为动力的基本原则，以及总体目标和改革任务，等等，文件的内容其实为我们思考一流治理提供了多方面视角，而其中"改革任务"就跟治理有更大的关系了，党的领导、内部治理、关键环节、社会参与、国际交流，这里面所阐述的内容，能给我们很多启发。

第二个文件，教育部、财政部、国家发展改革委2017年1月发布的《统筹推进世界一流大学和一流学科建设实施办法（暂行）》，比如其中第二章"遴选条件"中第七条明确："一流大学建设高校应是经过长期重点建设、具有先进办学理念、办学实力强、社会认可度较高的高校，须拥有一定数量国内领先、国际前列的高水平学科，在改革创新和现代大学制度建设中成效显著。"遴选条件实际上就是一个标准，虽然可能会低于一流大学的应然标准，但必然是可以进入一流大学的基础性前提标准。如"长期重点建设"，这是一个硬杠杆，长期重点建设的肯定是原来的"985工程""211工程"这样一些重点高校，这体现了国家重点建设的导向；"改革创新和现代大学制度建设"，这其实讲的就是治理问题，更是我们需要思考的标准。

还有习近平总书记的一些讲话报告里也给我们提供了标准，刚才有同学也提到这些。习近平总书记在党的十九大报告里提出"加快一流大学和一流学科建设，实现高等教育内涵式发展"。"双一流"建设的落脚点落到了实现高等教育内涵式发展。所以由此我们也可以判断，一流大学不仅是规模扩张的大学，它也是处理好了规模、质量、效益、数量关系的一流大学，这是我们可以思考的维度。此外，习近平总书记在全国教育大会上讲了"九个坚持"，即坚持党对教育事业的全面领导、坚持把立德树人作为根本任务、坚持优先发展教育事业、坚持社会主义办学方向、坚持扎根中国大地办教育、坚持以人民为中心发展教育、坚持深化教育改革创新、坚持把服务中华民族伟大复兴作为教育的重要使命、坚持把教师队伍建设作为基础工作，这九个坚持涉及高等教育方方面面，其实也是我们思考一流大学、一流治理需要遵循的维度。

那么，下面我再谈谈我所梳理的一些思考维度，这些维度主要是从关联性、比较性角度来展开的。

第一，历史维度和发展维度。一流大学和一流治理的发展是有历史基础的，不是凭空产生的，所以我们要梳理历史，梳理中国的一流大学、一流治理形成及发展的历史过程，从历史角度来分析。发展维度则是面向未来的，在回顾总结历史的基础上谋划未来发展，从发展角度来说，历史上形成的传统目标有哪些依然是一流大学、一流治理要继续追求的？这些目标有哪些新的时代发展内涵？这是我们需要思考的问题。

第二，政治维度和学术维度。这两个维度貌似不同，但其实密切相关。从政治维度看，大学具有政治属性，不管是中国的大学，还是西方的大学，一流大学、一流治理都离不开政治使命、政治责任、社会责任担当，政治维度是肯定少不了的，必须服务社会、服务政治，这是少不了的一个维度，这也是为什么我们要看那些政策文件，要梳理那么多的政治标准来分析它的原因。但学术维度也很重要，大学具有天然的学术组织属性，因此我们也不能离开学术角度来分析，不能只讲政治维度，离开了学术维度也不行。

第三，政策维度和现实维度。一流大学、一流治理具有很强的政策性，作为一个重要的战略政策甚至是国策，必须从政策角度出发，依托各项政策，就像我刚才所列的那些文件，从政策文本中去梳理分析一流大学、一流治理的标准，找到政策性的维度来分析它。那么现实维度呢？政策的实施离不开现实环境，也需要在现实实践中加以实现，因此，我们要在政策维度的应然导向性基础上进入现实之中，从现实维度分析一流大学、一流治理的具体实践特别是存在的现实问题，以及相关政策的制定和实施过程、政策的实现状态，等等。

第四，中国维度和世界维度。我们要实现中国特色、世界一流，强调一流是建立在世界比较基础上的，既要有中国的维度，也要有世界的维度，两者都不可少。

第五，理论维度和实践维度。一流大学、一流治理既是一个具有强烈实践特征的问题，也是一个具有高度理论属性的问题。实践维度的分析我想大家都容易理解，但是我们不能只看实践，一定要有理论，一流大学和一流治理必须要建立在扎实深厚的理论支撑之上。从我们的研究来说，比如说是用组织属性理论，还是用公共政策的某一个理论，治理理论、利益相关者理论，等等，通过理论来构建维度是需要的。一定要把理论的维度找到，明晰思考实践的理论基础是什么，否则就容易逻辑混乱。

第六，定性维度和定量维度。我们刚才讲到，因为一流大学、一流治理有一定模糊性，所以不能够简单地用量化的指标、标准来核定，而是需要定性定量相结合。首先，定性的维度、模糊性的维度肯定是不可少的。国内外关于高校的评价指标体系里面常常会拿出20%甚至40%的权重作为声誉度的评价，给校长们、专家们、学者们发问卷，让他们来评价学校排在什么样的档次。其次，定量的指标化的维度也不可少。"一流"的"一"其实就是一个数量级指标，有"一"就会有"二"、有"三"甚至有"四"，它必然就会有数量级，这也是为什么我对"一流治理"的表达有点犹豫的原因，因为治理恐怕不能简单地使用量化标准来衡量。一流大学可能还好说点，比如说有多少名师、发表多少篇论文、多少的引用率，等等，但是从一流治理来说，恐怕不能简单地用机构设置数量、管理人员数量、文件数量等指标量化表示。比如说有没有完备的章程和规章制度可能算是一个指标，我们可以说建立完整的以章程为龙头1+N的制度体系，但实际上N也可能很难界定，是 8 个、10 个还是多少个才是完整的？又比如说管理人员规模在总体队伍中的比例，这个结构比例的适当标准，怎么去量化？这些都有难度。用量化维度来分析一流治理，可能确实比衡量一流大学要难，但这是很重要的一个维度，怎么找到准确科学的量化标准？我希望大家思考这个问题。

第七，问题维度和对策维度。这是我们做研究常用的维度，刚才两位同学的报告里面讲了很多的问题，那么针对问题、剖析原因，如何去研究对策、解决问题、实现一流，从问题到对策的维度也是一个分析维度。

第八，权力维度和关系维度。我们前面讲到过，治理是对权力的配置以及对内外部关系的协调，那么从这个角度分析，一流的治理，也就意味着权力的配置是均衡的、运行是有序的，各方面关系的处理也是科学规范的。说到底，一流大学、一流治理其实都与权力、关系极密切，不能离开权力维度和关系维度。权力维度方面，我认为其中涉及政治权力、行政权力、学术权力、民主权力、资本权力这五个权力，关键点是它们的配置如何？我们说一流的治理应当是五项权力配置均衡，但究竟什么是最佳的配置，也许在不同场域下会有不同的情况，还需要在理论和实践中进一步研究与探索。关系维度方面，治理涉及高校的内外部关系，包括学校内部关系以及学校和社会的关系、学校和市场的关系、学校和政府的关系。一流的治理意味着高校既能够和政府、社会、市场之间保持良性的互动，同时也能够保持自己的相对独立。但是这些描述总体来说都还相对主观，我们怎么能够有更准确、更新颖、更明确可视、更有可操作性的描述？也是我们需要注意的维度。

第九，战略维度和战术维度。一流大学、一流治理其实是个战略问题，所以我们一定要从战略角度来思考。有一句话叫"战略上蔑视敌人，战术上重视敌人"，其实我们分析一流大学、一流治理，也要有这个观点，就是既要从高起点、高站位、顶层设计的战略高度来思考，又能够从具体操作的战术角度来落脚，这两者必须联系起来。

第十，传统维度和未来维度。既要立足于我们的传统，比如说中华传统文化、大学传统文化包括西方大学的一些传统文化，又立足于从未来角度思考一流大学和一流治理的未来趋势，把传统与未来连接起来，在传统的基础上实现未来发展。

上面我讲了十个维度，其实还有其他很多维度，比如说比较维度、职能维度，其实刚才依凡所讲的问题就是从职能维度来说的，是从大学人才培养、科学研究、社会服务、文化传承与创新、国际交流合作的五大职能维度来讲的。另外，我们还能不能从生态维度来讲？刚才易慧、依凡都讲到了文化的问题，其实就是生态维度。所以有很多的维度，我这里没有结论，只是希望给大家一些启发。

除此之外，我们还可以在实践中找到一些新的形式来分析一流大学、一流治理的创新发展。我最近在看一些资料，其中有这样一些新的大学形式，可能就涉及新的治理。比如，密涅瓦大学（The Minerva Project / Minerva Schools at KGI），不知道大家听过没有？美国的一些科学家聚集在一起办了这个大学，招生比例很低，没有自己的校园，那它怎么培养呢？它在全球不同的地方培养学生，比如说第 1 年在美国的某个地方，第 2 年在英国，第 3 年在法国，第 4 年在中国香港，它会在不同的地方去进行培养，这种模式跟传统的治理是不一样的。再比如说奇点大学（Singularity University，简称 SU），这也是美国的一个科学家提出来的，他认为现代科学技术发展到一定程度的时候就出现一个拐点，达到这个拐点以后人工智能会超越人，并且可以领导人。所以大学应该干什么？大学招一些人来研究现代技术发展，培养一些精英去应对人工智能超越人的这样一个奇点带来的挑战。再比如说德雷普英雄学院（Draper University of Heros）、苹果大学、华为大学等企业大学，这些大学并不是一个法律规范意义上的大学，它没有进行学历教育的资质，虽然叫大学，但实际上是个培训机构，甚至可能是个内训机构，为自己的系统内部来培训人。但是某种程度上来说，企业大学这样一种新形式，在培养符合未来发展的人才方面，可能给一流大学带来了巨大的挑战。再比如说西湖大学，大家可能都知道，这是一种以基金会的形式来创办的大学，虽然现在把它归到了社会力量办学，但它不是一个纯粹的私立学校，也不是公办学校，那么它的治理结构跟我们已有的典型性的公办和民办大学是不一样的，更可能是一个异于传统治理结构的非典型性的治理。

我这里列举这些新型大学，是想给大家一个启发，一流大学会有新的发展，会出现一些非典型的形式，而其实"一流"往往有可能就是由非典型性带来的，所有的典型都是从非典型发展过来的。所以，我们不能再局限于传统的典型的一流大学研究，而是要对一些非典型的事物进行研究，由此得出什么是新型的一流治理，我们就会有前瞻性的观点。比如没有校园的大学怎么治理？多地办学的大学，不同时间授课，不同地方上课，没有固定的宿舍，甚至专业都是不固定的、跨多学科的，我们怎么去治理？等等，这样一些方式，我觉得会带来非常大的冲击和挑战，这是我们不可回避的。

因为我的外语不好，这里有一些疑问，我想你们外语好的同学可以去找找资料，特别是能不能想办法找到密涅瓦大学、奇点大学、德雷普英雄学院、苹果大学的大学章程？学校肯定会有章程，一般来说章程会对学校办学的重要事项作出详细规定，如果能够把这些找到，我觉得对我们研究一些新形式的大学会有启发。当然，我们一定要树立前瞻性的、批判性的眼光，一定不要仅仅就为了找资料而找资料，而是要带着思考去收集资料，希望你们去找资料，把这几所学校的章程、相应的原始资料找出来，以后我们找一个时间再深入讨论一下。

那就这样，看看各位还有什么问题？没有什么问题的话，我们就可以下课了。

## 三、2022 年的再思考

本专题已经过去两年的时间，在这期间，我也有了一些新的思考。首先，是对一流大学与一流治理之间关系的思考。一流大学与一流治理应该是相辅相成的关系，一流大学的建设离不开一流的治理，一流的治理有利于一流大学的建设，一流大学的建设也会催生一流治理的出现。虽然一流大学的建设并不仅仅依赖于一流的治理，但是一流的治理对于促进一流大学的建设具有重要意义。

其次，是对一流的治理这一表述的思考。关于这一表述，从表象来看似乎将治理分为了一流和非一流，对大学的评价可以通过一些指标来实现，判断其是不是一流大学，但是治理并不容易被量化评价，每个学校都有各自的特色，不同的学校之间治理方式并不能简单地套用，这样一来很难评价什么是一流的治理？什么是非一流的治理？所以，我个人浅显的想法认为善治可能更合适，能够促进高校发展的、适合高校自身特色的善治，可能更有利于一流大学的建设。(唐依凡)

## 思考题

1. 如何理解高等教育治理中的"一流"？
2. 如何理解高等教育内涵式发展？
3. 如何处理好一流大学治理中"学科、学者、学术、学生、学风"之间的关系？

## 参考文献

[1] 眭依凡. 世界一流大学建设的六要素 [J]. 探索与争鸣，2016 (07).

[2] 王战军，蓝文婷. 新时代一流大学的内涵探析 [J]. 现代教育管理，2019 (08).

[3] 颜晓红，刘颖. 以一流大学精神推进现代大学治理 [J]. 中国高等教育，2019 (20).

[4] 眭依凡. 论大学的善治 [J]. 江苏高教，2014 (06).

[5] 夏国萍. 世界一流大学关键特征与中国路径依赖研究 [J]. 中国电化教育，2019 (09).

[6] 曾庆伟. 内涵发展：一流大学建设的必由之路 [J]. 教育发展研究，2016, 36 (Z1).

[7] 丁学良. 什么是一流大学 [J]. 中国大学教学，2002 (04).

[8] 张迈曾，王树国. 以"四个坚持"夯实一流大学建设新内涵 [J]. 中国高等教育，2016 (12).

[9] 张炜. 世界一流大学的共性特征与个性特色 [J]. 中国高教研究，2016 (01).

[10] 肖笑飞，眭依凡，张衡，梁纯雪. 人文价值：一流大学治理的新取向——香港科技大学集体访谈录 [J]. 复旦教育论坛，2019, 17 (03).

[11] 胡德鑫. 我国世界一流大学建设的困境与治理挑战——基于多重制度逻辑分析范式 [J]. 高等工程教育研究，2019 (02).

[12] 阎凤桥. 思想引领：世界一流大学治理的核心特征 [J]. 探索与争鸣，2018 (06).

[13] 管培俊. 一流大学建设的两个关键要素：制度与人 [J]. 中国高教研究，2018 (05).

[14] 施晓光. 一流大学治理："双一流"建设所必需 [J]. 探索与争鸣，2017 (08).

[15] 曾庆伟. 内涵发展：一流大学建设的必由之路 [J]. 教育发展研究，2016, 36 (Z1).

[16] 张迈曾，王树国. 以"四个坚持"夯实一流大学建设新内涵 [J]. 中国高等教育，2016 (12).

[17] 王建华. "双一流"建设的要义 [J]. 高校教育管理，2020, 14 (02).

[18] 眭依凡. 世界一流大学建设的六要素 [J]. 探索与争鸣，2016 (07).

[19] 艾静. 以一流的大学文化引领"双一流"建设 [J]. 高教学刊，2019 (13).

[20] 董云川. 冷漠的教育：大学朝向一流的根性缺失 [J]. 高教探索，2019 (10).

［21］冯倬琳，王琪，刘念才．世界一流大学建设之路与启示［J］．中国高等教育，2014（10）．

［22］王建华．人才竞争、资源配置与理念重审：关于"双一流"建设的若干思考［J］．中国高教研究，2019（01）．

［23］施晓光．一流人才培养：标准、关键与条件［J］．北京教育（高教），2019（12）．

［24］毛亚庆，夏仕武．何谓大学核心竞争力［J］．北京大学教育评论，2005（02）．

［25］林杰．世界一流大学：构成的还是生成的？——基于系统科学的分析［J］．复旦教育论坛，2016，14（02）．

# 专题五　一流大学治理的思想基础：
## 中国特色社会主义教育思想

**课程时间**：2020 年 4 月 3 日 9:00—12:00
**地　　点**：腾讯会议
**主报告人**：王萍
**副报告人**：周思钰

## 一、引　　言

今天我要报告的题目是"一流大学治理的思想基础：中国特色社会主义教育思想"。基于系统论的视角出发，我认为应该厘清一流治理的基本构成要素，经过查阅相关文献，最终将治理理念、治理队伍、治理主体和治理保障作为分析的四个要素；然后从基本要素中，挖掘能够体现中国特色社会主义教育思想之处。在"立德树人为本的人才培养体系"子题目中，我认为应该从"立德树人"的基本内涵展开论述，于是我便从历史的视角，梳理了从古至今"德"的内涵变化，并结合时代发展赋予其新的解读。(王萍)

## 二、课 堂 实 录

### (一) 主报告人报告

**王萍**：下面由我来跟大家共同分享一下专题五——"一流大学治理的思想基础：中国特色社会主义教育思想"的有关内容。第一部分是"一流治理的中国特色"，第二部分是"立德树人为本的人才培养体系"，第三部分是我对这个专题的补充说明和个人思考。

第一部分，一流治理的中国特色。

关于本专题大致的分析思路是这样的：我们要在一流治理当中寻找中国特色。那么首先要搞清楚什么是一流治理，或者说一流治理的基本要素有什么？然后在一流治理中寻找中国教育发展的特色之处，也就是找不同。通过阅读文献，我将一流治理的基本要素划分为四个维度，可能这些维度并不准确，希望在后面与大家一起讨论。下面我来分别阐释一下这四个方面。

　　一是一流的治理理念。我们知道治理制度和效果等都属于外在表现形式，它是某种理念的外在表现。一流治理的中国特色体现在理念层面，就是意识形态的国别特色，也就是说，我们与外国最大的不同点，就是我们的意识形态。中国是社会主义国家，这就是我们在意识形态方面最显著的特色。如果说我们的大学治理有个性，但丢掉了政治颜色，那我觉得是丢掉了中国特色的真正内涵，所以说中国的教育理念一定要与政治上的总体要求和思想保持一致。关于理念我觉得可以进一步细化为两部分来看：第一个是我们必须长期性坚持的；第二个是阶段性的，或者说是相对短期的，是根据近期的国家政策导向为指引而产生的理念。基于此，我做了这样的阶段性划分。

　　首先来看长期性的治理理念，我将它划分为民主与法治的理念，这是可以在中国传统文化当中找到一定依据的。关于民主，我们的传统儒家文化强调仁治，也就是重民生，发展到现在我们赋予它新的时代内涵，就是现在强调高校治理当中的利益相关者的平等与自主。法治，我们也可以找到古代的思想依据，古时强调礼序，这对现在强调法律以及治理制度的规范性是有一定借鉴意义的。虽然古代礼序制度中有专制等级成分，但是我们依然可以给予它新的时代内涵，那就是强调法律以及治理制度的规范性以及相对稳定性。

　　其次，我们有一个近期阶段性的发展理念，也就是把现存的政策指引融入高校治理理念之中。中共十八届五中全会提出"创新、协调、绿色、开放、共享"的新发展理念，我们也可以作为高校治理的理念指引。"创新"，比如说有创新制度建设，诸如探索不同类型的人才成长管理体制，建立科学有效的考核评价机制等，还有具体手段方法的创新、网络公众舆论监督方式的创新等。"协调"就是在高校治理中要协调各利益相关者，高校内部主要处理好行政与学术之间的关系，高校外部要处理好政府、高校以及社会之间的关系等。"绿色"就是打造良好的校园生态与校园文化氛围。"开放"，包括要积极推进高校信息公开化，保证部门设置、人员配置的开放性、公开性；要向社会开放，引进社会资源，利用社会力量办学，同时接受社会监督与评价；要向国际开放，吸纳国际先进治理经验，结合中国发展实情进行超越，打造中国大学治理新模式。"共享"即尊重校内校外各种办学力量的主体地位，保障校内校外办学力量的各项权益，做到发展为了学生成长、发展成果由校内外办学力量共享，坚持面向社会办学理念，加强学校与国际、国内的双向交流合作，听取社会意见，这也是改善高校自我提升能力的途径。

　　二是一流的治理队伍。中国高校实行的是党委领导下的校长负责制。关于党委的统一领导，强调全国统一，全国一盘棋，有力的领导核心。党委领导具体体现在三个方面。其一是价值引领，随着国际化不断加深，各种思想很容易就渗入高校，尤其是高校学生世界观、人生观、价值观等尚未真正形成，在党委的统一领导下我们可以保证思想的正确性；其二是资源整合，在计划与市场相结合的背景下，党的领导实现宏观调配是可以弥补市场配置资源不足之处的；其三是利益协调，系统有一定的自组织能力，但在我们的自组织能力未能达到很强大的情况下，我们需要有一个领导者发挥协调各方的作用，比如搭建社情民意的表达渠道，反馈不同利益群体的多元需求，加强高校治理中的监督执纪，形成公正、和谐的大学文化。

　　关于校长负责的问题，我们会发现我国校长有两个比较突出的特点。首先，从校长的选拔聘用来看，大学校长"空降型"较多，就教育部直属高校来说，过去主要是由上级部门（中组部、教育部以及学校所在地党委等）按一定程序选拔任命的，这样大概率会选到一个符合标准的校长，但不一定是最合适的人选，因为很大程度上这样选拔出来的校长对上级负责，而他对本校的校园传统与历史文化并不了解，对于学校工作可能存在很大的不适应问题。其次，多数校长任职期限有限，有的校长待几年之后就离开学校，常有"人在政存、人走政息"的情况发生，即使有的校长有战略视野、长久发展规划，也难以落到实处，不利于高校的长久发展。和国外大学的全职校长相比，我国的大学校长通常既要负责大学的管理工作，还要承担具体的教学科研任务；既是官员，又是教授；既做管理，又搞研究，也就是所谓的"双肩挑"。有人提倡借鉴美国的校长选拔模式，即组建选聘委员会、决定校长任职资格、发布校长职位空缺广告、寻找和甄别候选人、董事会决定人选、董事会聘任与发布公告。美国由遴选委员会、咨询委员会两个组织共同负责校长遴选。遴选委员会的成员一般由董事会成员组成，有权投票决定校长人选。美国这种民主性遴选方式有利于选拔出适合的人士担任校长，很多人也提倡将该方式引入中国，但我们不能忽视中国国情的问题，那就是政府主导，政府主导并不意味着就会失去民主性。比如南方科技大学校长遴选机制就是一次突破性的尝试，本次遴选在遵守国家法律的前提下，采用猎头公司搜猎、校长遴选委员会遴选、市委审定、组织人事部门任命的方式。它充分借鉴外国大学校长遴选的经验，成立校长遴选委员会，制定校长遴选条件，海选、筛选、面试、推荐最后候选人等，同时有效结合了本国、本地区实际，坚持党管干部的原则，遵守相关规定，实行组织任命等，这是一次大学校长选任方式的有益尝试，真正实现了中国本土和外国经验的结合，值得进一步探索。

三是一流的治理主体。简单来说，我的理解就是"谁负责、由谁参与治理"的问题。从利益相关者角度出发，我将它主要分为了五个主体部分。其一是作为政治主体来讲的各级各类教育行政机构，主要负责宏观调控、战略规划与组织协调。其二是以校长为代表的行政管理人员，主要负责综合管理工作。其三是以教师为代表的学术群体，主要负责学术专业发展、教学事务以及学术事务的管理。其四是学生，他们作为学习的主体，主要反映一些学习要求、教学质量要求、关于后勤保障的要求等。其五是相对来说属于外部的社会主体，主要有家长、企业和校友等，他们在高校的质量评价以及舆论监督等方面发挥着重要的作用。这五个主体之间的权益处理问题是我们需要关注的重点，下面我来说一下几项主要的关系处理问题。

其一是高校内部处理好行政与学术之间的关系。现在高校普遍存在行政权力凌驾于学术权力之上的现象。大学作为一个研究高深学问的场所，最重要的应该是学术工作。处理好行政与学术之间的关系问题，现在来看的话，首先要回归学术本位的思想，以学术为重。行政负责人应该尊重学术委员会的地位，保障其行使独立的职权，而不是行政人员的地位高人一等。那么另外一个问题是，学术委员会能不能用好自己的职权呢？这就要求加强以二级学院为学术主体的组织结构建设，健全学院组织结构，增强学院在教学、科研等方面的自主运作能力，充分调动学院开展学术、科研的积极性，建立以学院自我发展为核心驱动的大学学术组织体系。当然，学术委员会本身也应遵守相关章程规定，使其行为在程序上保持合法，保证科学地开展工作。

其二是处理好政府与高校之间的关系。首先，高校要保持发展的独立性。比如古代书院就远离政治中心，多建在偏僻的山林里，由于地域远隔，在一定程度上可以摆脱政治影响。但是现代社会，信息技术发达，想要利用地域阻隔摆脱政治影响似乎不可能，所以大学治理需要"去行政化"。政府应该放权，给高校一定自主权，留给高校充分的办学空间，增强高校自主发展能力。所以说这种情况下，我们要做的是政府和高校双方共同努力，一方面高校要增强自我发展能力，另一方面是政府要做到简政放权。高校一定要做好自我角色定位，发展有特色的一面，而不是说政府给钱就可以了。举个简单的例子，比如说家长给孩子钱，但是孩子不会花钱，这是一个很大的问题。

其三是处理好高校与社会的关系。一方面社会为高校提供了一定的高等教育资源，比如技术服务支持，另一方面社会起到评估监督的作用，外部社会在现实中更多扮演的应该是监督评估的角色，包括对高等教育质量的监督，高校运行的监督等。高校一定要听取外部社会的声音，而不能只封闭于自己的内部环境中，两者之间要建立有效的互动，才能实现产学研的良性循环与发展。

四是一流的治理保障。从国家宏观层面来讲，国家颁布了一系列教育方面的法律法规与政策文件，比如说涉及基本管理制度的《高等教育法》以及《高等学校学生管理规定》等，这都属于宏观层次的法律政策指导。如果我们要落实到高校具体的操作与实施层面，或者说从微观层次来讲，可能最重要的是大学章程的建设，因为虽然我国大学章程共性表述很多，但是每个大学的章程实际上是不一样的。高校要根据自身办学特色，制定翔实可靠的大学章程，对学校内部与现代大学制度不适应的规章制度进行清理，强化制度执行，为学校内部事务的有效解决提供依据。制定章程的首要思路是根据学校特色、生源质量、社会需求等设计人才培养的目标定位，进而完善一系列制度建构，如学科设置、教学制度、学生管理、科研规范、质量保障体系、权利责任体系等，所以说高校章程对高校治理来说更具有针对性。

除了有一些制度政策保障之外，我们还要有一定的评估监督机制，评估监督机制一定要信息公开透明，它有助于消除各个部门之间的信息鸿沟，协调各利益相关者在学校治理上的关系处理，知晓率和参与度的提高会调动参与者的积极主动性。教师代表大会、学生代表大会也应该成为监督高校治理的有效途径，教师和学生积极参与学校治理，充分发挥其在学校民主监督中的作用并使其常态化。关于常态化，我觉得还是有必要加强的。有的评估监督流于形式，比如半年召开一次的学生代表大会，存在走过场现象，我认为常态化可以设置成日常提案的形式，可能会对过程监督起到更好的作用。

第二部分，关于以立德树人为本的人才培养体系建设。

我在想什么是"立德"？什么是"树人"？"立德"就是培养高尚的品行，"树人"就是将人培养成才。追本溯源，我们可以在古人思想中寻找到立德树人的思想源泉。早在春秋时期的《左传》中就有"太上有立德，其次有立功，其次有立言，虽久不废，此之谓不朽"的思想。意思是人生最高的目标应该依次为树立德行、建立功业、著书立说，树立德行居首位，其并不会因为时间逝去久远而磨灭，这就是不朽。古人把"立德"放在

"三不朽"之首，把"立德"作为"立功"和"立言"的基础和前提条件，深刻反映了古代社会对道德的追求和对德育的重视程度。德是反映一定社会经济关系和社会关系的人们的行为规范，离开了这种行为规范，任何人都难以立足于世，任何社会也难以规范运行。《管子·权修》最早提出"树人"这一思想，"一年之计，莫如树谷；十年之计，莫如树木；终身之计，莫如树人"。立德树人思想一直是中国文化一脉相承的经典传承，是中华文化的重要组成部分，渗入生活的各个方面。当然，在高等教育领域也有扩展与延伸。那么，进入新的发展时代，我们依然继承与发展这种思想。在全国教育大会上，习近平总书记强调，"要坚持把立德树人作为教育事业的根本任务，要形成更高层次的人才培养体系，把立德树人融入各环节，学科体系、教学体系、教材体系、管理体系要围绕这个目标来设计，教师要围绕这个目标来教，学生要围绕这个目标来学"。我原来想从这四个方面，即学科体系、教学体系、教材体系、管理体系来阐述人才培养问题，但是后来发现这不是严格的教育学维度的划分。因此，我在阅读文献的基础上，自己选取了人才培养的五个关键部分来对立德树人为本的人才培养体系建设进行说明与解释。

一是人才培养目标。立德树人应该在人才培养中起到价值引领作用，因此，人才培养中首先要树立"以德为先"的基本观念。具体而言，不仅在公共政治教育中要注意德育的开展与实施，在各专业领域的教学中也应将德育包括在内。而且，德育不仅仅是专职政治教师的职责，也是全体教职工的职责，各专业教师在教授专业知识的同时，都要把德育的思想渗透其中，各专业中都孕育着不同的德育思想。不断加强学校思想政治工作，持续深化"三全育人"综合改革，把握立德树人各环节，推动思想政治工作体系贯穿教学体系、教材体系、管理体系，切实提升思想政治工作质量。关于使人成才的问题，必须要有扎实的专业理论知识、强大的社会实践能力、深厚的人文素养、远大的全球视野，成为适应全球发展趋势的新公民。我国一流大学的人才培养普遍以培养学生的爱国情怀和社会责任感为目标，强调服务国家和社会发展的重要作用，培养人才的民族精神，体现人才培养的社会价值。例如，清华大学提出"培养具有为国家社会服务之健全品格的人才"，北京师范大学提出"以培养社会主义合格建设者和可靠接班人为首要任务"。中国的一流大学植根于中华民族悠久的传统文化中，培养学生热爱祖国、热爱中国传统文化，是人才培养的重要目标之一。

二是课程与教学。"立德"方面就是要大力推动以"思政课程+课程思政"为目标的课堂教学改革，将马克思主义理论类课程、党史国史、中华优秀传统文化课列为必修课或限定选修课，全面推动习近平新时代中国特色社会主义思想进课程，按规定统一使用马克思主义理论研究和建设工程思政课、专业课教材。结合实习实训强化劳动教育，明确劳动教育时间，弘扬劳动精神、劳模精神，教育引导学生崇尚劳动、尊重劳动。推动中华优秀传统文化融入教育教学，加强革命文化教育和社会主义先进文化教育。深化体育、美育教育教学改革，促进学生身心健康，提高学生审美和人文素养。通俗地讲，就是我们不仅要设置专门的思想政治课程，而且要在平时的专业课程中进行德育，教师潜移默化地给学生以思想品德等方面的影响。关于"树人"，我们主要关注以下几点：完善课程体系，课程设置充分夯实学科基础，同时拓宽学科知识面，合理分配学位必修课和选修课的比例，增强课程体系设置的系统性、层次性，注重不同培养层次课程体系设置的衔接，坚持以能力培养为核心，注重学科基础、学科前沿、学科交叉和能力培养；改变原有单一的以灌输为主的教学方式，采取探究性、交互性、实践性、启发性、开发性和自主性的教学方式，组织多种形式的课堂讨论与研讨；设立具有基础性、前沿性、交义性的全英文课程，授课内容及方式要求与国际接轨，鼓励引进全英文原版教材；设立"海外名师授课专项"，邀请知名外籍专家来校授课。

三是教师因素。教师总是能给学生以思想品德方面潜移默化的影响，师德师风对学生品性的养成起着十分重要的作用。积极建设高素质的师资队伍，保障"立德"目标的落实，只有先行培养和造就一支"学高身正"的教师队伍，"立德树人"的教育才能得以实行。实现"立德"人才培养目标，关键在于师德。爱岗敬业、关爱学生是师德的核心；刻苦钻研、严谨笃学是师德的根基；勇于创新、奋发进取是师德的源泉；淡泊名利、志存高远是师德的风范。而作为建设高素质师资队伍的辅助条件就是严格的考核管理、健全的制度规范，学校管理要完善教师培训教育、考核管理、评比监督、示范引导和表彰激励等制度，这样才能打造具有"树人"能力的高素质师资队伍。

那么怎样的教师才能培养出一流的人才呢？学校要积极引进高质量师资，老师应该具有学术、教学"双身份"，要在学术和教学上都达到高标准、高要求，不是做简单的教书匠。加强对教师的培训，教师自身专业也是一个不断发展的过程，所以学校也应该为教师提供相应的培训。特别是现在技术发展很快，尤其是现代教育技术的应用方式，比如说慕课、微课等，需要对教师进行专门的技术培训，这样的话能够适应时代的发展，提高教学的效益质量。建立健全教师绩效评价机制，充分考虑教师实际科研与教学任务，建立同时包括自我评价、领导评价、学生评价、学科同行评价的全面协同评价体系，确保教师绩效评价的客观性、全面性与有效性。

四是组织治理的问题。主要包括以下几点：首先，树立治理新观念，提倡多元参与，提高学生参与大学治理的意识与能力。高校必须首先培养学生的参与热情，变被动遵守为主动参与，强化学生参与制度制定的热情。对于学生来说也要摒弃师尊生卑的传统观念，内心真正接受自己是制度制定的参与者，明确自己的主体地位，发挥聪明才智，在制度制定的过程中表明立场，从而促使制度更有针对性。管理者应该向学生传递制度制定的知识，加强对学生的培训，提高他们的组织能力、执行能力等，促使学生发展自己。其次，畅通民意反映渠道。高校学生管理工作依赖于信息的畅通，而信息的畅通与有效的管理密不可分。在信息反馈中一定注重双向的交流，要在平等的基础上达成共识，而非主动地说与被动地听，这样会影响沟通的积极性，对沟通效果产生不利影响。双向的沟通可以反复进行多次，在不断地意见交流中达到制度制定的最好效果，这种做法会让高校学生管理制度具有较高的接受率，也促使学生遵守规章制度，严格要求自己。再次，加强高校道德评价体系建设。道德评价就是通过一系列手段使道德建设走向自觉，让道德内化成管理者的优良品质，在管理过程中以身作则，传播给学生正能量，起到教化学生的作用。制定相关道德规范，在包含政治、思想和道德三个方面的基础上，结合本校实际情况，对管理者进行的道德评价由自评、学生评价、同事评价和领导评价多层次评价构成，推动管理者从他律到自律的过程转变，促使道德评价落到实处，提高道德水准。道德评价就是要塑造学生工作管理者的道德良心，增强管理者的行为认知能力。在管理部门中也应设置专门的评价机构，建立道德档案。严格的评价制度是培养高素质管理者的重要环节，使管理者时刻规范自己的道德行为，为学生树立榜样。

五是专业实践。专业实践可以说是高校大学生走向社会就业的前奏，它考验的不仅仅是学业问题，更多的是强调职业道德和社会公德的实践与检验。学生真正走向社会之后，面临的可能就是涉及自身切实利益的各种关系处理问题以及各种复杂的选择，这就是锻炼与考验学生"立德"效果的重要时刻，所以也要在实践环节培养学生的"德行"。同时，专业实习实践有利于提升将理论应用于实践的能力，把知识转化为服务社会的效能，以便以后更好地为国家建设与社会发展服务。

第三部分，我的思考。最后有两点我需要补充说明一下。

其一，关于中国特色的治理，我有一点需要解释，特色不一定是中国绝无仅有的特点。首先，中国大学现代化发展就是在借鉴外国的基础上发展起来的，因此肯定带有异域色彩。其次，我这里赞同露丝·海霍的观点，中国特色的大学模式是在继承中华文化和国外文化的基础上实现的超越，达成了新的超越，也是中国特色所在。

其二，关于立德树人为本的人才培养体系与一流治理之间的关系问题。进行一流的高校治理是为了什么？是为"人"服务的。高校工作的核心是培养学生成才，治理是手段，以立德树人为核心培养一流人才是目的，但并不是简单的手段与目的关系，我们可以看到，有一流的治理不一定培养出一流的人才，但是培养出一流人才的高校，在治理方面绝对可圈可点。可见，一流的人才培养是离不开一流治理的。在这里我也是想重申一下一流治理的重要性。

最后是我的参考文献。谢谢，请老师、同学们批评指正！

## （二）副报告人报告

**彭宇文**：好的，时间把握得很好，接下来请思钰为我们讲一下。

**周思钰**：我的报告主题是在立德树人背景下讨论一流大学的教育评价体系该如何发展，也就是立德树人背景下关于人才培养成效评价体系的思考。我的思考一共分为四个部分。

第一部分，立德树人背景之下的"人才培养"。

立德就是要德育为先，树人就是要以人为本。其实在立德树人的背景下，我们要回答的问题就是为谁培养人、怎么培养人以及培养什么样的人的问题。但是如果我们要做的是教育评价呢？教育评价很关键的一个因素就是它的导向，所以为了找出教育评价导向，我们必须要理解以立德树人为核心的人才培养的内涵。这里我分了四个部分进行阐述。一是以立德树人为核心的人才培养，需要始终坚持正确的政治方向。任何一个国家培养人才都有政治要求，我们是社会主义国家，要始终坚持马克思主义，我们培养的人是要为社会主义服务的。二是人才培养的核心要聚焦到德智体美劳的全面发展上，也就在2020年3月，时任教育部部长的陈宝生着重强调了新时代劳动教育的重要性。三是要构建高水平培养体系支撑德智体美劳的人才培养。四是以立德树人为核心人才培养要努力建设新时代高素质的教师队伍。在人才培养的过程中，教师其实发挥了非常重要的作用。

第二，立德树人要扭转高等教育评价的指挥棒。

讨论了人才培养的内涵以后，再来谈高等教育评价该如何去转型，所以第二部分内容是"立德树人要扭转高等教育评价的指挥棒"。为什么说是扭转呢？因为以前是存在一些问题的，之前过于重视表面化指标，唯论文、唯帽子、唯职称、唯学历、唯奖项，对我国的教育评价体系产生了不好的影响。还有就是过于注重各种排名。比如说我们目前所知道的很多国外的权威排名，如 QS 排名，虽然这些排名很强，但是就像刚才王萍同学说过的，如果要构建中国特色的一流大学，是不是国外的排名我们必须全盘接受呢？是不是它里面所有的指标都是适合我们中国特色的一流大学呢？我并不希望全盘接受。因为如果要构建中国特色的一流大学，对于这些指标最好就是取其精华、去其糟粕，一些不适用于中国大学的指标，我们并不一定需要去遵循。所以在这一系列问题之下，在立德树人背景要求之下，高等教育评价体系需要转型。

一是评价导向要以立德树人为导向，要聚焦高等教育在人才培养方面发挥的核心功能，人才培养是我们高等教育的核心。二是评价内涵的转变，现在都注重高等教育内涵式发展，评价也要走内涵式发展的道路，遵循教育规律。其实高等教育内涵式发展是要求回归教育本质，追寻教育规律。在上个学期的课堂上，彭老师也让我们研究了一下高等教育的规律，我理解的高等教育规律分为外在规律和内在规律，外在规律和社会政治文化等相关，内在规律和教育者以及被教育者有关，这些规律在教育评价里同样适用。要做好高等教育评价，也是要遵循教育规律的。三是评价方式的多元化。其实我们以前都很注重量化，不是说量化不好，它确实是一种权威的评价方式，但是有些方面比如说大学精神、大学使命等，不可能仅仅用数字进行评判，所以做评价的时候一定要注重定性和量化的相结合。四是评价理念的理性化。过去我们照搬国外的一些排名，在我看来是一种不客观、不理性的做法。如果要做好高等教育评价，我们必须要知道适合我们国家的评价标准是什么。

第三，人才培养成效评价的体系。

为什么这里说的是评价体系呢？这也是习近平总书记说过的一句话：把立德树人的成效作为检验一切工作的标准。我也查了很多资料，成效评价其实来源于企业项目，是对项目投资的不同方案预期成本和效果的比较。如果用在教育领域，那么它的成本就是办学贡献度，效果就是目标达成度，我们在教育学中所要比较的就是办学贡献度、成绩与效果。在人才培养成效体系中，我们要比较的是这两个量。那我们该怎么去比较？

首先是视角问题，"三维""四度""五育"，我不知道大家有没有听说过这些概念。其实这个"三维"我们应该很清楚，三维就是三个阶段，即学生接受教学过程的阶段、在校阶段、进入职场及社会以后的发展阶段。可以看出，我们要从这三个阶段去做人才培养成效评价体系，它是一个全过程。"四度"是指学生的成长度、贡献度、支撑度和发展度。成长度就是学生在接受学校教育后的成长程度；贡献度就是为社会主义建设作贡献的程度；支撑度就是学校资源或者设备对人才培养的支撑程度；发展度也就是刚刚所说的学生进入社会以后的职业发展程度。"五育"就是"德智体美劳"的教育。

我做了一个立体图（图5-1），大家可以看到，"三维"是它的第一个衡量尺度，"四度"是它的第二个衡量尺度，五育是第三个衡量尺度，其实是贯穿于"三维""四度"中的。这也是我了解的教育评价，它必须要从一个很立体的角度出发去评价才是客观的，才是正确合理的评价体系。

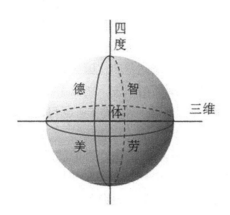

图5-1 人才培养成效评价体系图

第四，我个人的一些思考。

我刚刚所说的人才培养成效评价体系，它其实是个大框架，在人才培养下面还有很多不同的分析对象，比如说教师队伍、资源设备，等等，针对这些不同对象，我们要选择不同的评价方式，评价内容是多元化的，评价主体也是多元化的，如个体评价、群体评价、同行评价等。我所理解的人才培养成效体系给评价指明了一个大方向，在这样一个合理的评价体系之下，我们才能去做好其他的事情。目前高等教育评价是存在一些问题的，社会上就有很多人质疑，评价都已经这样了，怎么去开展教学？但是国家已经给我们树立了大目标，就是在立德树人为本的要求之下，扭转现有的教育评价。我们可能无法立马看见成效，但是建立一个合理的框架之后，相信教育评价也会在不久的将来得到一些明显的改善。

谢谢老师，请大家批评指正！

### （三）提问交流环节

**彭宇文**：我们休息一下，待会再进行讨论，这样的话我们可以讨论得更加充分一点。各位同学可以结合我设计的主题，提出你们的质疑。

（休息结束后）

我们进入讨论环节，先请各位同学谈谈你们的观点，然后我再来说说我的想法。按照我这里屏幕上的顺序，易慧先说。

**易慧**：我们这个专题讨论的主题是"一流大学治理的思想基础：中国特色社会主义教育思想"。我们的焦点更多的是在思想上面，聚焦新思想的维度，比如说现在新时代有

"开放、共赢、人类命运共同体"等比较新的提法，结合新思想来谈大学治理，但是我感觉可能你更多的是从治理的维度在谈。请问一下你是怎么想的？

**王萍：** 其实当时我在分析这个主题时有两种相反的分析思路。第一种分析思路是先找出一流治理有哪些基本要素，然后在这些基本要素中发掘中国特色以及中国大学治理的不同之处。另外一种分析思路，就像你说的，就是先找出中国现在有哪些特色治理思想，将它引入一流高校治理。我觉得这是两个相对来说不同的方向，最后我选择了第一个。

**李骏锋：** 我觉得王萍同学有点偏题了。我估计王萍同学应该是想这样：通过讲述一流治理来引出中国特色，但是这个效果不是特别明显。另外我不太赞同的一点，就是王萍同学说书院远离政治中心。这个是我不太同意的，因为书院自从成立以来，尤其是到了明清之后有一个非常重要的事件就是科举必由学校，所以书院恰恰没有远离政治中心。而且我记得武汉大学教育科学研究院 2019 年考研初试有道题目就与东林书院有关，而它恰恰就是书院紧密联系政治中心的一个非常典型的代表。

**王萍：** 好的，我先来回答第一个关于一流治理的问题。我是有提到中国特色的，比如说我列了四个基本要素，然后我的设想是，进一步研究在这些要素中怎样体现中国特色。就比如说治理理念当中，我们的特色在哪？特色就在于我们的意识形态方面的特色，党领导下的社会主义这就是我们的特色。"创新、协调、绿色、开放、共享"，这是我们国家提出的一种发展理念，也是中国特色。像这样将国家和社会发展理念引入大学治理当中，我觉得也是属于中国特色。还有比如说党委领导下的校长负责制是外国没有的，我觉得这也属于中国特色。

关于第二点，书院的问题，我不太同意你的观点，我还是认为它设立的初衷是想一定程度上摆脱政治上的影响，这是我的看法与态度。

**李骏锋：** 其实古代读书人，尤其是深受儒家思想影响的读书人，他们不愿意同流合污，但实际上他们是想重新回到政治中心去的。虽然他们强调远离纷争，但他们的内心还是有种入世的追求在里面，就是说即使我在隐居或者远离政治中心，也只是他们表达的一种态度。他们是想回到政治中心去的，他们既要出世，又要入世。

**彭宇文：** 书院确实有点特色，你们可能有不同的理解。王萍，你前面讲要立德立功入世，其实可能就是我们讲的经世致用，这可能是传统儒家文化对我们学者的基本要求。所以从这个角度来讲，认为书院远离政治中心是不太严谨的，它有时候有一定的超脱性，这是客观存在的。这个问题大家可以深挖。接下来依凡你来说。

**唐依凡：** 王萍刚才提到了一流治理的基本要素，就是治理理念、治理主体等，这是我个人比较赞同的观点，也就是在继承中华文化的基础上体现特色，但是在你的讲述中好像没有很好地体现这一点。然后还有一个小问题，就是在以立德树人为本的人才培养体系的内容中，为什么你会提到道德评价体系的建设？

**王萍：** 好的，关于依凡的第一个问题，我感觉跟骏锋的问题有些相似，是不是觉得我的讲述比较宏观，没有讲述得很具体？的确，我存在这样的问题，一方面我是基于这样的考虑，就是说如果讲太细的话，肯定是讲不完的，因为内容太杂了，所以我只能从一个比较宏观的角度来讲。另外一方面，如果要是讲具体表现的话，我觉得南方科技大学校长选拔的事例就是个很好的例证。

第二个问题是关于加强高校道德评价体系建设，因为我们讲立德树人，那么就要进行有效的道德评价体系建设，相当于他律与自律同时发挥作用，也就是对道德的监控环节，所以我就加上了一些关于道德评价体系的内容。

**唐依凡：**还有一个问题是后面你谈到关于中国特色的问题。你提到，中国特色并不是说这是中国所特有的，如果在继承中华文化和国外文化的基础上，有所超越的话，也算是中国特色，你能不能具体举例来说明一下什么是实现了继承中华文化和吸收外国文化基础之上的超越呢？

**王萍：**还是我之前提到过的关于校长遴选的例证，它就是借鉴外国的遴选模式然后在本土上进行结合实现的超越与突破的例子。但是这种超越与改变，我们落实和贯彻的效果到底怎么样呢？这个还有待进一步地考证。

**曾心媛：**谢谢王萍。因为我也存在困惑，就是在你的这个报告中中国特色社会主义教育思想和一流治理、立德树人的人才培养体系内在逻辑关系是怎样的？我也感觉你的讲述有点偏向治理方面。我感觉你是想把中国特色融入进去，比如仁治和礼序，还有五个发展理念。如果是我来汇报这个专题，我怎么去做？

这个专题的主题是思想基础，我觉得重点应该要落实到习近平新时代中国特色社会主义思想包含哪些？从这里入手可能更切题一些。刚刚提到的人类命运共同体等就是中国提出来的，然后有关教育的社会主义核心价值观，还有创新的发展理念，这都是能够体现中国特色的一些教育思想。思想方面在一流治理当中怎么体现立德树人？那就是这些思想怎么在我们的实践当中落实与发挥它的作用，所以就来到第二部分"立德树人"，这些都是我们中国特色能够体现出来的。这是我对这个专题的一些个人思考。

**夏施思：**很感谢两位同学的分享，关于这个专题，我有些自己的思考。因为我看到了专题五的两个小方向，第一个是一流治理的中国特色，第二个是立德树人的人才培养体系构建。

第一个，一流治理的中国特色。如果换作是我，我会分析一些概念性的内容，然后把重点放在一流的特色分析上，培养坚定信念的社会主义建设者和接班人是我们教育的根本任务。从这个角度来审视的话，我觉得如果要构建中国特色、世界一流大学，就必须坚持这样的价值取向。如果我来作这个专题的汇报的话，我会将重点放在中国特色上，比如社会主义、共产主义，等等，这些都是可以在治理当中得以体现的。不管是在课程设置上还是课堂表现中，包括校园生活、学风建设等，都可以贯穿这样的价值导向。在一流治理中能够体现中国的特色，包括之前说的新思想、中华文化精髓等。在治理过程中，我们就可以弘扬中华民族精神，比如说仁爱、正义等求大同的价值理念，我觉得这些精神都可以在一流治理中得以体现。

**王萍：**关于施思的问题我有一点需要补充，就是我之前说了我的两个分析思路基本是反着的。一个是从中国特色的思想出发，在准备汇报材料的过程中会发现，如果我从众多特色中找中国特色的话，可能就是要从古代开始找，从古代一直找到现在，发掘这样的发展历程对我国一流治理的影响。但是我在此过程中发现，找不到一个合适的标准。为什么我选择了构建人类命运共同体，没有选其他？因为太多了，我找不到合适的筛选标准和维度进行合理划分，这是我的思考。

另一方面比如说我们提出了很多思想，它们很有中国特色，但并不一定适用于中国的一流大学治理，就比如说创新、协调、绿色、开放、共享，我是将这五个维度在往大学治理上硬靠。所以说权衡之后，我最后决定从一流治理的基本要素出发，而不是说找一些特色的思想往这个治理方面靠，这是我在准备这个专题时思考的点。

**夏施思：** 如果我来分析这个专题，我会把培养坚定信念的社会主义建设者和接班人作为它的一个根本任务，这就代表了中国特色。还可以把中华民族伟大复兴作为总体目标供大学治理借鉴，也可以把文化自信等与大学一流治理结合起来，我可能不会从古老久远的中华文化出发寻找特色点，这是我的分析与想法。

思钰也提到了关于评价体系的问题，当时王萍讲的时候，我在想有没有关于开放性思维的展示，就是关于一流大学治理的评价问题。刚好思钰提出来了，所以说两个同学互相补充，我觉得这个挺好的。谢谢你们。

**王萍：** 谢谢施思，其实我自己就在纠结选择第一种思路还是第二种思路的问题，但是总结以上原因之后，我还是选择了第一种思路，所以我选了第一种，而你选择了第二种，可能是个人考虑不同吧，谢谢你的建议！

**彭宇文：** 好的，施思刚才谈得很好。大家都思考得很全面，就是"如果我来汇报这个专题我怎么讲"，这样就有不同的角度。等会儿我来讲讲我的思考，当然我的思考不是决定性的，所以我希望大家能更多地提出你们的想法。好的，等会儿我们再一起讨论。

**徐玉胜：** 我想问一下，你为什么用的是抵制西方意识形态的渗透，我觉得是不是可以商榷一下？这个表达让人感觉中西方的意识形态是处于完全对立的状态。这个词是不是有可以值得商榷的地方？

第二个问题就是你后面谈到一流的治理主体，比如说有政府主体、行政主体，为什么没有把党委这个主体也单独列举出来？

**王萍：** 在这个语境里面，我觉得"渗透"本身就是一个负面词汇，本身就包含灌输思想的倾向在里面，所以我觉得这个用词没有问题。

第二个是关于党委为什么没有作为政治主体的问题。这是由于我在前面把党委单独拿出来强调与讲述了，另外，我承认在这部分上我的考虑欠缺，维度划分与把握存在一些问题。根据你说的，按照内外部划分的话可能更合理一些。

**徐玉胜：** 还有一个问题，在政府与高校的关系中，政府要放权，高校要会用权、用好权，关于这一部分你能不能谈得更加具体一些？比如，政府要放权，要怎么放权？放哪些权力？高校又怎么具体运用权力呢？我感觉这里面还有很多东西可以再挖掘一下。

**王萍：** 你的意思是讲得更具体一些吗？要具体的话，比如说政府把招生的权力给了高校，就像北大、清华和武大等院校的招生政策不一样，他们可以根据自己的办学情况有针对性地进行招生，还有比如说经费的处理等，其他的具体方面我可能想得不多。

**徐玉胜：** 好的，关于这个问题我们以后再交流。

**李骏锋：** 关于这个问题，我想王萍同学可能想从应然的角度出发进行分析。

在实际的操作上，可能大家都不是很清楚到底政府怎么做？到底怎么放权？高校怎么用权？我记得之前上课讲过，目前存在"一放就乱、一管就死"的现象。所以到现在大家可能也没有一个很好的尺度把握到底怎么去做，因而更多地会从应然的角度来讲。

徐玉胜：对，正因为大家都在考虑的是应然怎么做的问题，所以我们也应该考虑一下实然怎么操作的问题。

王萍：我觉得"用好权"是一个过程，它是一个发展的过程，所以如果具体来讲的话可能就没有那么细致的操作说明。我知道该怎么做，可是不一定做得好，这是需要我们在实践中得到检验的。所以说我觉得这个具体的行动需要在实践中不断改进。

彭宇文：好，我来讲一下，我们现在最大的问题是没有把权力的来源搞清楚，这个权力是来自政府呢，还是学校天然就有的呢？是需要你放给我，还是我本身就有的呢？搞清楚权力的来源很重要，把来源搞清楚了，我们的问题就搞清楚了，所以最重要的是这一点，这也是最关键的地方。

我记得我们之前讨论过这个问题，如果高校作为一个独立的法人，那么它就有一些天然的权力，从这个角度而言是自然而然就有的权力，所以必须尊重高校独立法人地位，从这个角度出发我们的思路就不一样了。这就是为什么我们要讨论大学一流治理的思想基础的原因，其实最主要的是我们没有把思想认识搞清楚、没有把理念理清楚，反而是纠结于一些具体的细枝末节或者操作性的东西，纠结于技术手段、技术层面，没有在理念层面解决问题，这是根本性的问题，也是我们在改革中"一放就乱、一管就死"的问题症结所在。

## （四）彭老师点评环节

彭宇文：我来说说自己关于这门课程设置九个专题的一些想法，等一下具体再谈对他们两位的报告的细节评价。之前第一讲的时候我讲过为什么要这样来梳理设置，可能在表述的时候给大家造成了不同的理解，但我认为这倒是好事。如果大家对一个题目有不同的理解，说明这个题目还是有开放性的。从不同的角度和视角来理解，可能会有利于大家的相互交流和启发，这就达到了课程想要的效果。

大家注意到关于一流治理的思想基础，它的点落在了思想，关于思想可能有多种不同的理解，但是在这里我将它理解为中国特色社会主义教育思想，所以将其设置为副标题，也就是说这个思想是一种教育思想，这就是限定，肯定不是政治思想或者其他的什么思想，而且这个教育思想前还有一个定语"中国特色社会主义"，是限定在这个大范围之内的教育思想。那么，在这个大标题之下，为什么设置了"一流治理的中国特色"和"立德树人为本的人才培养体系构建"这两个题目呢？"一流治理的中国特色"这部分，我确实不想讲关于一流治理的问题，因为一流治理的基本要素应该是在上一讲专题四中讲述的。从今天的汇报来看，可能我们上一讲的探讨没有搞清楚到底什么是一流治理、什么是一流治理的核心要素，导致我们围绕"思想"这个关键词进行的立论有所偏差。可能在论证中间就偏离到"一流治理"这个定语上去了，没有把最核心的立脚点展现出来，这是我们需要注意的问题。

好，那么为什么第一点我们讲一流治理的中国特色呢？中国特色社会主义的教育思想在一流治理中怎么体现？我是这样立论的：因为一流治理是个普遍的概念，是一个普适性的概念，不管是西方东方、国外国内，都需要以一流治理来推进一流学校的建设，这肯定是一个基本的概念。那么在这样一个基本概念之上，针对一流治理的一些要素展开分析，我觉得王萍这个思路还是对的。一流治理有哪些要素？这些要素里面我们怎么体现中国特色的教育思想？这个逻辑是对的，我很赞同这个逻辑，只是在阐述中可能把前面的出发点讲多了，那么后面的落脚点就没有彰显出来，可能被冲淡了，这是需要注意的一个点。在这一点中，我们需要阐释在一流治理中怎么体现中国不同的特色，重点是放在思想上面，不要简单地放在比如主体、保障等上，而是要放在理念思想层面来看，这是我们可能需要注意的。

为什么接下来出现了"立德树人为本的人才培养体系构建"这个很具体的标题？实际上这是对上面那个问题角度的延伸，因为中国特色社会主义教育思想的根本任务就是立德树人。但是这个地方的架构重点是放在体系，而不是谈立德树人本身。王萍抓得很准的点是习近平总书记讲的四个体系，当然王萍可能有她的认识，认为这还不是教育学的体系。我们可以有不同的理解，在学术上进行讨论是没有问题的。落到立德树人的人才培养体系中，这四个体系其实不仅仅是四个体系，而是在这四个体系基础上形成一个综合的"4+N"整体的人才培养体系。体系最终落到人才培养上，那么在人才培养体系中又怎么体现我们的特色呢？这里的重点是放在体系上，而延伸开来，人才培养体系实际上是离不开治理的，这就需要围绕治理架构展开，研究如何以有效的治理架构来构建一个有效的人才培养体系。这里面也包括思钰讲的评价，我觉得思钰今天的副报告非常好，其实我们讲的立德树人和一流治理等都是需要评价的，要构建科学的评价体系。

所以，这就是我当时设计这个主题时的总体思考，希望给大家带来一点启发。当然，每个主题都是开放性的，在紧扣主题的基础上，不那么固定，不那么受约束，我希望它是开放的，所以我觉得今天王萍和思钰关于自己思考的那部分汇报得非常好，就是谈一些开放性的思路。

好，那么现在我们回到王萍和思钰的 PPT，我来进行一下点评。

王萍的报告有一个很重要的亮点，力图从中国传统文化这样一个角度来思考我们的中国特色，进而来思考中国特色社会主义教育思想，我觉得这个确实是我们可以挖掘的。上学期在"高等教育管理学专题"的课程中，我们也讨论过中国特色。当时提出来，高等教育的中国特色到底体现在哪里？比如说党的领导、社会主义办学方向、中华优秀传统文化，还是什么其他方面。王萍从中国传统文化角度来展示它，我觉得这是一个很好的亮点，只是怎么把它挖得更深一点、挖得更准确一点、想得更全面一点？这个是我们可以进一步思考的问题。思想最重要的基础其实在于形成的土壤，中国的土壤形成了中国的思想，所以这是讨论中国传统文化时必不可少的一点，我也很欣赏这一点。

关于王萍同学 PPT 的架构，我可能跟别的同学有一样的感受，那就是跟主题有一些偏离，也就是有没有重点把握的问题，王萍在进一步体现中国特色教育思想方面的展示还不够。此外，还有一些逻辑性及具体表述等方面的问题，我也和大家交流一下。

比如，王萍从理念、队伍、主体和保障这四个角度来构建一流治理的要素，对此我有不同的观点，这四个维度有一定重复，也不一定全面。我们构建问题要素时怎么来运用维度？这是我一直希望大家注意的问题。再者有些维度是存在偏差的，比如"主体"和"队伍"。如果我们讲主体，那么我们一般会讲主体、客体和内容，而且"主体"很容易和"队伍"重复，这两者有重叠，我们讲到主体的多元化，实际上就把队伍的内容放进来了。另外一种角度就是按照你讲的"理念""队伍""保障"，那么这是什么逻辑呢？这应该是一流治理运行环节的逻辑，是从运行的整个过程来思考的。

比如，王萍将治理理念分为长期性和阶段性的，我也有一些不同的观点。一是这个划分不一定准确，长期性和阶段性的理念之间其实只能相对划分，阶段性理念应该是在长期性理念统领下在一定时期内适用的，不同的历史阶段可能会有不同的治理理念，例如我们界定目前的高等教育改革进入了深水区的攻坚克难阶段，那就跟原来的浅水区阶段不一样。浅水区是摸着石头过河的阶段，这个阶段可能我们重视的是以效率为主。到了深水区阶段，我们需要更多考虑内涵建设，从以外延为主的发展转向更多考虑内涵发展、公平发展等问题。二是有的具体观点我觉得把握得不一定准，比如说你认为仁治体现了一种民主的观念，体现了利益相关者的平等与自主，其实中国古代的仁治还是一个单向度的统治，而不是我们现在讲的多向度的民主。在中国传统的儒家文化观点里面，"仁者爱人"并不是真正的民主，它只是一种表象上的民主表现。民主最核心的点在于人民当家作主，而古代的仁治是以皇权为基础的，而不是人民当家作主，两者的出发点是不一样的，所以仁治能不能体现民主，我认为是值得质疑的，当然，我们也可以赋予它现代的内涵。

**王萍**：我想说的就是仁治在新时代的内涵，包括我后面讲的礼序也是。古代肯定是实施社会专制的，如果我们把这个思想运用到现在的话，肯定不能照搬，要赋予它新的时代内涵，就是强调社会秩序，然后强调民生平等，我是这样理解的。

**彭宇文**：对，就是说这个地方我们一定要把它理解清楚。我认为王萍从传统文化里找到这些观点非常好，但是需要把其中一脉相承的逻辑关系进一步梳理清楚。

好，我们继续。再比如，王萍提到的"一流治理队伍"，你把它理解为"党委"，这个表达不是那么准确，在口语上可以将它表达为"党委"，但在学术上的表达，可能表述为"党的领导"或者"党的基层组织"会更好一些。

**王萍**：我知道这种表述是有些问题。因为我想把党的领导和校长负责制这部分单独拎出来讲，但是不好起名字，截至这节课之前我也没有更好的选择，所以最后还是决定采用"治理队伍"这个小标题。

**彭宇文**：你把党的领导作用归纳为三个方面，"价值引领"没有问题，但落到"资源整合"的角度，特别是讲到弥补市场配置资源不足，这可能就会有问题。党对高等教育的领导，定位是什么？因为资源是具象的，它涉及更多的是行政问题或者是学术问题，这些恐怕不应该是党委具体负责的事情。党的领导在一流治理中的作用是什么？这就值得思考了。计划与市场结合，这是一个资源分配的手段，但现在其实已经不太强调市场与计划相结合的手段，我们现在强调的是什么？是要发挥市场机制在资源配置中的决定性作用，强调的是市场，所以在这种情况下这个表达还值得商榷。关键是我们需要考虑党在一流治理中发挥什么作用，党是一个领导者，是一个方向的把控者。当然也可能会有这种现象发生，因为公办高校党委常委会是决策机构，在重大事项上有决策作用，这的确是配置资源的作用。但你讲党的领导能弥补市场配置资源的不足之处，希望能够通过党的领导来进行市场资源的配置调整，这个地方也许值得斟酌。我觉得可能还是需要回到我们最开始的角度，就是从基本定位视角上来思考党组织在治理中到底起什么作用？党的领导的具体方式必须与其定位相吻合，如果定位错了，可能就会走偏。接下来你讲到了"利益协调"，比如对社区民意的表达渠道加强监督，我觉得这肯定是党需要做的工作，但是你把它表达为搭建社区民意反映渠道，就有点将范围缩小了。

再往后，比如人才培养体系问题。习近平总书记这段话中讲到了四个体系：学科体系、教学体系、教材体系以及管理体系。当然，按照非常严格的学术语言架构来讲，可能会有不同的划分标准，实际上他的落脚点在更高水平上的人才培养体系上。人才培养中就包含治理的问题，人才培养体系构建实际上就是治理的一个基本内涵，而在治理架构里，我们需要思考中国特色的治理架构，比如我们首先需要思考立德树人的价值取向、任务要求等根本目标的问题，然后是思想政治工作体系问题，习近平总书记指出，"人才培养体系中，思想政治工作是贯穿其中的"。所以，为什么我们讲"4+N"呢？就是因为它是一个相贯通的、相联系的体系。思想政治工作恰恰既是中国治理中一个非常重要的特色，也是一个根本要求，所以，怎么把思想政治工作体系在我们的领导体制、管理架构里面体现出来？这可能是我们需要思考的问题。实际上这个体系中的各个部分是有内在联系的，可惜我们的讨论没有紧扣这些来进行。

好，（PPT）再往后走，到最后的思考部分。王萍讲的第二个问题就是我们刚刚讨论过的关于人才培养体系和治理架构关系的问题，我觉得讲得也很对，就是一流的治理不一定培养出一流的人才，它确实受综合因素的影响，但是没有一流的治理，肯定是培养不成一流的人才。这个关系很顺很正。

关于中国特色问题，王萍讲在继承的基础上实现超越。从高等教育的角度来讲，现代大学产生于西方。我觉得我们还可以用"移植""进化""生长"三个词，来思考一下中国特色的问题。所谓"移植"，就是我们的现代大学制度是从西方移植过来的，和中国传统的学校模式不一样，移植进来以后就会涉及一个本土化问题，就像我们讲"橘生淮南则为橘，生于淮北则为枳"。王萍讲的继承，我认为它其实是一种进化的过程，就是在移植的基础上我们必须要有进化，在进化的基础上更需要有我们自己的生长。它不是简单地移植，而是一定会有对传统基因的嫁接、对传统环境的嫁接、对传统文化的嫁接，在移植过程中实现进化，最后在本土中生长成活，从而实现新的超越。所以，"移植""进化""生长"这三个词可能更有助于我们理解中国特色问题以及世界一流建设的问题。

好，再看看思钰的PPT。谈到评价体系问题，她的报告中有"转型"和"成效"两个词，这是核心点，确实给了我们一些启发。

第一个是关于"成效"的问题，她这里将其理解为"成本和效果"，但是不是表达为"成就与效果"更合适呢？当然，如果你从投入产出比角度来分析，这也可以理解，因为成效肯定跟成本是有关系的，如果成本非常高、投入非常大，收入很低，那么成效就很低，是吧？这个地方关于成效的理解我们可能有不同的看法，但不管怎样，成效的确是很重要的，对办学效果的要求就是要有成效。按照党的十九届四中全会的表述，强调的是"效能"，"效能"这个词大家可以进一步研究，"效能"跟"效率"相比是更大范围的概念，可能表述更加具体，也更全面。

第二是"转型"的问题。转型确实是一个很重要的表达，它实际上涉及我们原来怎么评价、现在又往哪个"型"转的问题。思钰讲到"内涵""方式""理念"等几个方面的导向，这些都是成立的，但如果能够总结一个"型"的表达，比如说从"定量型"转向"定性定量相结合型"、从"指标导向型"转向"外延与内涵发展结合型"、从"政府主导型"转向"社会评价型"等，可能会更便于大家的理解。这是我对思钰的PPT进行的一个简单评析。

### （五）彭老师谈本专题

**彭宇文**：现在我来跟大家谈谈我的观点。

这个专题的核心点是谈中国特色社会主义教育思想，而关键是要把落脚点落到习近平总书记关于教育的重要论述上，其中提出的"九个坚持"，构成了我们这次讨论的核心点。这里我想引用一本书作为参考，由教育部课题组编著的《深入学习习近平总书记关于教育的重要论述》，人民出版社2019年出版，这可能是官方比较权威的著作，书中列举了17个方面内容进行阐释。那么，这些阐释与"一流治理"联系起来，我们应当怎么理解？我来讲讲自己的观点，大家可以作为参考。

（1）坚持党对教育事业的全面领导，是办好我国教育事业的根本保证。党的领导被列为第一点，在一流治理中党的领导肯定是根本保证，可以说党对高等教育的全面领导是实现一流治理的根本保证，这也是中国一流治理的主要特色。

（2）坚持把立德树人作为根本任务，是办好我国教育事业的根本方针。我们前面讲过，一流治理需要紧紧围绕立德树人根本任务进行构建，这实际上也是一流治理需要坚持的根本方针，从而保证落实好为谁培养人、培养什么人、怎样培养人的根本问题。

（3）坚持优先发展教育事业，是办好我国教育事业的战略部署。教育是国之大计、党之大计，我们看到每一次党代会、每一届全国人民代表大会都会把优先发展教育事业作为一个重点来提。那么对高等教育而言，我们可以换个角度想，高等教育领域里面优先发展的战略部署是什么？实际上，因为高等教育可以用最快的速度来应对中华人民共和国成立以后一穷二白人才奇缺的情况，可以把急需的人才培养出来，应对建设事业的需要，所以原来会把高等教育发展放在非常首要的位置。但是，随着国家的发展进步，我们现在的战略重点有所改变，基础教育受到越来越大的重视，因此，高等教育的发展战略就有所调整，进一步聚焦到重点工程、分类发展这两个角度。通过抓"双一流"建设等重点工程带动全局，同时对不同类型高校设置不同的发展目标，实现分类指导、分类建设、分类发展，从战略部署角度出现了一个新的趋势。那么，一流治理也必须与这样的发展趋势相呼应，体现出时代发展的大方向。

（4）坚持社会主义办学方向，是办好我国教育事业的根本方向。这个就是政治方向问题，一流治理必须要落脚到党的领导下的社会主义办学方向，这是根本方向，我们刚才已经讨论过，就不多讲了。有一点我特别强调一下，就是社会主义办学方向落到一流治理上，大家可能需要结合我们之前讲过的"四个服务"来思考，就是"教育为人民服务、为中国共产党治国理政服务、为巩固和发展中国特色社会主义制度服务、为改革开放和社会主义现代化建设服务"，这"四个服务"既是一流治理需要实现的目标，也是方向的体现。

（5）坚持扎根中国大地办教育，是我国教育事业的发展道路和基本特色。这也就是我们之前讨论过的本土化问题，"移植""进化"和"生长"问题。中国的现代高等教育怎么体现特色？这个问题非常重要，中国化是我们最核心的地方。中国的大学必须是根植于中国大地上的，生长在中国大地上的，这是基本特色。

（6）坚持以人民为中心发展教育事业，是办好我国教育事业的价值追求。过去叫"为人民服务"，现在强调"以人民为中心"，这也是党的十八大以来不断强化的治国理念。中国大学的一流治理，必须贯彻以人民为中心的理念，为办好人民满意的教育、办好高质量高水平的高等教育提供强有力支撑。

（7）坚持深化教育改革创新，是办好我国教育事业的根本要求和动力。这里讲到了发展的动力源问题，无论是发展理念还是持续目标，其实改革创新一直是我们的主题，成为发展的动力源，可能这也是我们跟西方大学相比的不同特点。大家如果看过《大学的使命》，书中抨击的弊端就是西方高等教育遇到困境时，因循守旧、慵懒不作为、没有改革、没有创新，得不到发展。中国几十年发展的最大经验就是改革创新，以改革创新为动力推进发展。这一点与一流治理的关系表现得尤为密切，一流治理的理念也必须强调以改革创新为动力。我们现在还处在发展阶段，需要不断地坚持改革，创新发展，但同时必须注意改革创新和高等教育自身规律之间的关系，不能拔苗助长，一流治理应当是符合教育本源的治理，这是我们要注意的地方。

（8）坚持把服务中华民族伟大复兴作为教育的重要使命，是我国教育事业的神圣职责。这在前面我们讨论过，这里就不赘述了。

（9）坚持把教师队伍建设作为基础工作，是办好我国教育事业的重要保障。一流的治理离不开一流的队伍，前面几位同学都讲过这个问题了，人是最重要的基础，所以我们也可以说，把治理主体队伍建设作为基础性的工作是一流治理的重要保障，这是一个很重要的基础，没有高水平队伍就没法实现有效的一流治理。

（10）加快教育现代化，是我国教育事业发展的总要求和目标。"教育现代化"这个词语是个广义的表述，它包含了很多因素，比如既包含了治理的现代化，也包括技术手段等各方面的现代化。一流治理既要以此作为总要求和目标，也必须充分发挥现代信息技术等现代化手段在提升治理效能方面的作用。

（11）建设教育强国，是中华民族伟大复兴的基础工程。教育强国是个大目标，我们要通过建设教育强国来支撑中华民族伟大复兴。一流治理既是教育强国建设的题中应有之义，也是服务教育强国建设的重要手段。

（12）办好人民满意的教育，是办好我国教育事业的根本出发点。这是在以人民为中心的基础上提出了更具体的要求，教育必须让广大人民群众满意。那么，一流治理的目标是什么？也是必须实现人民满意。从治理来说，以人民为中心强调的是人民的参与、多中心治理、多元化，各方面都要体现治理主体多元化以及治理的民主性。治理的出发点要落到人民满意这个点上去，否则虽然可能自我感觉良好、治理架构完美，但是没有治理效能，人民不满意，这样的治理也不能算是有效的治理。

（13）推进教育公平，是我国教育改革发展的重要任务。公平和效率是一对永恒的矛盾，高等教育发展到现在，已经从追求效率为主的阶段进入以追求公平为主的阶段，现在不仅是效率问题，更加强调的是高质量的公平问题。所以从高等教育一流治理理念来说，也必须以实现公平为重要任务。当然，高等教育的公平和基础教育的公平肯定有不同的内涵和表达，所以它的治理重点也会不一样。比如说高等教育属于准公共产品，民办高等教育从营利性的角度来讲，甚至是一种私人产品，所以虽然都是实现公平目标，但一流治理的维度会有不同。

（14）提高教育质量，是我国教育改革发展的核心任务。质量是教育事业发展的永恒主题，现在提的是"公平而有质量的教育"，"更加公平更高质量的教育"，强调一定要有质量，不是低质量的公平，而是有质量的公平，所以这也是一流治理中需要注意的。

（15）社会主义核心价值观，是当代中国精神的集中体现，凝结着全体人民共同的价值追求。这里提到当代中国精神，我们可以把它和第16点联系起来看。

（16）中华优秀传统文化，是涵养社会主义核心价值观的重要源泉。社会主义核心价值观、当代中国精神、中华优秀传统文化之间具有极为紧密的历史逻辑关系，必须联系起来理解，而民主、平等、自由、公平、正义、法治等这些内容，都应当体现在一流治理的思想理念与行动实践之中，一流治理必须把这种价值追求充分体现出来，这是我们不可忽视的问题。

（17）教育对外开放，是我国改革开放事业的重要组成部分。这里强调的是国际化，一流治理肯定是世界视角下的治理。这一点好理解，我们就不作过多解释。

以上是结合书中观点，我谈谈受到的一些启发，这其实也是一种中国式的话语表达体系，大家可以作为参考。以此为基础，下面我再谈谈从哪些维度来理解与思考中国特色社会主义教育思想问题。

第一个，政治站位和学术维度相结合。一方面，既要有一种高的政治站位，立足于中国的社会主义方向，这个站位必须要有，要注意学术研究不能够脱离政治方向；另一方面，这个站位还必须有一个学术维度，不能简单地政治化，要把政治站位学理化、学术化，从学术立场进行研究总结，避免有时候进行政治性的理解而脱离了学科化的理解，这样的话就不能持续。

第二，中国立场和国际视野相结合。我们在一流大学的一流治理中强调的是中国特色的治理，首先必须要有中国立场、中国特色，包括前面讲到的本土化、扎根中国大地、中国传统文化、社会主义核心价值观等；同时，又一定要有国际视野，现在讲中国特色、世界一流的时候，实践中会出现一种倾向，就是我们有时候用所谓"中国特色"来作辩护、作辩解、作修饰，遇到问题就说这是"中国国情"，以此来粉饰掩盖不足，这是我们需要注意的。中国特色、世界一流必须联系起来理解，中国立场是在国际视野上的中国立场，必须从国际视野来看，"自娱自乐"肯定不能称为中国立场与国际视野，一定要注意这个问题。

第三，政治规律和教育规律相结合。中国特色社会主义教育思想，比如习近平总书记关于教育的重要论述中的"九个坚持"，首先肯定是政治规律的表达，如党的领导、社会主义办学方向等，但在这些政治规律的表达里面，我们能不能梳理出教育规律？或者换个角度说，我们能不能不只是简单地诠释政治规律，而是用教育规律来进一步升华和加深对它的理解呢？这是完全可以的。其实无论是什么样的社会制度，高等教育都离不开为国家服务等方面的政治性要求，只是有不同意识形态的表达方式而已，所以怎么把政治规律和教育规律结合起来也是需要考虑的问题。

第四，一流标准和治理逻辑相结合。讨论这个问题，一定要站在对标一流的角度上，紧扣一流大学的一流治理的主题，从中国特色社会主义教育思想中挖掘有关要素及其中蕴含的逻辑。

第五，态度自信和理性反思相结合。随着中国经济社会的不断发展，现在讲中国特色高等教育的时候，主流的很多观点都呈现出非常自信的状态，我们当然需要强调中国自信，但这种中国自信绝对不应当是盲目的，而是应该建立在理性认识的基础上，更是需要有反思和批判的立场。我们既要强调自信，更要反思自己的不足，一流大学的一流治理，一定要有批判性反思的立场。比如中国的高等教育毛入学率达到 60%，发展到普及化阶段，很多排名也挺靠前，所以有人提出我国高等教育已经从跟着别人后面跑的"跟跑"，发展到和别人并肩跑的"并跑"，现在更是要"领跑"，我们要领跑世界高等教育，这个想法我觉得没有错，很有自信，但目前中国高等教育发展的成熟度真的达到世界领先水平了吗？"领跑"的基础是什么？这些都值得我们思考。有时候大家可能会有顾虑，担心能不能批评、批评得准不准，我觉得作为学术研究，作为课程讨论，我们既要坚定政治立场站位，但是也要有批评与思考。

第六，普适观点和特色实际相结合。虽然这里讨论的是中国治理，但要看到一流的治理一定是在普适性基础上的特色化，是普适观点和特色实际的有机结合，就像我们讲的中国化的马克思主义。中国特色、世界一流的高等教育，还是要落脚到能够被别人认同，这样的特色才能真正有价值，如果你的特色就意味着你自娱自乐的封闭性的特色，如果不能形成一种普适性的借鉴或引领，我认为这种特色的实际价值是值得怀疑的。

第七，中国话语和世界表达相结合。我们有自己的话语体系，而如何将中国话语翻译成世界表达，这个非常重要，我们讲一流治理一定要注意这个问题。我到国外交流时曾经把国内的"学校简介"给外国学者看，没想到他们看不大懂，我们的中国式翻译，讲半天人家不知道什么意思。为什么我让大家去查阅国外大学的章程？其实就是希望你们可以比较一下国内外大学章程的不同表达方式，了解一下不同语言文化的差异性。我们使用中国化的语言文字所表达的一流大学一流治理，还需要通过一定的形式传播到世界上去，让别人理解和接纳认同，从而真正形成中国特色、世界一流，因此，需要把中国话语和世界表达结合起来，这里面有很多艺术需要我们去琢磨。

以上就是我谈的不同角度的思考。我的观点只是启发，不是结论，不是一定要将它归纳为一二三四点，我希望每个人在此基础上能够形成自己的结论与自己的观点。

今天的课程与以往相比有一个很大的进步，就是大家的讨论越来越深入。我希望下一讲的时候，除主报告人和副报告人以外，其他同学也可以想想，如果这一专题你来讲，你会用哪几个关键词，关键词不怕重复，我更希望有观点冲突，有不同的视角来讨论这个问题。大家放开想。下一专题骏锋和心媛讲完，各位同学点评并总结 5 个以内的关键词，讲讲自己的想法。

各位同学若是没有补充的，我们今天就下课了。

# 三、2022 年的再思考

重现 2020 年课堂讨论的情景，发现自己对本专题的研究思路的确发生了转变，第一部分"一流治理的中国特色"，我现在认为应该更加侧重对当代中国教育思想的分析上，从国家战略的视角，从大格局出发分析，这样会更贴合主题。关于以立德树人为本的人才培养体系，现在进行反思，发现确实有些偏离主题。该部分的分析点应该在人才培养体系上，体系由什么构成？各构成要素之间的关系是什么？这都是需要分析的。而回顾当时的解读，落脚点似乎在"立德树人"的分析上，现在看来，应该分析人才培养体系的构成要素等，这样才是较准确的解读。

跳出本专题的内容，反思自己当时的课堂报告及与同学们的讨论，发现只有不断与老师、同学进行交流，各抒己见，才能产生新思想，给予彼此不同的启迪，促进彼此的学术进步。专题报告早已结束，但学无止境！（王萍）

## 🗨 思考题

1. 试从教育规律角度谈谈你对习近平总书记关于教育的重要论述中的"九个坚持"的理解。

2. 如何理解坚持党对教育事业的全面领导是办好我国教育事业的根本保证？

3. 如何处理好高等教育治理中"中国特色"与"世界一流"之间的关系？

## 📖 参考文献

[1] 罗志敏，孙艳丽，郝艳丽. 从"结构-制度"到"制度-生活"：新时期中国大学内部治理研究的视角转换 [J]. 清华大学教育研究，2019，40（06）.

[2] 董兆伟. 以五大发展理念引领推进中国特色现代大学治理 [J]. 学习论坛，2016，32（07）.

[3] 吕传毅. 推进高校治理体系和治理能力现代化 [J]. 中国高等教育，2019（24）.

[4] 陶传铭. 坚持把立德树人作为院校人才培养中心环节 [N]. 解放军报，2019-12-16（007）.

[5] 颜晓红，刘颖. 以一流大学精神推进现代大学治理 [J]. 中国高等教育，2019（20）.

［6］夏文斌．深刻把握一流大学建设的内涵和路径——学习习近平总书记关于一流大学的重要论述［J］．中国高等教育，2019（19）．

［7］李立国．什么是好的大学治理：治理的"实然"与"应然"分析［J］．华东师范大学学报（教育科学版），2019，37（05）．

［8］严纯华．融入国家战略突出区域特色扎根中国大地建设世界一流大学［J］．中国高等教育，2019（17）．

［9］朱信凯．习近平关于教育的重要论述对"双一流"建设的规定性和指导意义［J］．国家教育行政学院学报，2019（06）．

［10］张文江．"元治理"与中国特色大学治理体系［J］．现代教育管理，2019（05）．

［11］肖柯．儒家文化与大学治理：冲突与融合［J］．高教探索，2018（10）．

［12］毛智辉，李芳莹．"一流大学内部治理结构创新研究"高层论坛会议综述［J］．探索与争鸣，2018（07）．

［13］刘伟．培养社会主义建设者和接班人建设中国特色世界一流大学［J］．中国高等教育，2018（Z2）．

［14］张蕊，张义．新时代中国特色大学学术治理体系探析［J］．中国高校科技，2018（05）．

［15］李福华．新时代我国大学治理的基本特征、优势特色及推进路径［J］．高等教育研究，2018，39（04）．

［16］肖柯．儒家文化嵌入视角下大学治理的文化特征与治理路径［J］．理论导刊，2018（02）．

［17］汪明义．构建中国特色的社会主义大学治理模式［J］．国家教育行政学院学报，2017（04）．

［18］杨科正，王富平．论大学外部治理体系的构建［J］．教育评论，2018（04）．

［19］张玉磊．高校利益相关者治理模式及其构建［J］．黑龙江高教研究，2019（04）．

［20］沈辉，邱玉珊．文化治理模式视角下大学内部治理成效提升的路径研究［J］．法制与社会，2019（30）．

# 专题六 一流大学治理的文化基础：回归教育本源

课程时间：2020 年 4 月 17 日 9:00—12:00
地　　点：腾讯会议
主报告人：李骏锋
副报告人：曾心媛

# 一、引　　言

本专题主要从新时代大学精神和中国特色教育规律展开。对于研究什么是教育本源？我认为应当落脚在大学精神和教育规律之上。就大学精神而言，一是要立足于古今中外一流大学的比较，分别从纵向、横向上进行分析；二是要关注新时代，体现"新"的特点，尤其是如何体现新时代下的一流大学治理。此外，中国独有的教育规律是什么？这也是一个需要认真思考的问题。

为此，我查阅了大量的文献资料，并向本院刘亚敏老师（时任武汉大学教育科学研究院教授）咨询了相关问题，结合主题内容，最终确定本次报告的内容。我将分别从一流的大学理念、新时代的大学精神、中国特色教育规律进行阐述，重点在于新时代的大学精神，并通过"变与不变"的维度进行阐述。**(李骏锋)**

# 二、课　堂　实　录

## （一）主报告人报告

**彭宇文：**（这节课）我们就准备开始了，今天是李骏锋主讲，然后曾心媛辅讲。

**李骏锋：**彭老师、各位同学，上午好！

一直以来有这么一句话："一流大学靠文化，二流大学靠制度，三流大学靠人治"，这也成了人们评价大学优劣的金句。我今天分享的主题是"一流大学治理的文化基础：回归教育本源"，我将分别从"一流的大学理念、新时代的大学精神、中国特色教育规律"详细展开。

第一部分，一流的大学理念。

首先来看什么是理念？潘懋元老先生认为所谓"理念"，就是指人们对于某一事物或现象的理性认识、理想追求及所持的思想观念或哲学观点。别敦荣教授认为现在有不少有关大学理念的研究，但大多以大学办学理念、校长的办学或治校理念以及抽象的高等教育理念等为主题，针对性不足，缺少对一所大学具体教育理念的审视。① 所以，研究世界一流大学的形成及其教育理念，不仅是现实的需要，而且也有其自身的理论价值。"理念"一词带着浓厚的哲学意味，简单地说，就是具有核心地位的思想、观念或信仰。因此，教育理念是大学教育活动的愿景与方向的指导原则。在结合以上学者观点的基础上，我个人认为，理念是一种方向性的指引，指导大学如何办、如何走、走向哪等问题。

那么为什么要有一流的大学理念？

学者们认为，一流大学要有自己的办学理念，这个理念应是在发展过程中证明行之有效的，有利于高等教育的发展提高的。大学理念是对大学本质的认识，包含大学与国家、大学与社会的关系，如何看待自身的角色会对大学的组织方式产生影响。中国大学理念一直在主流意识形态、西方大学文化、中国传统文化、学术和市场的逻辑中寻求平衡。有什么样的教育理念就有什么样的教育实践，先进的教育理念是建设世界一流大学的思想支柱；只有根据社会环境、时代潮流、学校传统等因素，积极发挥主观能动性，在教育理念上不断创新，方能成就世界一流大学的伟业。②

接下来我们再来看看什么是大学理念的特征。首先是大学理念的同一化与个性化。"同一化"就是指大学普遍具有的精神，"个性化"则是指大学结合自身的传统、时代背景、地域文化等形成的独特价值追求和行为规范。"同一化"是大学存在的合理依据，"个性化"则使得大学能够在众多高校中凸显自己的鲜明风格，彰显独特的魅力。其次是大学理念的时代性与传统性。"传统性"就是以学术为主；"时代性"就是要引领社会。最后是大学理念的民族性与世界性。这其实也是共性和个性的关系，审视民族的文化个性，在全球化历史进程这一更宽广的视角下培育民族精神，从而促进民族文化的进一步发展，促进和推动世界文明的进程。

最终，我们回到一流的大学理念是什么？

首先，让大学回归常识。学术为本，一流大学的本质是高水平的研究和学术所支撑的育人能力，而非经济效益和徒有其表的所谓"声誉"。其关键点在于政府和教育职能部门相信学者和教师有从事科研、教育的信仰以及追求生命卓越的行动，能够给予大学自主发展的空间和信任。

其次，让学术回归自由。中国特色的学术自由需要从两个维度来理解，分别是自由的维度和独立的维度。正如许美德所说：在中国的传统中既没有自治权之说，也不存在学术自由的思想。在知识论方面，中国传统文化认为知识追求与价值判断密不可分，而且学科

① 别敦荣，张征．世界一流大学教育理念的特点与启示 [J]．高等工程教育研究，2010（06）：56-62．

② 别敦荣，张征．世界一流大学教育理念的特点与启示 [J]．高等工程教育研究，2010（06）：56-62．

体系的形成不是基于知识发展的需要，而是根据社会制度而形成学科分类制度和学术组织，学术研究更容易受到来自世俗权力、政治和经济权力的不断干预。①

最后，让教育回归人性。一流大学只有不忘教育中的人性关怀与至善，重视学习，让教育成为大学的中心，摆脱现代大学对企业组织的模仿，超越"失去灵魂的卓越"，才能成就被广泛认可的真正一流。

第二部分，什么是新时代的大学精神？

首先要了解什么是大学精神。在 20 世纪 20—40 年代，胡适等一批国学大家极力倡导结合西方大学的先进模式与中国书院的传统经验来改造当时的大学，表达了对书院精神的怀念。书院精神的提法最早体现出"大学精神"的某种意蕴，也是"大学精神"的思想雏形。关于"大学精神"的概念，已有研究认为，大学精神就是大学立足于本性，在自由地实现内在超越（批判）的过程中所凝聚、体现出来的特质和风貌，是大学质的规定性。这种精神要超越现实，一定是自由的、独立的、批判的。② 大学精神是大学在长期的发展过程中所形成的约束大学行为的价值和规范体系，以及体现这种价值和规范体系的独特气质，其基本内容包括自由精神、人文精神、科学精神、批判精神、独立精神和创新精神等几个相互联系的方面。大学精神是反映大学历史传统、特征面貌的一种精神文化形态，是师生员工在长期的教与学、工作与生活实践中逐步形成和发展起来的，并为广大师生所认同的一种群体意识。③ 结合研究者的观点，我认为，大学精神是大学经过长期实践而得到凝练的稳定的文化特质。

这里我也有一个问题，蔡元培先生提出了"兼容并包、思想自由"的"北大精神"、梁启超等人提出了"自强不息，厚德载物"的"清华精神"、张伯苓先生所概括的"允公允能，日新月异"的"南开精神"，那么，武汉大学的精神又是什么？大家可以思考。

接着再来看什么是新时代？新在哪里？

在这里我分别从中国语境和全球语境来讲述。中国语境下"新时代"话语体系的产生，来自党的十九大所确立的"习近平新时代中国特色社会主义思想"，这也是我国治国理政以及各项事业改革发展的根本指南。参考布迪厄的场域理论来分析，"新时代"的话语体系首先来自政治、经济的"元场域"，而其他场域更多是作为其附属场域并接受支配，教育场域亦不例外。因此，理解"新时代高等教育"，首先应当放在中国特色社会主义制度所缔造的"新时代"这一外部环境中理解。全球语境下的新时代则更加侧重于第四次工业革命大背景，ABCDV 新技术（人工智能、区块链、云计算、大数据、虚拟可视化技术）下的新时代。因此，新时代新在哪里？新在新台阶，从原来对经济社会发展起基础支撑作用向支撑引领并重发展，登上了一个新的台阶；新在新跨越，我们的高等教育已经由大众化阶段迈向了普及化阶段；新在新潮流，我们的"双一流"建设是符合当下

---

① 许美德. 中国大学 1895—1995：一个文化冲突的世纪 [M]. 许洁英，译. 北京：教育科学出版社，2000：17.

② 刘亚敏. 大学精神探论 [D]. 华中科技大学，2004.

③ 杨鲜兰. 论大学精神的培育 [J]. 高等教育研究，2004（02）：20-23.

国情及发展趋势的；新在新环境，正如前述所讲，从外部的技术环境来看，当前以互联网、大数据、人工智能等为代表的新一代信息技术日新月异，从国际环境来看，我国高等教育正在走向世界教育的中心；新在新蓝图，我们要将实现内涵式发展作为新时代的战略主题和核心任务，扎根中国大地、办好中国特色高等教育，为加快推进教育现代化、建设高等教育强国作出不懈努力。了解了什么是新时代，我们才能更好地把握什么是新时代下的大学精神。

接下来我想讨论一下大学精神"变与不变"的关系问题。

先看看什么是"不变的底色"。从先秦时期稷下学宫的学术自由，再到古代书院的精神，我总结为以下几点：一是人文精神。强调以德育人、人性关怀，主要是指在教育中要关注人的自我完善和生命价值体现。二是独立精神。严格地讲，中国古代的书院教育制度并不具备西方文化意义上的学校自治与学术自由观念。尽管它具有私人办学、讲学自由等精神，却时时受到官方政治与文化的干预和影响，但就是在这种局限之下，比起中国古代的官办教育来说，它仍顽强地表现出试图摆脱政治干预，追求相对的教育独立与自由研究，以学问为重并将之推广于社会的倾向，这是很难能可贵的。三是兼容精神。学者、学术、书院的大融合，书院与佛道两家的相互影响、相互吸纳，书院的选址、书院学规如《白鹿洞书院揭示》受佛教清规戒律的影响，书院的讲学制度受到佛教禅林的影响。四是批判精神。如东林书院在明末形成了东林学派，在政治上和思想上都发挥了巨大的影响力，展现了对政治和思想界的批判。五是家国精神。如岳麓书院学生集体殉国抗元，东林书院"风声雨声读书声，声声入耳；家事国事天下事，事事关心"的那一副对联，体现的就是家国情怀。

那么，近代大学的大学精神是什么？我们可以从北京大学、西南联大两所学校来分析。1912 年 5 月蔡元培先生在北大的开学典礼讲演中强调，"大学为研究高尚学问之地"，这是他对大学的定位，也是他对大学办学宗旨的第一次阐述。此外，也有"思想自由，兼容并包"，还有"学术自由、教授治校"。西南联大的大学精神，表现为独立、自由、刚毅卓绝。在那个动荡的岁月里，西南联大师生并没有屈服于现实，先南迁长沙，后西迁昆明，栉风沐雨，筚路蓝缕，就是为了弦歌不辍，保证教育的连续，其中组成"湘黔滇旅行团"的师生跋山涉水，行程 1750 公里，完成了中外教育史上罕见的文化大迁移。

上述讲的是"不变的底色"里的中国部分，下面我们再来看看外国的部分。首先是古希腊的学派（有组织的学术共同体）和学园（专门从事学术研讨的机构），它们拥有以下精神：私人办学与自治精神、自由精神；学术研究与求真精神；贴近社会与现实主义精神。其次是古罗马服务社会的实用精神（专门学科和修辞学校）；再次是欧洲中世纪大学独立办学（学术自由）与自治精神（外部独立角度）；最后是文艺复兴时期兴起的人文精神。

我认为最值得讲述的就是近现代西方大学精神，我总结为以下几点：一是科学精神。大学有力地推动了科学技术的进步并在工业革命中发挥了重要作用，科学精神成为近现代大学最为本质的精神，也是近现代大学的标志。二是自由独立精神。自由独立的大学精神肇始于中世纪最早的大学——博洛尼亚大学，这所大学保护学习者享有学习优先权。18

世纪初，德国最负盛名的哈勒大学和哥廷根大学倡导学术自由的原则，这意味着大学拥有教学的自由和学习的自由。而使这一精神得到发扬光大的是柏林洪堡大学，其创校者洪堡认为人是独立自由的，大学也是独立自由的，不应受政治和社会干预，要在学术和行政管理上保持自由和独立。洪堡大学理念对德国乃至世界高等教育产生了深远影响，欧美诸大学按照洪堡大学模式建立和改造大学，并将自由、独立奉为现代大学的精神，洪堡大学因而被称为"现代大学之母"。三是自治民主精神。大学自治民主精神可追溯到中世纪，体现为大学不受教会、政府或其他势力的干预，按照自己的规律来办学，教授等学术人员、校内行政人员、学生以及一切利益相关者广泛参与大学管理。四是服务社会精神。大学服务社会的精神发端于 20 世纪初美国威斯康星大学，强调大学走向社会，通过人才培养和智力服务等途径体现其社会价值，促进地方经济和社会发展。威斯康星理念富有创见地提出了大学的社会服务职能，增进了大学与社会之间的联系，体现了现代大学所应负有的重要使命。这种理念经由美国传至世界各国，并被各国大学普遍认可和接受。20 世纪以来，大学秉持这种理念，以更多样的方式和途径服务于社会，取得了令人瞩目的成就。大学服务社会的精神体现了现代大学与社会生产、经济发展的密切联系，具有划时代的重要意义。

在分析了"不变的底色"之后，我们再来看看"变化的表色"是什么？

我想通过香港科技大学的案例来给大家说明。香港科大这所学校创办于 1991 年，时间很短，但是在全球的排名很高，可以说发展速度很快，那么，我们可以从它的发展历程当中学到一些什么东西呢？我总结了一下。分别是：实事求是精神、民主精神、学术自由、普遍主义精神。普遍主义精神包括：一是教员的来源必须是普遍的，它不能仅来自本校，也不能仅来自本地，更不能仅来自本国，因为知识无疆界，越是近亲繁殖的大学，衰败得越快；二是学生的来源必须尽可能的广泛化和多样化；三是研究和教学的内容必须是普遍主义的、世界主义的。

在前述的基础上，我把新时代的大学精神概括为五点，即：实事求是、海纳百川、社会观照、以人为本、吐故纳新。其核心内容相信大家都能够理解，我就不多阐述了。

第三部分，有关中国特色教育规律的内容。

这也是我觉得最难的一个部分，按照之前的思路，我们还是先分析一下什么是教育规律？规律是事物运动过程中本身所固有的本质的、必然的、稳定的联系，规律是客观的、普遍的。那么教育方针、教育政策是规律吗？不是！教育规律不以人的意志为转移，但是教育方针、政策是以人的意志为转移的。教育经验是教育规律吗？不是！因为教育经验往往只是反映教育过程表面的、局部的并带有一定偶然性的现象，而教育规律则是在教育实践的基础上，对教育经验进行抽象、概括后形成，它反映的是教育内在的、本质的和必然的联系，两者有很大的差距，决不可相提并论。所以，在各位学者总结的基础之上，我对教育规律作了如下定义：教育规律是教育活动的必然演变过程，它以整个教育系统为研究对象，揭示在教育系统中各要素之间的本质联系，教育者只能利用和遵循而不能违背。

那么，我们如何探索中国特色教育规律？一是离不开教育实践，二是要立足中国特色社会主义的教育实践。因此，接下来我们来分析我国有关教育实践的内容，我想从中华人民共和国 70 年高等教育发展的特色举措入手。

首先，高等教育体制变迁与发展。1999 年，我国颁布《高等教育法》，最终在高等教育领域确立了"党委领导下的校长负责制"的领导体制。这一领导体制，既有集体的领导，又给校长个人以发挥的余地，但前提仍然是党委的集体领导，党委起核心作用，这种作用表现在监督保证、政治核心、重大决策三个方面。坚持校党委的领导，能够有效地防止一言堂，推进民主决策、科学决策，担起统一领导的职责。同时，党委领导下的校长负责制又能充分发挥学校行政负责人的工作积极性。单一的校长负责制或者单一的党委领导都不符合我国高等教育发展的客观规律，而党委领导下的校长负责制很好地解决了这样的问题，这是历史经验和思想政治工作的实际需要，符合我们现阶段的工作要求。

其次，高等教育职能拓展，可以归纳为以下几点：一是人才培养方面。随着时代发展的日新月异，我国在人才培养方面也不断变化，逐步由单一人才培养模式过渡到多样化的人才培养体系，不再单单是培养社会发展所需要的拥有专门知识与技能的人才，而是越来越重视培养拔尖创新人才、高层次复合人才、实用技能型人才和各种高素质的劳动者，强调更好地为社会主义建设培养合格人才。二是科学研究方面。科研事业获得较大发展是在改革开放之后，1978 年全国科学大会在北京召开，正式拉开中国科技体制改革的序幕，这也是继"向科学进军"之后中国科技创新历史上又一里程碑式事件。尤其是 20 世纪 90 年代以来，持续开展了"211 工程""985 工程""双一流"建设以及"卓越工程师教育培养计划"等一系列重点项目，极大地促进了我国科研事业的发展。三是社会服务方面。在 70 年高等教育发展的过程中，高校通过不断调整自己的专业设置和优化资源配置，来适应社会新的发展要求，服务于国家发展战略需求，满足区域经济发展需要，同时适应社会终身学习的需要，通过继续教育等形式促进社会知识普及。四是文化传承与创新方面。高等教育文化传承功能不仅体现在对优秀传统文化的传承，而且其具有的精神力量更是时代精神的体现，高等教育应该传承与发扬中国特色现代文化，彰显中国特色精神的时代性。五是国际交流与合作方面。高等教育进一步国际化，引进人才、学生，也推动了我们的学校走出去，比如中外合作办学。

最后，培养全面发展的高等人才。高等人才，不仅掌握专业知识、专业技能，还应具有高深思想与高等素质，拥有高超的精神境界。这方面的要求，第一点就是"内圣外王"的思想。"内圣"强调的是在现行的社会制度下个人内心品德的养成，从中华人民共和国成立初期《共同纲领》要求培养公民道德，到党的十八大正式提出把立德树人作为我国教育的根本任务，不难发现高等教育工作中一直都很重视大学生内心品德的养成，最初开展形式比较单一，单单是给学生上思政课，但是随着时代的发展，高等教育逐渐把思政课作为一个突破口，在此基础上整合各学科的资源，加强各院系专业部门之间的联系，强调实现"三全育人"。"外王"在古代的解释是说从政要对外实行王道，建立在个人品德养成的基础之上，而现代的解读即要求每个人都要有心怀天下、关心时局、关注社会的情怀，而不是做"两耳不闻窗外事，一心只读圣贤书"的"圣人"，比如高校实施的志愿服务项目、大学生志愿服务西部计划、"三支一扶"等都是帮助引导我们去关注社会。第二点是有教无类的大教育观，对此有两方面解释。一是指教育内容的有教无类，强调教育内容的全面性与综合性。中华人民共和国成立初期的时候以培养专才为主，直到改革开放之后，通识教育被正式提出来，才开始注重培养综合素质能力强的人，比如武大的弘毅学堂、北大的元培学院等。二是指教育对象的有教无类，即不分等级人人都有受教育的权利。这一点首先体现在我国人人都有受教育的权利的法律规定中，高校扩招也是教育普及的重要举措。截至 2018 年，我国高等教育毛入学率达 48.1%，意味着我国马上即将步入高等教育的普及化阶段，公民基本有接受高等教育的机会。

经过上述分析，我总结出了我们中国特色的教育规律表现为教育的发展规律、教育的办学规律和教育的育人规律，三者对象不同、性质不同，而又相互关联。

（1）中国特色的教育发展规律：一是遵循社会主义市场经济的发展规律；二是遵循集中统一领导的发展规律。

（2）中国特色的教育办学规律：一是实事求是，扎根民族大地；二是坚持社会主义办学方向。

（3）中国特色的教育育人规律：一是立德树人。习近平总书记在全国教育大会的重要讲话中再次强调了立德树人是中国特色社会主义教育事业的根本任务，它继承和发扬了中华民族崇德的传统，突出了教育的主责主业，把社会主义核心价值观教育融入立校办学、育人育才全过程，树立正确的世界观、人生观、价值观，培养社会主义合格建设者和可靠接班人。二是坚持以人民为中心发展教育。教育的主客观对象都是人，充分尊重人的主体性，通过人的现代化促进教育的现代化这也是教育为人民服务宗旨的体现。三是遵循全面发展的规律。致力于培养德智体美劳全面发展的人。

好，以上就是我关于本次报告的所有内容，请各位批评指正，谢谢各位。

## （二）副报告人报告

**彭宇文**：好，谢谢骏锋刚才的报告。他讲的时间也把握得很好，那么接下来由心媛给大家汇报。

**曾心媛**：彭老师，各位同学，大家上午好。

今天我要跟大家分享的主题是"一流大学的学术回归"。

拿到"一流大学治理的文化基础：回归教育本源"这个专题的时候，我就问了自己几个问题，下面的报告就从这几个问题来展开。

第一个问题，什么叫作教育本源？我认为教育的本源至少应该是包括以下几点：以学生为本，以教师为本，以学术为本，以学校为本。因为刚刚也说了，我要选择一个比较具象的问题进行探讨，所以今天我就围绕"回归学术，以学术为本"这个问题和大家分享几点不是很成熟的思考。

第二个问题，为什么要回归教育本源？就是因为教育本源它有所偏离，所以我们才要回归。我认为大学学术本质迷失了，集中表现在以下几个方面：一是管理的科层化，表现为行政权力对学术权力的干涉，甚至是轻视。二是创作的市场化，具体表现为当前大学内部学术创作过分地以绩效为标杆、以市场为导向，迷失了学术创作的初心。三是学科的孤立化，具体表现为各学科之间盲目地竞争学术资源，导致学科竞争的加剧，从而加剧了学科壁垒，使得学科进一步孤立化。这些是大学学术本质迷失问题的集中表现。

第三个问题，如何解决大学学术本质的迷失？我觉得可以从两个方面进行。其一，制度推动回归，建立以学术为中心的整套完备的学术制度体系，它主要是从外部推动学术回归，是硬约束。其二，文化引导回归，构建以文化为势能的学术文化场域。我认为文化是经过长期积累而积淀而成的、持久的、稳定的、隐性的规约，是一种软的约束，它比外部的制度推动更加持久、有效。所以，大学学术本质回归，不仅需要外部力量的推动，也要内部文化的引导才会更加有效。

第四个问题，如何来构建学术文化场域？首先跟大家分享一下场域的概念。"场"是一个物理概念，指物质相互作用的结果，它的奥妙之处就在于，在这个场内的各种物质之间无须接触，就可以通过这个场域的作用来传递力和能量，从而在看不见摸不着的情况下，去实现物质之间的力和能量的传递，所以场域的作用就是内部物质之间的相互作用。有学者提出了大学文化场域的概念，认为大学文化场域是学校特定的文化环境和氛围，是一种群体意识圈，在这个圈层中传递着各种信息流，包括认知流、道德流、情感流，其间教育者的教育能和学习者的学习能相互作用，从而形成大学的一个文化场域。①

以同样的逻辑，我提出了自己界定的大学学术文化场域的概念，可能不是很成熟，也欢迎大家一起探讨。我认为大学学术文化场域是指，大学内部各个主体包括学者、学生以及行政管理人员和其他工作人员所持有的共同的学术理念、学术价值、学术认同以及学术规范导向等，我把它们称为文化势能，通过相互作用而形成一个特定的场，在场内各个主体都能感受到这个场的力量，受到场的制约和激励。

了解了学术文化场域的概念之后，我们如何来构建这种场域？我觉得可以从三个方面入手：

其一，从学科文化入手。所谓学科文化是指学科在形成和发展的过程中所积累的包括语言、价值标准和伦理规范，以及思维与行为方式的总和。一个成熟的学科，应该有自己的个性，具体表现为学科独有的符号系统、理论体系以及它的思维方式和研究方法，而正是因为这些个性使得各个学科形成一套独特的体系，从而在这个体系中发展自己的学科。另一方面，其实各个不同的学科之间也有一定的共性，具体表现为比如求真、求实、求善的价值导向，遵循学术道德规范、学术标准的学术理念，还有不断探究、不断创新和勤勉高尚的学术精神，这些是不同学科之间所具有的共性。共性寓于个性之中，所以在发展学科文化时，应该贯以各个学科平等、充分尊重的理念，使得各个学科自由地发展，达到资源共享的状态，从而形成和谐共生的学科生态。这是我们需要构建的学科文化。

其二，从学院文化入手。学院文化是指以学科专业为依托，学院内部的师生所共有的对事物的一般看法和判断是非、决定取舍的价值准则。我们都知道，大学的本质属性是学术组织，而学院作为高校基层的教学研究机构，它应该是将大学学术属性具体

---

① 郑湘晋. 对"学校文化场"的建设与作用的思考 [J]. 教育理论与实践，2000（04）：32-35，40.

化的一个重要载体。因此，我认为我们构建的学院文化，应该是以学院为依托形成的一种特定的学术氛围，或者说是组织气候。那么我们要构建什么样的学院文化？它应该包括哪些因素？我觉得至少应该包括以下两点：一是达成学术自治的共识。学术自治具体表现为教授治学，我们都在提倡教授治学，但是我认为教授治学其实是要从学院开始，从最具体、最基层的组织出发将它落实，如此也有利于学院自治的落实，从而再延伸到大学办学自主权的落实。二是做到学术自由。学术自由具体在教师层面表现为从事研究、出版、传播等与学术活动相关的学术自由，在学生层面表现为我们学生的个性发展、自由学习等。在这样一种氛围下，老师、学生都可以进行自主研究和自主创新。在形成了学术自治的共识和学术自由的氛围下，我们应当形成一种学术自觉性，主要表现为师生对学术创作的主动性，以及维护学术自由、维护学术本质的使命感。我认为这是我们所应该构建的学院文化。

其三，从专业文化入手。所谓专业文化，它的核心成分是指师生围绕专业培养目标的实现而共同遵守的社会主义核心价值观和共同的价值取向。一流大学的专业文化，我认为应该包括以下几点：一是发展知识的理念。这里的知识是指科学知识，一流大学应该树立发现新知识、创造新知识和传播新知识的理念。二是人才培养担当。我们培养的人才不是单纯的工作机器，他们应该是知识分子，是具有独立学术人格、能够独立思考、有独立学术精神的知识分子，这才是一流大学所要培养的人才。三是专业的社会价值。我们都知道现在大学的专业很大程度上受到市场导向的影响，但是一流大学的专业不能是简单地去适应甚至是依附于行业发展，相反它应该具有预见行业未来，从而引领行业的这样一种社会价值，这才是我们所构建的专业文化。

通过构建学科文化、学院文化和专业文化，我们就可以构建一个大学学术文化场域，关于它具体的内在逻辑我做了一个简单的示意图，在大学学术文化场域之内，它有我们刚刚所说的学科之间平等、自由以及共享共生这样的发展理念。

这些物质相互作用而形成一种强大的文化势能，去构成一个学术文化场域（图6-1），引导我们尊重学术、崇尚学术，敬畏学术，最终达到我们回归学术本质的目标。这是我构思的内在逻辑，可能不是很成熟，也欢迎大家跟我一起探讨，欢迎批评指正。学术文化是一个比较抽象的问题，所以我的内容可能没有那么丰满，只是通过具体的问题来分享了一些我的想法，请大家批评指正。

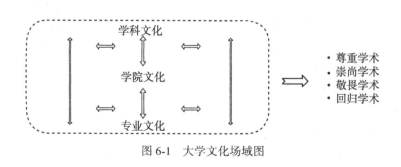

图 6-1　大学文化场域图

## （三）提问交流环节

**彭宇文：**好，谢谢心媛。时间把握得很好，两位都讲得很清晰。那么我们还是按照惯例先休息一下，10点再接着开始。

（休息结束）

我们继续上课，骏锋先把你的PPT分享出来，这样大家也可以围绕PPT提问。应该说骏锋和心媛是从不同角度来讲的，骏锋讲得更全面，心媛选了一个侧重点，都很好，时间也把握得很好，给我们留下了更多的讨论时间和空间。好，那么下面同学们就来进行交流、讨论和评议。还是按照腾讯会议界面的顺序来提问，先是易慧，再就是施思、思钰。

**易慧：**感谢两位同学今天带给我们的分享，我有两个问题想分别问一下两位同学。

首先是骏锋，你在第二个部分谈到了一个"变与不变"的关系，并且用到了两个词，一个是"不变的底色"，还有"变化的表色"。两部分内容好像是不是有一些重合？比如说学术自由，它同时出现在了变的部分，也出现在了不变的部分。你是基于什么样的维度去划分这两个部分的"表"和"里"？然后你是怎么看待这个"表"和"里"的关系？

第二个问题是想问一下心媛，你在最后一个地方呈现了一个文化场域图，我注意到用了一个虚线框。你想要表达的意思是不是大学的文化场域是一种半开放式的，或者说是一种半封闭式的状态？对于外界的文化可能是批判地继承或者是扬弃，但是感觉你没有表述清楚。感觉你刚刚没有讲它对于外界文化应该持有的态度，这里想深入地问一下。

**李骏锋：**好的，谢谢。易慧她问的问题是关于我为什么去划分这个"表"和"里"。其实我是想以历史的潮流为切入点，然后将它不变的东西与变的东西都表达出来。因为我们讲大学精神，不可能把以前的大学精神全部丢掉，也不可能说只是用现在的大学精神进行理解，所以尽管我们是在讲新时代的大学精神，但是我觉得有必要把以前的大学精神是什么进行一个梳理，然后再结合当下它又发生了哪些变化去做一个综合性的总结。如果说我怎么去看待"表"和"里"的关系，我觉得是有点像鸡蛋的蛋黄和蛋清的关系。

**彭宇文：**我觉得刚才易慧这个问题看得很准。我给出的题目是"新时代大学精神"，因为一流大学建设是现在提出的，那么到了新时代以后，我们怎么去理解传统的大学精神在新时代的新内涵、新外延、新表现？所以我觉得易慧这个问题问得非常好，到底用什么维度？骏锋为什么从变与不变这个角度来批判它？包括就像学术自由这样的表达，新时代与过去有什么样的区别？我觉得这确实值得思考。到底哪些是变的？哪些是不变的？"表"和"里"的问题，什么叫底色？什么叫表色？刚才骏锋用了一个鸡蛋的形式来比喻它，我倒觉得如果要用鸡蛋来比喻，应该是蛋壳和鸡蛋内核的关系，而不是蛋清、蛋白、蛋黄的关系，因为蛋白和蛋黄它是不会变的，而蛋壳可能有浅色的、深色的，我们可以看到不同颜色的蛋。所以从壳的角度来说，可能它是一种更大的更形象的比喻，用这个来比喻的话是不是更好一点？基于这个角度我补充一点感想。

易慧你还有什么要跟他说的吗？

**易慧：**没有了，老师。

彭宇文：好，心媛你来回答一下刚才易慧的问题。

曾心媛：非常感谢易慧的提问，我觉得问题提得很到位，因为她确实注意到我故意用了虚线去构建那个图，因为时间原因，我也没讲清楚。我之所以用虚线，第一是因为从场的概念而言，场是不同的物质相互作用而形成的势能，我用虚线表示，是说虽然有这样一个范围，但它的能量是无限的，因为它是势能作用，然后形成强大的力量。第二，我想表达的是，它是一种文化场域，也是一种隐性的规约，所以我没有用实线，作为我们大学内部各个主体之间已经深入人心的相互共有的这些理念、价值观，是隐性的，所以用的是虚线。第三，我觉得易慧刚刚提的问题也给了我一些启发。你问我，它是不是与外部可以相互影响？比如说吸收外部某种文化？前面我也提到，学术文化，包括专业文化，它应该是要去引领社会、引领行业的发展，包括大学的职能也应该是服务社会、引领社会的。所以它理应要与外界有一定的联系，形成一个开放包容的关系，去吸收外部的东西，比如说一些行业文化，通过吸收外部文化的精华去发展学术文化，我觉得这个倒是给我提供了启发。

谢谢易慧同学。以上是我的解答。

夏施思：首先我想谢谢两位同学今天做了一次很精彩的课堂展示。我觉得骏锋说得非常清晰，他梳理得很深刻，但我想说一下我自己的见解，如果是我汇报这个专题，我会从三个部分来着手。首先，我会先向大家解释什么是大学精神。其次，我会谈一下大学精神在高校改革发展中的地位和作用。最后，我会说明新时代的大学精神有哪些？并且我可能会着重描述新时代大学精神的要素有哪些？新时代的大学精神对于以往的大学精神来说，它具体有哪些变化？

当然，骏锋的报告说得挺好，但是我也有一些问题想要问你，改革开放 40 多年，你觉得构成新的大学精神的关键词有哪些？用你自己理解的关键词来概括，同时这些关键词代表的内容在高校改革发展中的作用和地位是什么？

李骏锋：好的，谢谢施思。我想有几个关键词可以概括，首先是"实事求是"，意味着要扎根中国大地，无论是之前的"985 工程""211 工程"，还是现在的"双一流"建设，其实归根结底它都是符合当下国情的政策。其次就是"社会关照"。我们从小接受的教育，就是为中华崛起而读书，包括武汉大学常常宣扬的家国情怀。这些精神有哪些作用？它的地位是什么？这个问题我没有想到很合适的答案，但是我想既然它作为一种新时代的大学精神，那么对于一些实践活动应当是具有引领性作用的。谢谢施思。

夏施思：谢谢骏锋，我觉得在阐释关键词时你还是有自己的想法的。可能对于我提出来的第 2 个问题还是没有回答得很清楚，因为我感觉你借鉴他人观点的内容比较多，但我更想听到的是在阅读了这些材料之后，你自己的看法是什么？有哪些可能是你自己的观点？这是我提问的一个出发点。

彭宇文：很好。施思谈到了她来作报告的思路，我记得上次我提到过，今天每一个同学可以把你对这个主题理解的关键词交流一下，可以发到微信群，也可以谈一谈你怎么思考的。

继续往后走，下面该思钰提问了。

**周思钰：**好，感谢两位同学给我们带来了精彩的展示，然后我想谈一下我的感受，就是骏锋在讲PPT的时候，其实有一部分，他从古代、近代还有一些西方国家的角度来阐释内容，其实我觉得这一点非常好，我不知道这个算不算历史分析法，但是我觉得和历史结合起来，也确实给了我很多启发，我以后做PPT的话，也会在这个方面去多考虑，以史为鉴，多学习一点。

但我有一点疑问，你之前提到的是一个新时代，然后又给我们介绍了古代、近代以及西方的一些不是大学精神但类似于学校的精神文化的内容，最后立马又给我们说了你认为的一个新时代精神，我听的时候有一种感觉就是，你把这三个方面虽然阐述得比较好，但是这三个方面之间到底有什么关联？或者说它们之间的联系是怎么样的呢？你没有提到，也没有很详细地阐述，能不能再给我们具体说一下，你是怎么去理解这三个维度的？或者说你是怎么样得出新时代大学精神这样一个划分的？

**李骏锋：**好的，谢谢思钰的回答，这个问题我没有讲得很清楚，可能在大家看来会有点分散，突然从"不变与变"直接就到了新时代的大学精神是什么。其实我的整个思路是这样的，就像以前如果我们去做报告，可能是先把观点摆出来，然后再去解释我为什么会选取这样的一种观点，但在这次报告中刚好相反，有点像我们做数学题一样，我先不去找结论，而是先把资料，证明、公式准备好，然后再进一步深入下去得出结论。

**周思钰：**因为我们也做过数学题，它都是由因为、所以得到什么，可能它并不全部像你说的。其实我们做数学题的时候，我们是可以很清晰地看到它是怎么得出这个结论的。所以我想知道你是怎么样得出这个大学精神的？因为你给我的感觉是在罗列一些内容，然后就突然得出了概括性表述，我想知道你是基于什么逻辑得到这种概括表述的。

**李骏锋：**其实我觉得它的逻辑还是比较清楚的。为什么你会有这种感觉？我想咱们还是在思路上的理解可能会有点偏差，就我自己而言，我把论证过程写得非常清楚了，但是在其他人看来可能是有点过于简单直接了。

**彭宇文：**好。大家的问题越提越深刻，我们的研讨越渐入佳境。既有关于思考立论的维度问题，也涉及研究方法的问题，其实是非常重要的。我们做报告、做研究，你的立场在哪里？你的逻辑出发点在哪里？你的逻辑线是什么？确实是我们每一个人需要思考清楚的，所以我觉得几位同学抓得很准，讨论交流越来越深刻，虽然因为时间关系不能过多讨论，但大家把问题提出来以后，相互之间就有一种提醒的作用，非常好。下面是王萍。

**王萍：**好，谢谢骏锋和心媛给我们作的报告。

关于骏锋这个报告，我没有什么太多想提问的，就是有一点我想补充一下！

关于新时代大学精神的概括表述，还有最后你归纳的关于中国特色教育的规律，给我的感觉是，比较侧重于外部的规律，是面向社会、面向外部的一种迎合。其实大学精神对外部需求也有引导，如果我来汇报这个专题，我可能在这一部分加上一些关于大学内部精神的论述，大学也有自己不变与独立的一些精神，比如说我可能会阐述一些大学的独立精神、做学术应该遵循的一些规则等，这是我对你的报告内容作一点补充。别的就没有要补充的了。

**李骏锋：**谢谢王萍同学的提问，她对我的报告作了一些补充，我觉得这个思路很好。

关于规律的问题，其实包括我在前面所讲的，我确实觉得规律这一块是一个比较难的部分，我没有办法把握得很好，但是我可以解答你的问题，为什么我侧重于外部的规律？还是我之前讲的，因为我的思路是先从历史资料入手去分析，然后得出它的规律，所以我并没有一开始就分内外部来讨论，所以最后得出了什么就是什么，我不去进行人为干涉，这是我对问题的回答。谢谢王萍。

**彭宇文**：好，接下来是依凡。

**唐依凡**：好，首先谢谢骏锋和心媛作的全面的精彩报告。针对骏锋的报告，我有一个小小的问题，就是说在第一部分你讲的是一流大学的理念，以及一流大学的精神，但你给我的感觉，比如你总结的那几点新时代的大学精神就比较宽泛，有点像王萍说的那样，不是太能体现出大学内部治理的过程中应当体现的精神文化。所以我就想问一下，你所说的新时代的大学精神在一流大学的治理方面是如何体现的？或者它是怎么来服务于一流大学治理的？

老师刚刚让我们说一下自己的思路，如果我来汇报这个专题的话，我可能在第一部分也是会像骏锋一样会阐述一下什么是大学精神？以及以前的大学精神、现在的大学精神之间有哪些区别？有哪些新的体现？然后从国外视角阐述新时代的情况下，在大学治理过程中体现了哪些新的精神？最后就是得出自己的关于新时代大学精神的一个总结。然后第二部分就跟骏锋的思路是一样的，可能是从教育政策或者教育举措这些来总结分析教育规律，这是我的一点问题和想法。

**李骏锋**：好的，谢谢依凡的问题，你问的是一流大学治理如何体现新时代的大学精神？换一种思路看，实际上我对这些新时代大学精神的概括来自实践，所以说我既然能从实践当中把这些东西概括出来，那么恰恰反映了它就是如何体现一流大学的治理，以及如何服务于一流大学治理的。以实事求是精神为例，每所高校都有自己的办学定位，比如说北大、清华与省属高校、市属高校的办学定位是不同的，我觉得这就是一种实事求是的精神。

**彭宇文**：这些问题等一下我也谈谈我的想法，大家接着讨论，玉胜，该你了。

**徐玉胜**：感谢骏锋和心媛的汇报，我收获很多。我说一下我的理解，就这个题目的话，我的思路和骏锋以及依凡的差不多。比如第一部分新时代的大学精神，我关注的重点就在"新"这个字上，但"新"的话，可能要先讲清楚大学精神是什么？它以前是什么样的？通过以前和现在的对比来发现，现在"新"在哪里？然后第二部分中国特色的教育规律，也是先讲清什么是教育规律？然后中国特色又体现在哪里？中国特色的话，我感觉可能就是从中国和其他国家的对比中显出中国的特色在哪里？其实和骏锋、依凡刚刚提的都差不多。

我有一点新的想法，我们这章的主题是文化基础，回归教育的本源，彭老师的意思是不是说，要从大学精神和教育规律这两方面来考虑教育的本源问题？新时代的大学精神是从历史的古今比较角度来看的，我国的教育规律是从横向的国际比较来看的，从这样的横向和纵向的比较中来回应教育本源的问题。骏锋把大学精神和教育规律讲得很好，是不是可以最后的时候有一个总的结合？把教育本源、大学精神和教育规律有机地统一在一起？

当然我只是想到这么多，供你参考。

关于骏锋的报告，我有两个问题想跟你交流一下。你在大学理念的特征里面提到了"同一化和个性化"，我去查了一下，"同一"是一种事物的两种说法，实质相同，表象不一，然后我们还一直提"统一"，它指的是两件事物整合起来成为一件事物。同一化和统一化，就"抠字眼"而言，你能不能说一下为什么选的是"同一化"？

第二个问题，你在阐述大学精神时提到了比如说西南联大、南开大学等一些学校的大学精神，其中也有校训，我在想大学精神和校训之间有没有什么关系？是不是可以把校训作为大学精神的体现？这个是我想和你交流的问题，因为我也没有想得很清楚。

**李骏锋：** 好的，谢谢玉胜，先来回答玉胜第一个问题，为什么选"同一化"？其实玉胜看问题还是看得挺仔细的，我一开始这个地方想用"统一化"，但是用"统一"未免显得有点过于分散，因为"统一"相当于把两个不同的东西给它糅合在一起。那么我为什么用"同一"这个词？因为哲学中所讲的同一性，说明它本质上就属于同一种事物，我想表达的其实是这个意思。

大学精神和校训之间有没有什么关系？其实这个也是我的一个疑问，因为确实你会发现有些学校的大学精神好像就是通过校训来表达的，我们不如换一种思路，校训的形成也许本身就代表着大学精神的凝练。

### （四）彭老师点评环节

**彭宇文：** 谢谢骏锋。刚才讲的校训的问题，倒还真是每个大学自己的精神、理念问题，这其实也是一个难题。很多学校会把校训作为自己的大学精神，像武汉大学也将"自强、弘毅、求是、拓新"表达为校训精神。但现在最大的问题是，不同学校校训的表达方式比较同质化，大学精神中的个性化内涵反而彰显不足，所以大学精神和校训的关系是什么？也是值得研究的一个话题。

我觉得大家刚才讨论的这些问题、提的意见都非常好，也看到了这一主题的难点和关键点，下面我也谈谈我的一些想法。这一次课程的主题是"一流大学治理的文化基础：回归教育本源"，之所以出这样一个题目，是因为我认为大学治理其实核心的一点是离不开文化，如果没有一个良好文化的支撑，治理可能是不持续的、不深入的。副标题"回归教育本源"又是体现什么想法呢？实际上这里隐含着两层意思。第一个方面，问题导向。我们现在一流大学治理的文化出现了迷失，所以需要回归，那么现在迷失在哪里？问题在哪里？什么是真正的大学精神？在大学精神的本源基础之上，我们怎么去治理才是符合教育本源的？我们现在有哪些问题？比如说市场化、功利化等这些问题，是不是跟教育本源相违背的？这些是我希望来讨论的第一个方面。第二个方面，我希望能够对"教育本源是什么"这一问题围绕一流大学治理的角度做一些讨论。在一流大学治理中，哪些是我们需要思考的本源问题？这就相当于搞清楚我们的"标"在哪里，并分析我们如何对标去推进一流治理。这也是我们需要思考的问题，在这一点上我觉得骏锋、心媛他们都做了很多的思考。

在这个基础上，我又列出两个分主题。一是"新时代大学精神"，大学精神是发展的，在不同时代有不同的内涵或者外延的表现，我希望能够对新时代的大学精神给予归纳与总结。二是"中国特色教育规律"，教育规律其实也是一个普遍性的问题，从一流大学治理的文化层面来看，肯定离不开规律性的总结和提炼，需要总结提炼新时代中国语境下，我们有什么样的中国特色教育规律？这就是我的构思。

好，我们先来看看骏锋的PPT，就先看这一页。我现在问你一个问题，你能不能谈一谈理念、精神、文化这三个词的关系是什么？

**李骏锋：**好的，彭老师。我个人认为文化应该是包含理念与精神的，理念应该是我们在做一件事情之前先有的指导性的思想，它是通过实践而凝练出来的，从这种角度来讲的话，理念跟精神处在同一个层次。那么文化是在它们的等级之上的。

**彭宇文：**我觉得可能骏锋还没有把它想清楚，我们可以看到不同的文章有不同的表达，理念、精神、文化之间究竟是什么关系？大家可以进一步思考一下。

为什么我的题目里没有提大学理念而是提出大学精神？其实我觉得"理念"是一个更哲学层面的思考，理念和精神并不能完全相等。你在这里列出了一流大学理念，随后直接就进入大学精神，没有再去做一个相互之间关系的交代，这个我认为是有缺陷的。

"理念"实际上可能是一个更哲学层面、理性思考层面的概念，或者我们把"理念"拆开来，可能是一种理性思考形成的观念，它的理性色彩和哲学思辨色彩相对而言可能会更浓一点。那么"精神"我觉得应该是置于"理念"的框架之下的，在此基础上，"文化"就是一个更广义的概念了，比如从广义的角度来讲，有物质文化、精神文化、制度文化等这样一些不同的表述，"文化"的表述就更大一点。所以我觉得必须把理念、精神、文化之间的关系理清楚，这既涉及思辨层面、理性层面的"顶天"的思考，也会涉及政策层面、实践层面的"立地"的思考，可以从不同的角度来探讨。当然，三者之间的关系也有可能难以讲得那么清楚，相互之间可能会有包含，但是我觉得它肯定是应该有一个大、中、小的概念的关系，这是我们需要去进一步思考的一个问题。

下面我们再看看骏锋讲到的"变与不变"。我觉得骏锋将"变与不变"表达为"底色和表色"的关系，这个想法非常好。但这里有一个问题需要我们思考：如何表里如一的问题。不能说看到了"变"或者看到了"不变"就可以了，而是怎么把两者联系起来做到表里如一的问题。就像骏锋刚才拿鸡蛋的蛋黄和蛋白来举例，其实这就是表里不一的表现，你没有把它思考得那么清晰，也许我误读了你的例子，但我认为怎么体现"变与不变"的表里如一，可能是我们需要思考的问题。

新时代大学精神到底有哪些？我也没想好，我们会提到传统大学精神，就像刚才同学们讲的学术自由、大学独立、大学自治，等等。骏锋提到了"实事求是"精神，这是一个中国语境的表达。那么在实事求是的精神下，如何体现表里如一？你给它解释为扎根中国大地，当然没错。但如果说真正把实事求是作为新时代大学精神的表达，如果我们要真正做到表里如一，其中很大的一点在于哪里？在于要有独立思考、批判精神，其实这就是实事求是，要秉持实事求是的态度，而不是简单地去随从、附和。所以，如果我们把"实事求是"跟传统的大学精神结合起来，并赋予这样一个中国话语体系的表达以新内涵的话，我认为这种表里如一的继承、"变与不变"其实是可以体现出来的。

接下来骏锋提到了新时代大学精神与新时代大学职能问题。那么，大学精神与大学职能之间的关系到底如何？新时代大学精神是不是就等于新时代大学治理的工作原则、态度、思路？实际上你是从职能角度来讲的，但是我们需要进一步思考。就像刚才你强调的社会观照的精神，你认为是新时代的大学精神的一个关键点，那么这种社会观照实际上就是我们讲的服务社会的职能。大家都知道大学职能的演变也是随着大学的发展以及社会的发展而不断演变的，从最开始的一个两个三个职能，到现在的五个职能，它在不断地发展，是不是？那么大学与社会的关系也是在不断变化的，在这样一种背景下，我们怎么把大学职能的变化和大学精神的核心关联起来？职能是一个操作层面、技术层面的概念，而精神是一个思想层面、理性层面的概念，这两者之间的关系应当怎么更好地体现？我认为不能把大学精神庸俗化了，还是要把它再往上提炼得更高一点。比如骏锋提出了社会观照精神，大学肯定要去观照社会，这个词很好，要服务社会，但我觉得可能更核心的一点是，从精神层面来说，大学它不仅仅是服务，它服务的核心点在哪里？是引领。因为大学是社会思想的创造者、贡献者，所以它更多的应该是引领，而不仅仅是去服务，服务有可能是一种被动的适应性的服务，而引领是一种主动的超越性的服务，这两者还是有区别的。

听了骏锋的报告后，我就有了以下三个问题：理念、精神、文化之间是什么关系？"变与不变""表和里""底色和表色"之间是什么关系？精神、职能、态度、立场、原则、工作原则之间是什么关系？我觉得这三个问题可以进一步梳理，大家可以共同思考。

另外也有几个具体的地方，比如，骏锋提到"中国特色的学术自由"，这个提法我觉得也挺好，可以帮助我们来思考，当然你用了两个维度。刚才你的解释是我们需要自信，需要有中国自信，我们不能紧跟西方、照搬西方的评价体系。

**李骏锋：**其实我想表达的就是我们中国不能一味地追求外国的学术标准，就好像"外国的月亮一定圆"一样，而是要有自己的相对独立性。

**彭宇文：**对，我觉得很好。但是能不能用"独立"这个词来表达？我倒觉得我们讲中国特色的学术自由，首先它的基础还是学术自由。所谓学术自由，就是我们能够基于学术立场，有思考的自由、研究的自由、教学的自由、批判的自由等这样一些自由。那么什么叫中国特色的学术自由？这一点我觉得大家可以进一步来思考。骏锋前面讲让学术回归自由，那么就意味着肯定有学术不自由，这样才需要回归自由，是不是？那么我们的不自由在哪里？我们的学术自由会有很多的制约吗？这些问题，大家可以进一步思考。中国特色的语境其实就是本土化，在本土化的语境下，我们怎么去思考学术自由？所以要不要用"独立"这个词？什么叫"回归自由"？也可以进一步思考。

再比如，骏锋刚才讲了香港科技大学的例子，讲了它的一些特点。这里其实有一个问题需要讨论，大学成长的路径是什么？刚才骏锋讲香港科大建校很晚，但是排名提升非常之快，非常靠前。大学的成长路径跟大学的精神文化是有关系的，我们一般会认为精神文化都需要有时间的积淀，否则很难达到成熟的程度，就像我们讲的十年树木、百年树人，它是需要时间的。那么，在香港这样一些大学的例子里，有哪些特殊的值得总结的路径？有哪些是值得总结的经验？有哪些是值得总结的教训？大家可以来思考一下，这实际上涉及大学成长的路径是什么的问题。显然我们可以看到香港的大学的成长路径，跟我们传统的大学的成长路径不一样，它发展非常快，非常迅速，形成了它独特的成长路径，那么这跟中西方文化的交汇融合有没有关系？跟西方大学精神文化的长期浸泡及其话语评价体系有没有关系？或者说得更大一点，大学的成长跟社会的发展路径有没有相通、相融、相交的一些地方？香港的大学的成长，是在香港的发展中来体现的，无论是之前受殖民统治时期的发展路径，还是回归之后特区的文化社会发展路径，其实都有体现。因此，大学的成长跟社会发展、社会制度的变迁是什么关系？从香港的大学发展来看，也是一个值得研究甚至是反思的问题。

好，下面我们再来看看心媛的报告。心媛的题目是"一流大学的学术回归"，我觉得也非常好。心媛从学术文化场域的理论角度出发，我认为还是很贴切的。文化确实是一个场域，它有时候可能看不见摸不着，有时候可能通过一定的载体来体现，但文化最核心的特点好像确实是一种若隐若现、若有若无、隐隐约约看不见、摸不着、说得清又说不清的一种状态。所以我觉得用场域理论来研究它非常好。

心媛用学科、学院和专业三个维度来研究，这个地方我觉得可能还需要思考，大家也可以讨论。我以为她先讲学科，讲完学科讲学院，下一步我认为她会讲到学校，结果她却转到专业去了，而这是不同的维度。你这里的学科概念，我的理解可能是一个广义的概念，学科和专业的概念是不一样的，专业可能会更具象，它是更小的概念，是我们界定人才培养范围的一个概念。这里的学科作为一种大学科的概念，应该是包含了专业在里面的，这是不可完全分割的。所以，心媛从学科、学院、专业这三个维度来展开，我认为有点问题，不是完全平行有逻辑关系的维度，如果按照学科、学院、学校这三个维度来谈，可能会精准一点。

从领域概念来讲，学科是一个小的点，而学院和学校是从一个组织的概念来谈的，但现在我们可以看到学科实际上也被赋予组织的概念，为什么？按照现代学科发展的理念，出现跨学科、超学科的概念，学科不再仅仅限定在某一个学院组织内，从一流大学一流治理的角度来说，我们恰恰需要跳出学院的组织概念，来构建一个跨学科、超学科的新型学术组织形态，这是我们需要注意的问题，心媛可能忽视了这个问题。

所以学院形态的组织文化，可能恰恰是制约我们一流治理、一流学科、一流大学建设的因素，它会形成一种桎梏，不同的学院、不同的学科之间形成壁垒，这是必然的。因为学院作为一个组织，在这样一种组织框架、行政组织体系及学科组织体系下，它必然会形成自我保护的壁垒，这跟一流学科、一流大学建设的文化要求其实是相冲突的。一流大学、一流学科的治理强调的是什么？其实是要超越学科、超越学院甚至是超越学校本身的概念来谈一流的治理，这是需要把握的问题。因此，如果我们现在还是从学院的组织，甚至从专业的组织去讨论大学学术文化的话，我认为思路窄了，立场低了，出发点不够高，站位不够高，没有紧扣"一流"来讨论这个问题。回到"一流"角度来讨论这个问题，我们一定要跳出学院这样一个简单的组织文化的概念，要形成一个新的学科组织文化，形成一个新的大学组织文化。我们要思考，按照新时代的大学精神、新时代的教育规律、中国特色的教育规律，在一流大学的一流治理中，需要构建一种什么样的学科文化？我觉得心媛的切入点非常好，只是需要把眼界放得更开，把立场站得更高，真正符合一流的这样一个思路。

这是我对心媛报告内容的思考与点评。

## （五）彭老师谈本专题

**彭宇文：** 下面我来分享一下我的PPT。在开讲之前，我想再一次强调一下，每一个专题我都希望大家一起讨论，我没有结论，我所讲的也绝对不是定论。我希望你们能够自己拿出结论，每一个人心里有一个自己的结论，这样我们大家可以相互启迪。

关于这个专题，我们还是先用最权威的政策文本来讨论。

第一份文件，国务院2015年10月发布的《统筹推进世界一流大学和一流学科建设总体方案》。文件提出"双一流"建设的指导思想，"坚持中国特色、世界一流，就是要全面贯彻党的教育方针，坚持社会主义办学方向，加强党对高校的领导，扎根中国大地，遵循教育规律，创造性地传承中华优秀传统文化，积极探索中国特色的世界一流大学和一流学科建设之路，努力成为世界高等教育改革发展的参与者和推动者，培养中国特色社会主义事业建设者和接班人，更好地为社会主义现代化建设服务、为人民服务"。我们都知道，中国的政策语境里所表达的指导思想，往往就是最核心的一些理念，因此这里所提到的党的教育方针、社会主义办学方向、党的领导、扎根中国大地、传承中华优秀传统文化、中国特色、世界发展，等等，都是我们可以思考的维度。

文件在"传承创新优秀文化"部分，提出"加强大学文化建设，增强文化自觉和制度自信，形成推动社会进步、引领文明进程、各具特色的一流大学精神和大学文化"。这里把大学精神、大学文化并列起来讲，并用了三个定语来界定它，分别是"推动社会进步""引领文明进程""各具特色"，但我觉得这三个定语并不是大学精神、大学文化本身的意思，而只是指出了大学精神和大学文化应当基于什么基本立场。从文件的这个表述中，我们有几点需要注意：一是主动性，"推动""引领"，不是一个被动的状态，而一定是主动的、积极的状态。二是特色性，"各具特色"，强调的是各个学校形成自己的特色，各个方面的特色，而不是千校一面的精神文化。三是核心性，大学精神、大学文化要围绕社会主义核心价值观来构建，必须在中国的时代语境下来思考一流大学精神文化建设，使社会主义核心价值观成为基本遵循。

第二份文件，教育部、财政部、国家发展改革委2017年颁布的《统筹推进世界一流大学和一流学科建设实施办法（暂行）》。第二章"遴选条件"中，提出一流建设大学应当具有"先进办学理念"，"文化传承创新方面，传承弘扬中华优秀传统文化，推动社会主义先进文化建设成效显著；增强文化自信，具有较强的国际文化传播影响力；具有师生认同的优秀教风学风校风，具有广阔的文化视野和强大的文化创新能力，形成引领社会进步、特色鲜明的大学精神和大学文化"。可以看到，文件使用的"先进""自信""优秀""广阔""强大""引领""特色鲜明"等表述，与第一份文件的精神是一脉相承的，从先进性、引领性、本土性、国际性、创新性、特色性等方面明确了大学精神和文化建设的基本要求。

第三份文件，教育部、财政部、国家发展改革委 2018 年颁布的《关于高等学校加快"双一流"建设的指导意见》。文件第 12 项"加强大学文化建设"提到，"培育理念先进、特色鲜明、中国智慧的大学文化，成为大学生命力、竞争力重要源泉。立足办学传统和现实定位，以社会主义核心价值观为引领，推动中华优秀教育文化的创造性转化和创新性发展，构建具有时代精神、风格鲜明的中国特色大学文化。加强校风教风学风和学术道德建设，深入开展高雅艺术进校园、大学生艺术展演、中华优秀传统文化传承基地建设，营造全方位育人文化"。这里有三点值得我们关注。一是关于大学文化的定语有所变化，分别是"理念先进""特色鲜明""中国智慧"三个定语，落到一个更大的角度，而且出现了一个更大的新词，叫"中国智慧"。这可能就是近年来常说的，中国大学的发展，要在中国自信的基础上，能够为世界贡献中国智慧。那么什么是"中国智慧"？大学文化里的"中国智慧"包含哪些内涵？值得我们来思考。二是关于大学文化的重要地位，文件提出是"大学生命力、竞争力的重要的源泉"，高度重视大学文化对一流大学建设的重要意义，其实，文化作为一种软实力，既是大学生命力和竞争力的重要源泉，也是大学生命力和竞争力的重要内涵，也正因为如此，大学精神、大学文化建设才成为一流大学与一流治理的重要基础。三是文件用了"文化品格""学术精神""文化气质"这样三个词，这其实给我们思考大学精神和大学文化提出了更高的境界要求。一流大学应当是进入成熟期的大学，这种成熟度往往通过学术、学科、学者、学生、学风、环境等方面的点点滴滴细节体现出来，所谓"品格""精神""气质"看似无形却无处不在，恰恰是"一流"最关键之处。因此，文件中这些不同的表达方式，我觉得确实可以给我们一些启发。

除开上面这三份国家层面的文件以外，各个地方也有一些"双一流"建设文件，围绕大学精神文化提出了一些地方性的表述。比如，湖北省提出"彰显湖北地方特色文化、红色文化"；辽宁省提出"深入挖掘中华优秀传统文化和辽宁高等学校的文化资源……形成具有辽宁特色的一流大学精神和一流大学文化"；吉林省提出"深入研究、大力宣传中华优秀传统文化和我省优秀地域文化"；云南省提得更具体一点，"加强中华优秀传统文化教育，推进云南民族文化传承与创新，建设具有社会主义属性、云南特点、时代特征、学校特色的大学文化"，这里加了 4 个定语，表达非常全面；而广东省讲得宏观一点，用了"注重弘扬现代大学精神"一节专门来阐述，这是其他省没有的。我这里只是列举了几个例子，大家可以去找相关的文件看看。

以上是我从政策文本角度的分析，下面我们再来看看学术研究角度上一些不同学者的观点，供各位借鉴思考。

教育规律是怎么总结出来的？潘懋元先生说"人们认识教育规律不外乎三条途径：第一，综观教育历史的演变所推论出来的；第二，从国际教育比较研究所概括出来的；第三，从现实的教育实践经验总结出来的"。[1]他讲了三条途径，从历史演进、国际比较、实践经验这几点来讨论。我们都认为教育规律是那些客观存在的、对教育发展起着本质作

① 潘懋元．潘懋元高等教育文集 ［M］．北京：新华出版社，1991：743.

用并且始终起作用的规律，但换一个角度思考，既然教育规律来自历史发展与现实实践，那么就必然面临着前面骏锋讲的"变与不变""底色和表色"的关系问题。到底哪些是始终起作用的不变的东西？哪些又可能是会变的呢？我们需要进一步来思考。

对此，国外的一些学者也讲了一些观点。德国学者赫尔曼·勒尔斯在1985年发表的一篇文章里谈到大学发展中的观念变迁问题，"经典的大学观念形成以来的175年中表现出惊人的内在一致性。尽管历经政治变革，尽管不断建立了许多新型大学，但经典的大学观念至今仍是持不同学术立场的学者所能接受和理解的一个理想、完美的观念……大学独立自治、学术自由、教学与科研相结合以及支持它们的通才教育，这一切都是经典的大学观念发展的组成部分"。① 他认为无论大学怎么变化，独立自治、学术自由等这样一些经典的大学观念一直都保持着不变。其实我们可以看到，赫尔曼所表达的经典的大学理念的"内在一致性"，并非没有遇到挑战，随着社会发展对大学提出不断适应社会发展的新要求，如何真正保持所谓"经典的"大学精神，已经面临越来越大的挑战。或者说，一些所谓"经典的"大学精神其实是不是已经偏离或正在偏离其本来意义，呈现出一些原来没有的新内涵，甚至可能是消亡蜕变而形成一些新的规律。英国学者汤因比和日本学者池田大作在他们的对话中，提出了批判性的观点，"现代教育陷入了功利主义，这是可悲的事情。这种风气带来了两个弊端，一个是学问成了政治和经济的工具，失掉了本来应有的主动性，因而也失去了尊严性。另一个是以为唯有实利的知识和技术才有价值，所以做这种学问的人都成了知识和技术的奴隶"。② 美国学者弗莱克斯纳也认为，"大学不是温度计，对社会每一流行风尚都作出反应。大学必须给予社会一些东西，这些东西并不是社会所想要的（want），而是社会所需要的（need）"。其实我们刚才也讨论过，大学精神文化具有主动性特征，在社会发展方面主动发挥推动、引领的积极作用，但要注意的是，这种主动性绝不是以牺牲学术自由和大学尊严为代价的，而是应当坚持实事求是的立场，从引领性角度去为社会提供大学的知识供给与思想供给，这可能是我们在思考大学精神时非常重要的一点。

下面我引用的法国思想家孟德斯鸠的这句话，看上去貌似离题很远，但我希望能够开拓大家的思路。孟德斯鸠是十七八世纪的法国思想家，我们知道在那个年代思想都是交汇的，他的研究对象涉及法学、教育、政治等多学科内容。他在《论法的精神》里提出一个观点，"一般的法律是人类的理性，各国的法律是人类理性在特殊场合的适用；因此，法律和地理、地质、气候、人种、风俗、习惯、宗教信仰、人口、商业等等都有关系，而这些关系就是法的精神"。③ 大家仔细品一品，虽然他讲的是法学问题，但如果我们借以思考大学精神、大学文化问题，那么可以认为，一般的大学精神是人类的理性，具有普遍

　　① ［德］赫尔曼·勒尔斯.经典的大学观念：洪堡构想的大学观念的起源及其意义（1985）［J］.外国高等教育资料，1990（04）：73-78.

　　② ［英］汤因比，［日］池田大作.展望二十一世纪——汤因比与池田大作对话录［M］.上海：上海国际文化出版公司，1985：61.

　　③ ［法］孟德斯鸠.论法的精神［M］.北京：商务印书馆，1982：20.

性价值，而各个国家、各个学校的大学精神是人类理性在特殊场合的适用，和地理、地质、气候、人种、风俗、习惯、宗教信仰、人口、商业等有关系。是不是这样呢？我们每个人思考一下，其实是有的。不同的地域、不同的地质环境，会有不同的法律表达、不同的精神表达。我们要把思路拓展得更开阔一点，从更多不同的开放性的维度来思考大学精神文化的异同及其变迁。

孟德斯鸠还讲了一段话，他讲："法律和风俗有一个区别，就是法律主要规定'公民'的行为，风俗主要规定'人'的行为。风俗和礼仪有一个区别，就是风俗主要是关系内心的动作，礼仪主要是关系外表的动作。"① 这个大家也可以借鉴。因为法律有时候会有一个成文法和习惯法的问题，有些时候我们也有一些民俗，一些习俗，它实际上也是一种规范，就像乡规民约，就像我们不同的老师对不同学生的不同要求规范，它就是一种风俗，但也是一种规范。但是我们有没有注意到这种规范的区别在哪里？法律是约束公民的，公民是一个法律概念，而人是一个社会概念，也会受到风俗的约束。作为一个人，你可能遵从的不仅是法律的规定，你可能还需要遵从习俗、风俗，甚至你的家风，也会约束你的行为。那么礼仪是什么？礼仪就是你外在的表现，你外面可能穿得很好看，我们打个不恰当的比喻，有一句俗语叫作"红漆马桶表面光"，意思是有的人长得很周正，穿得很整齐，但是心里面很肮脏。所以，礼仪是外表的动作，它有不同的表达。这给我们很多启发，我们怎么去思考大学精神？大学文化的内和外是什么？大学文化的制度文化和其他文化之间有什么样的关系？我们可以借鉴孟德斯鸠的观点作一些思考。

孟德斯鸠在《论法的精神》中有很多地方提到他对中国的一些认识，不知道他的材料是怎么来的。比如，他讲"（中国的立法者们）他们把宗教、法律、风俗、礼仪都混在一起。所有这些东西都是道德。所有这些东西都是品德。这四者的箴规，就是所谓礼教。中国统治者就是因为严格遵守这种礼教而获得了成功。……有两种原因使这种礼教得以那么容易地铭刻在中国人的心灵和精神里。第一是，中国的文字的写法极端复杂，学文字就必须读书，而书里写的就是礼教，结果中国人一生的极大部分时间，都把精神完全贯注在这些礼教上了；第二是，礼教里面没有什么精神性的东西，而只是一些通常实行的规则而已，所以比智力上的东西容易理解，容易打动人心"。这段话里谈到了读书，谈到了教育，谈到了礼教，谈到了规则，等等。他的这些话有没有道理？大家可以思考一下，可以进一步地借鉴这些观点，思考我们中国特色的大学精神、大学文化到底包含哪些内容？我们中国特色的大学精神文化里面是不是"没有精神性的东西"而只是一些行为规则？或者换一个角度说，我们究竟应当怎样提升大学精神文化中的"精神内涵"？所以，我推荐大家如果有兴趣可以找来孟德斯鸠的《论法的精神》看一下，虽然很厚，分上、下两册，但内容非常丰富。

最后，我设定了这么几个"问一问"的问题，想跟大家讨论一下。

"简单还是复合？纯粹还是复杂？"我们的大学精神文化、教育规律，到底是简单的还是复合的？是纯粹的还是复杂的？也许它都是，可能是简单加复合、纯粹加复杂的，但

---

① ［法］孟德斯鸠. 论法的精神［M］. 北京：商务印书馆，1982：312.

精神的东西肯定是纯粹的，尽管它应该非常复杂，但它又应当是纯粹的存在，那意味着它不脱离教育的本源，对不对？所以在本质上应该是纯粹的。

"硬件还是软件？思想还是技术？"我们会把文化、精神用软件来体现，但它其实也不仅是软件，它也会通过比如建筑、校园环境这样一些硬的载体体现出来。从大学文化的操作层面来看，它体现出技术特点，但它更核心的还是思想，关键是要体现思想。

"传统还是新潮？稳定还是变革？"刚才骏锋前面讨论了"变与不变"的问题，其实它既是传统的，又是新潮的，必须跟着时代的发展而变化，但它到底要变化多大？我个人认为，对于不同的教育类型、不同的教育层次，可能这种变与不变的幅度、态度应该也是有差异的，但归根结底，这种变化还是应当建立在教育本源的本质稳定性基础之上的。

"内生还是移植？内在还是外显？"刚才骏锋讲了很多我们中国特色的东西，所以我们强调要内生，像实事求是这样的表达，就是中国话语内生的表达。但是因为中国的现代大学制度是从西方移植过来的，移植的特点也很明显，中国传统因素跟"移植"两者之间怎么结合起来？同时，精神文化的特性，要求既要内化于心，又要外显于行，也就是中国传统文化提倡的"知行合一"，所以内在和外显怎么结合起来，也是值得我们思考的。

"普适还是特殊？共性还是个性？"刚才骏锋用了"同一化"这个词，其实我觉得还是一个普适性的问题，大学精神肯定应该有它的普适性一面，但又具有特殊性的一面，因此，处理好共性与个性的关系非常重要，既要看到大学精神文化的统一性与普适性，又要充分尊重不同地区、不同学校的精神文化特殊性和差异性，这也是一个处理起来比较难的问题。

"大俗还是大雅？活着还是生活？"大学之大，意味着智慧之大，其实大学精神、大学文化最需要的是大学的"大智慧"，并以此保持自己的独立性、批判性和引领性。当然，随着社会发展，大学与社会之间的距离变得越来越模糊，大学的生存离不开所处社会环境，因此，要保持自己的"大智慧"，究竟是大俗还是大雅？究竟是要"活着"还是"生活"？就越来越成为一个必须面对的难题。我们可以看到，现在大学的精神文化，也有很多世俗的内容与形式，比如文艺晚会上流行歌舞的表达、时尚甚至另类服装的表达、新校区建筑风格的表达，好像都具有浓浓的"烟火气"。而回到大学的精神、大学的文化，"大智慧"意味着"神仙气"，那么我们究竟要不要"烟火气"？我们能不能把"神仙气"和"烟火气"结合起来？是既要"活着"还是又要更好地"生活"？这个我也没想好。当然从现在的发展环境及趋势来说，可能还是需要有"烟火"，你不接地气可能也不行，但是你少了"仙气"行不行？你这种卓尔不群的"仙气"要不要坚持？你的另类的个性特点怎么保持呢？我觉得这些地方可能需要我们深刻反思。

我跟大家分享了我的一些观点，也期待大家今后可以更深入地讨论一些问题。课堂上总是时间有限的，只能表达一些核心的要点，我更多的是想抛出问题，留给大家进一步思考。今天的主题就分享到这里。

## 三、2022 年的再思考

光阴似箭，日月如梭。尽管距离这门课结束已经过去了整整两年时间，但我仍然对其记忆深刻，仔细回味一下，充满着美好的回忆与无尽的遐想。

第一，这门课的上课方式令我印象深刻。一方面是特殊时期无法返校只能通过线上软件进行"云上课"，虽缺少身临其境的环境，但在空间、时间上打破了原有模式的限制。另一方面本门课作为武汉大学研究学分课程，彭宇文教授给予了我们最大的尊重与指导，让我们自己选择专题进行报告，极大地锻炼了我们的学术研究能力。

第二，对于大学精神、大学文化的理解更深刻。两年前自己的想法、思路存在诸多不周密之处，一是有罗列资料之嫌，二是缺乏自己的观点。对比彭宇文老师的建议与思路，我在两年前的发言着实令自己汗颜。现在再来思考大学精神、大学文化，我一是会加强对政策文件的梳理、分析，根据政策文件的要求进行研究。二是还会进一步扩大阅读范围，在大量阅读的基础上得出自己的观点，而不是简单地引用他人的思路或观点。研究学分课程的重点贵在"研究"，需要有自己的观点，而非资料阐释。

第三，学术研究永无止境。"日看纲目数页，通晓时务物理。"学术研究是一个持续的过程，对于大学精神与教育规律的探讨不应该仅仅止步于课堂，更应该发散思维，"天马行空"地进行长期研究。**（李骏锋）**

## 思考题

1. 高等教育治理中需要遵循的中国特色教育规律有哪些？
2. 如何理解大学精神的时代发展？
3. 如何以大学精神文化建设推进一流大学治理发展？

## 参考文献

[1] 别敦荣，张征 . 世界一流大学教育理念的特点与启示 [J]. 高等工程教育研究，2010（06）.

[2] 陈·巴特尔，汪旺根 . 何以一流？重归大学的理念与制度之维 [J]. 高等理科教育，2019（06）.

[3] 储朝晖 . 大学精神与大学理念——中西大学的心灵差异 [J]. 清华大学教育研究，2006（01）.

[4] 韩益凤 . "双一流"建设背景下大学理念的重申 [J]. 黑龙江高教研究，2018，36（09）.

[5] 李文 . "双一流"背景下中国大学理念的反思与铸建 [J]. 现代教育管理，2019（07）.

[6] 陈先哲 . 新时代高等教育与高等教育新时代 [J]. 教育发展研究，2018，38（Z1）.

[7] 陈永福，解梦雨 .《大学》与大学精神教育的培育 [J]. 高校辅导员学刊，2018，10（06）.

[8] 丁学良 . 什么是一流大学 [J]. 中国大学教学，2002（04）.

[9] 范丽娜 . 新时代大学精神传承与创新研究 [D]. 西华师范大学，2009.

[10] 傅林，朱永坤 . 近现代西方大学精神及其对中国的影响 [J]. 北京教育（高教），

2016 (05).

[11] 李秀勤. 西南联大的大学精神及启示 [J]. 河南教育（高校版），2018 (05).

[12] 刘宝存. 何谓大学精神 [J]. 高教探索，2001 (03).

[13] 刘赞英，李文文. 西南联大精神的历史沉淀及其对世界一流大学建设的当代价值 [J]. 大学教育科学，2016 (05).

[14] 王梦晓. 香港地区世界一流大学的发展历程与实践经验——以香港科技大学为例 [J]. 中国高校科技，2019 (04).

[15] 吴朝晖. 新时代中国一流大学精神建构研究 [J]. 中国高教研究，2019 (10).

[16] 郑翠飞. 古代书院的大学精神及其现实意义 [D]. 河北师范大学，2008.

[17] 朱永坤. 大学精神存在的历史实证及发展逻辑——基于古代西方大学精神的历史考察 [J]. 教育理论与实践，2016, 36 (21).

[18] 刘亚敏. 大学精神探论 [D]. 华中科技大学，2004.

[19] 曾天山. 奋力谱写中国特色社会主义教育现代化新篇章 [J]. 教育研究，2018, 39 (09).

[20] 赵沁平. 让教育规律成为常识 [J]. 中国大学教学，2018 (05).

[21] 戴亦明. 试论教育规律 [J]. 宁波师院学报（社会科学版），1990 (03).

[22] 张应强，邬大光，眭依凡，等. 中国高等教育70年十人谈（笔会）[J]. 苏州大学学报（教育科学版），2019, 7 (03).

[23] 张辉蓉，盛雅琦，宋乃庆. 中国高等教育发展70年：回眸与前瞻 [J]. 浙江师范大学学报（社会科学版），2019, 44 (05).

[24] 董宝良. 中国近现代高等教育史 [M]. 武汉：华中科技大学出版社，2007.

[25] 武晶晶. 探析高校党委领导下的校长负责制的若干关系定位 [J]. 社会科学论坛，2012 (09).

[26] 谢元炳. 加强和完善党对高校的领导——学习《高等教育法》札记 [J]. 贵州民族学院学报（社会科学版），2000 (03).

[27] 李海萍. 改革开放40年中国高校内部领导体制改革审视 [J]. 湖南科技大学学报（社会科学版），2018, 21 (05).

[28] 李宏刚，司甜园，时胜利. 70年来党领导高等教育的历史变迁、主要成就和未来走向 [J]. 江苏高教，2019 (11).

[29] 陈亮. 高等教育改革与发展70年的中国特色道路 [J]. 内蒙古社会科学（汉文版），2019, 40 (02).

[30] 罗伯特·阿诺夫，阚阅. 中国高等教育：在竞争与挑战中实现平衡发展 [J]. 比较教育研究，2011, 33 (06).

[31] 陈何芳. 大学学术文化与大学学术生产力 [J]. 高等教育研究，2005 (12).

[32] 董泽芳，吴绍芬. 西南联大调适学术文化与行政文化冲突的经验与启示 [J]. 高等教育研究，2016, 37 (11).

[33] 陆根书，胡文静. 一流学科建设应重视培育学科文化 [J]. 江苏高教，2017 (03).

［34］刘益东 . 论"双一流"建设中的学术文化困境［J］. 教育科学，2016. 32（03）.

［35］陈克文 . 高校专业文化建设与发展分析［J］. 教育与职业，2011（21）.

［36］刘梦然 . 析论优秀儒家文化对高校学术文化建设的借鉴意义［J］. 思想政治教育研究，2019，35（03）.

［37］李振玉 . 文化视野中的高等教育系统——伯顿·克拉克的学术文化思想及其意义［J］. 外国教育研究，2003（12）.

［38］杨鲜兰 . 论大学精神的培育［J］. 高等教育研究，2004（02）.

［39］郑湘晋 . 对"学校文化场"的建设与作用的思考［J］. 教育理论与实践，2000（04）.

# 专题七　一流大学治理的法治基础：
# 教育治理的法治化

课程时间：2020 年 4 月 24 日 9：00—12：00
地　　点：腾讯会议
主报告人：曾心媛
副报告人：李骏锋

## 一、引　　言

选择本专题前，我一直在思考老师曾经问我们的问题：何为一流治理？"一流"是否等同于"一流""二流"等"三教九流"之"一流"？正如《大学》中所言"大学之道，在明明德，在亲民，在止于至善"①，"止于至善"乃我国教育亘古不变的追求，所以走向善治的治理应是一流治理的题中之义。学界对于善治的认识与界定众说纷纭，但基本离不开法治这个基础，治理理论研究的代表人物俞可平指出："法治是善治的基本要求，没有健全的法治，没有对法律的充分尊重，没有建立在法律上的社会程序，就没有善治。"②由此，我以为"法治化"是一流大学的"善治"之路，故选取本专题对一流治理的法治基础进行专门探讨。(曾心媛)

## 二、课 堂 实 录

### (一) 主报告人报告

**曾心媛**：各位同学，大家上午好！今天我和大家分享的专题是"一流大学治理的法治基础：教育治理的法治化"，我的报告分为三个部分，第一部分从"一流治理的法治逻辑"说起，第二部分围绕"一流治理的实施路径——依法治校"展开，第三部分围绕章程展开，探讨"一流治理的章程统领模式"。

① 郭丹，程小青，等．四书五经（二）［M］．北京：中华书局，2019：25.
② 俞可平．全球治理引论［J］．马克思主义与现实，2002（01）：20-32.

第一部分，一流治理的法治逻辑。

这部分内容，我们先从"治理"说起，探讨从法治到善治的过程。对高等教育而言，"一流"的治理应当是"教育现代化"的题中应有之义。有学者提出，"高等教育现代化是以国际高等教育最高水平、最先进状态为参照的目标体系和追求，是具有时空局限性的相对概念，反映未来某阶段或现实高等教育发展的最高水平及其综合实力的最强状态。"[1] 高等教育现代化包括高等教育的普及化、高等教育的高质量、善治的高等教育结构、高等教育的国际化、高等教育的信息化及高等教育学习型社会等具有操作意义的六大要素。[2] 这里提到的"善治的高等教育结构"正是指向"一流"的治理。那么，什么是"一流的治理"呢？在探讨"一流治理的核心要义"专题中，我们曾思考了这样一个问题："一流"是相对于"三六九等"中的"一流""二流""三流"吗？答案肯定是"否"。那么，"一流"是否足够贴切地表达"一流大学"的治理呢？

在回答这个问题之前，我们来回顾一下中国一流大学的建设之路。有学者将改革开放后中国一流大学建设分为两个阶段，第一个阶段是"985 工程""211 工程"等重点工程建设阶段，第二个阶段是"双一流"建设阶段。虽然国家对教育的投入大幅增加，甚至可以和世界顶尖大学媲美，但是我们和世界一流大学还存有差距，而这个差距则落在治理的效率或者说效能上。所以，我认为"一流"的治理在表达上是成立的，但是"一流治理"的内涵不应该落到静态的"等级"描述，因为治理本就是动态的过程，表达的是大学内外部治理结构自治协调的前提下，大学的治理效能达到最佳的状态。这种状态是"管理"的最佳状态，借用《大学》中所提"大学之道，在明明德，在亲民，在止于至善"[3]，大学的理想是"至善"，我们在教育现代化过程中所追求的"一流治理"也可以理解为是一种"善治"。

在上次课上，我们在文化逻辑中探讨了一流治理的文化基础，大学作为一个学术组织，有其高贵的精神、崇高的理念和社会使命，这决定了大学应该是一个高度自律、高度自觉的理性组织。但是正如克拉克所言，现代大学已经成为一个"多元化巨型大学，其组织、结构、活动运行都极其复杂。善治不仅仅是依靠理念支配或者主体自觉来完成，它还是通过构建完善的法规制度，并对组织的运行和成员的行为进行规制的结果"。[4]

说起"善治"，这个概念我们并不陌生，国内外学者对"治理"与"善治"的研究汗牛充栋。我国研究"善治"的较早且较有权威性的学者当属俞可平教授，他在《治理与善治》中对善治的各家之说也作了一个梳理，最后归纳出善治由六个基本要素构成，包括合法性、透明性、责任性、法治、回应、有效。关于"法治"这一要素的解释，他提道："法治是善治的基本要求，没有健全的法治，没有对法律的充分尊重，没有建立在

① 眭依凡. 关于一流大学建设与大学治理现代化的理性思考 [J]. 中国高教研究，2019（05）：1-5，48.

② 眭依凡. 关于一流大学建设与大学治理现代化的理性思考 [J]. 中国高教研究，2019（05）：1-5，48.

③ 郭丹，程小青，等. 四书五经（二）[M]. 北京：中华书局，2019：25.

④ 克拉克. 高等教育系统 [M]. 杭州：杭州大学出版社，1994：68.

法律上的社会程序，就没有善治"。① 由此我们可以得出结论，"法治化"是一流大学的"善治"之路。

第二部分，一流治理的实施路径——依法治校。

对一流治理的法治逻辑进行梳理后，我们要探索的是一流治理的法治载体。教育法治作为推动教育改革发展的动力，其成果最终要落实于学校之中。以法治化的观点来看学校治理，其命题应当是学校治理的法治化——依法治校。

依法治校是国家重点实施的一项政策，从最开始提出至今颁布了多个文件推动落实，在北大法意资源库里检索关键词"依法治校"，检索出有效文件 124 个，其中有多个文件对"依法治校"提出了明确要求。

教育部 2003 年颁布的《关于加强依法治校工作的若干意见》（教政法〔2003〕3 号）中指出："实行依法治校，就是要全面贯彻教育方针，坚持教育为社会主义现代化建设服务，为人民服务，与生产劳动和社会实践相结合，培养德智体美劳全面发展的社会主义建设者和接班人。实行依法治校，就是要严格按照教育法律的原则与规定，开展教育教学活动，尊重学生人格，维护学生合法权益，形成符合法治精神的育人环境，不断提高学校管理者、教师的法律素质，提高学校依法处理各种关系的能力。实行依法治校，就是要在依法理顺政府与学校的关系、落实学校办学自主权的基础上，完善学校各项民主管理制度，实现学校管理与运行的制度化、规范化、程序化，依法保障学校、举办者、教师、学生的合法权益，形成教育行政部门依法行政，学校依法自主办学、依法接受监督的格局。"

教育部办公厅 2005 年发布的《教育部办公厅关于开展依法治校示范校创建活动的通知》（教政法厅〔2005〕2 号）提到了"依法治校示范校"的基本标准分别是："管理制度完善健全、校内管理体制完善、办学活动依法规范、民主管理机制健全、教师权益受到保障、学生权益得到尊重和维护、法治宣传教育成效明显、依法治校工作机制健全。"

2012 年教育部下发的《全面推进依法治校实施纲要》（教政法〔2012〕9 号）正式指出："推进依法治校，是学校适应加快建设社会主义法治国家要求，发挥法治在学校管理中的重要作用，提高学校治理法治化、科学化水平的客观需要；是深化教育体制改革，推进政校分开、管办分离，构建政府、学校、社会之间新型关系，建设现代学校制度的内在要求；是适应教育发展新形势，提高管理水平与效益，维护学校、教师、学生各方合法权益，全面提高人才培养质量，实现教育现代化的重要保障。"

结合以上文件精神，我对"依法治校"进行解剖性理解，分别从"依""法""治""校"四个层面进行解读。首先，"依"是指依据，强调法律至上，依据法律，是理念层面的解读；"法"，则有内外两个层面的理解，向外是指宪法、法律、中央地方各级政府政策法规，向内是指学校章程、校规校纪等制度体系，是制度层面的理解；"治"是对权力的限制、对权利的保障、对程序的规范、管理与服务的统一，是实践层面的理解；"校"则比较具体，是指各类高校。据此，我确定了分析依法治校的理念层面、制度层面、实践层面三个维度，以此入手探讨依法治校的相关问题。

---

① 俞可平. 全球治理引论［J］. 马克思主义与现实，2002（01）：20-32.

第一，在理念层面，依法治校体现了三个转变。

一是从"人治"到"法治"的转变。"人治论"在我国可以追溯到春秋时期，孔孟荀主张的"德政""仁政""贤贤"无不主张为政在人，这一传统对我国的管理思维产生了根深蒂固的影响，主要体现为各级各类行政管理中"官本位""一言堂""权大于法""以言代法"等现象长期存在。而依法治校则意味着从"人治"到"法治"的转变，即"法"是学校一切活动和事务管理的依据，贯彻"法律面前人人平等""法律至上"的法治思维。

二是从"学法"到"用法"的转变。思维转变之后，教育系统的广大干部、师生就应该自觉学法、懂法、用法，做到依法自觉办事、遇事找法、解决问题靠法、自觉守法、抵制违法，将法治思维贯彻到学校治理的各个方面，牢固树立法治观念。

三是从"遵法"到"尊法"的转变。"依法治校"不是"以法治校"，更不是"以罚治校"不能简单地将法律工具化、庸俗化，"依法治校"体现的是从"遵法"到"尊法"的转变。法律固然需要遵守，但是"遵法"强调的是他律，是人们功利选择的结果，有着天然的趋利避害的倾向，而"尊法"强调"自律"，是比"遵法"更高的境界。我们从小就熟知的一句西方谚语"一切法律中最重要的法律既不是刻在大理石上，也不是刻在铜表上，而是刻在公民的心里"，正所谓"法律的权威源自人民的内心拥护和真诚信仰"①，所以依法治校在理念层面体现的是广大师生和行政工作人员法治信仰的树立。

第二，制度层面的依法治校，我将从静态的权责关系和动态的运行机制来进行分析和探讨。

其一，静态的权责关系，包括宏观和微观两种维度。

宏观维度是指外部的权责关系，涉及政府、学校、社会三个主体。一是政府的统筹管理权。政府在中国高等教育改革发展过程中，始终居于核心地位，发挥着不可替代的关键性作用。我国多个政策文件都有提及。比如1978年，教育部发布的《关于恢复和办好全国重点高等学校的意见》指出，"要根据有利于加强党的一元化领导，有利于发挥中央和地方两个积极性，有利于在教学和科学研究工作中早见成效的原则，对全国重点高等学校实行统一领导，分级管理……"1993年发布的《中国教育改革和发展纲要》指出，"高等教育逐步实行中央和省、自治区、直辖市两级管理，以省级政府为主的体制"，提出"逐步扩大省级政府的教育决策权和统筹权"。2015年修订的《高等教育法》规定，"设立实施专科教育的高等学校，由省、自治区、直辖市人民政府审批，报国务院教育行政部门备案；设立其他高等教育机构，由省、自治区、直辖市人民政府教育行政部门审批"，从法律的角度进一步明确与规范了省级政府对高等教育的统筹权。总之，改革开放以来国家已经通过政策和法规的形式逐步确立了高等教育由中央和地方两级政府管理，以省级政府为主的管理体制，为政府依法统筹管理高校奠定了基础。二是学校办学自主权。1985年发布的《关于教育体制改革的决定》指出，要"改革管理体制，在加强宏观管理的同时，坚决实行简政放权，扩大学校的办学自主权"，这是第一份从大学办学自主权的角度

---

① 解志勇. 法治十问 [M]. 北京：人民出版社，2017：22.

提出大学自主办学问题的政策文件。1992 年发布的《关于国家教委直属高校内部管理体制改革的若干意见》和《关于国家教委直属高校深化改革、扩大办学自主权的若干意见》，对扩大大学办学自主权作了更加细致的规定与说明，并首次明确提出大学的法人地位问题。2015 年修订的《高等教育法》明确赋予大学自主办学的合法性，规定高校拥有财产权，自主招生权，自主设置和调整学科和专业，自主组织教学活动、自主开展科学研究、技术发明和社会服务，自主开展与境外高等学校之间的科学技术文化交流与合作，自主进行机构设置和有限的人事权。至此，大学的办学自主权有了坚实的法律基础和法治保障。三是社会广泛参与权。1985 年《关于教育体制改革的决定》指出，"要使高等学校具有主动适应经济和社会发展需要的积极性和能力"。1993 年《中国教育改革和发展纲要》对社会参与高等教育治理的诸多问题作了规划、部署与明确，由此也奠定了社会参与高等教育治理的主基调。1998 年《高等教育法》一方面强调大学要向社会争取资源，另一方面鼓励社会参与大学发展，从法律上肯定并鼓励社会依法参与高等教育治理。2014 年《普通高等学校理事会规程（试行）》指出，高等学校要建立理事会制度，并对建立理事会制度参与高等教育治理的意义、作用、职责以及组织等一系列问题作了规定与部署。2015 年修订的《高等教育法》从社会投入、社会监督以及第三方评估等方面，进一步完善了社会参与高等教育治理的体制机制，再次明确与肯定了社会参与高等教育治理的合法性。社会参与高校治理的权利由各项政策法规的颁布而逐步确认，并且有了法律保障。

接下来，我从法律关系入手分析高校内部权力架构，包括政治权力、行政权力、学术权力、民主权力，这些权力都包含不同的权责关系。一是政治权力，体现党委是高校内部依法治理的政治权利与责任主体。在法律范围允许下，党委作为高校自身发展目标与长远规划的决策者、把关者与导航者，旨在规避我国高校内部治理过程中可能出现的方向性偏差，即在法律的指引下，使高校发展始终行驶在国家教育方向的主航道，比如坚持中国共产党的领导、坚持社会主义办学方向等，这些体现着高校内部治理过程中政治权利与政治责任的统一。二是行政权力，体现校长是高校内部依法治理的行政权力与责任主体。从法定代表人角度而言，校长既是高校内部治理的行政权力主体，也是高校内部治理的行政责任主体，体现了高校法人代表的行政权力与行政责任的统一。三是学术权力，体现教授是高校内部依法治理的学术权力与责任主体。在高校内部治理结构中，以教授为主体行使大学学术权力，健全依法咨询、审议与决策大学教学、学科建设、战略管理等重大事项的学术性机制，体现的是学术权力和责任的统一，充分体现了大学治理的学术逻辑和制度功能。四是民主权力，体现师生是高校内部依法治理的民主权利与责任主体。高校内部依法治理的民主权利需要体现在各个环节，各个层面都需要民主，广大师生员工以民主评议、民主参与的方式参与学校各类事务的管理、决策是民主权利与义务的集中体现。

其二，动态的运行机制，包括以下几个环节。一是依法决策。不同类型的学校主体其主要决策机制存在不同，如公办高等学校党委领导下的校长负责制、职业学校的校企合作决策制、民办学校（中外合作办学）的学校董事会或理事会规则等。依法治校要求学校要依法明确、合理界定学校内部不同事务的决策权，健全决策机构的职权和议事规则，完善校内重大事项集体决策规则，大力推进学校决策的科学化、民主化、法治化。二是依法执行与监督。如何做到依法执行和监督呢？我概括为三点，首先，权力制衡。自主设置职能部门，分别行使决策权、执行权和监督权，相互制约，相互协调。其次，信息公开。决策事项、依据和结果要在校内公开，允许师生查阅，在重大决策执行过程中，学校要跟踪决策的实施情况，通过多种途径了解教职员工及有关方面对决策实施的意见和建议，以全面评估决策执行效果。最后，权责分明。学校因违反决策规定、出现重大决策失误、造成重大损失的，要按照谁决策、谁负责的原则追究责任。三是依法民主参与管理。学校中民主参与的主要渠道有教职工代表大会和学生代表大会，其他渠道包括共青团、学生会、研究生会、学生社团组织等，这些渠道都有助于发挥民主力量，使广大师生参与依法治校。

其三，实践层面的依法治校。我先就外部依法治理进行探讨，内部依法治理会在后面结合章程具体展开。

就实践层面而言，外部的依法治理可以概括为构建政府、学校、社会的新型关系。前面我们已经讲到，政府对高等教育的统筹权有相应的法律基础，那政府在依法治校的实践中如何体现依法管理呢？从问题入手分析，当前政府依法管理存在的问题主要有：一是政府在统筹中的越位问题。部分地区存在政府过度干预高校资源分配的现象，政府作为高校办学的主要出资者，对分配至高校的资源管控过细。我国高等学校分布广泛，各地区的社会状况不尽相同，所以政府无法准确地根据各地实际情况划分高校内部的财物走向，这就需要高校管理者作出具体决策，制定适合自身发展的分配指标。政府过细干预学校内部管理，使大学失去自主权，有碍学校发展建设，显然是有悖于政府依法管理的。此外，政府对高校人事制度的管控过多。虽然高校一直在推行人事制度改革，但政府对高校内部的人事制度有巨大的掌控权，这很大程度削弱了学校的办学自主权，不利于调动教师的积极性，也是有违政府依法管理的。二是政府的缺位问题。就高等教育而言，政府在各高校的投入差异悬殊，主要集中在发达城市和省会城市，导致各地区就读大学生比例严重失调，毕业生集中在发达的城市中，使就业机会减少，城乡间差距逐步增大。政府对大学投入分配的管理缺位，致使大学之间差距逐渐增大。此外，高校教育机会分配也不够均衡，主要体现为教育机会分配不均。因此，实施依法治校，政府应该做到"法无授权不可为，法定责任必须为"，引入"权力清单"和"责任清单"制度，由全能型政府向服务型政府转变，在法律范围内发挥其在高校外部治理中顶层设计、统筹规划、监督管理、信息服务等方面的职能。

除了政府的统筹管理问题，高校在落实自主办学权的过程中也存在一些问题。一是大学的法律地位模糊不清。一方面，1995年《教育法》和1998年《高等教育法》都明确了大学的独立法人资格，但是这仅是民事意义上的法人，并且我国无私法和公法之分，法人只是一个民事概念，在行政范围内则无实质意义。1998年《民法通则》（现已废止）以是否营利为依据，将大学归为非企业法人中的事业单位法人，因此大学具有事业单位和民事法人双重法律地位。另一方面，高校又是经国家法律授权的，行使国家行政权力或者公共权力的组织，具有行政主体资格，但是与政府之间也无法建立起平等的法律关系，附属机构或者主从关系仍然是主调，导致大学的权力、权利、责任、义务混乱，阻碍大学自主发展。这直接导致大学无法准确掌握自身办学自主权，甚至导致大学办学自主权的滥用、误用，比如违规招生、违规收费等。所以，实施依法自主办学，学校应做到不仅只靠政府"扩大办学自主权"，而要在现有的法律范围框架下，借章程统领明确自身的法律地位，建立健全大学法人制度，明确地划定大学与政府之间的权力边界，使大学与政府的法律关系获得真正意义上的平等，学校在法律法规的规制下，依法招生、办学和开展教育教学活动。

在社会依法支持方面，也存在两个问题。一是社会参与权力弱化。虽然社会的参与权有了相应的法律基础，但是"政府、社会、学校"三方关系的协调上一直没有突破性的进展，高等教育的管理权其实一直在政府和高校这两极之间进行分配，政府一直是高等教育管理权的实际拥有者。这一定程度上侵害了社会参与高校治理的权利，而且长时间的权利空白状态，必然导致社会对这一权利的怠慢，使整体维权意识低下。二是参与机制缺失的问题。目前我国社会力量参与高校治理缺乏有效的制度供给，有关社会参与的方式和途径、制度规范并不完善，各相关利益主体之间的责任权利关系也未能在制度框架下得到明确。所以，社会要明确自身作为外部治理主体的法律地位，增强维权意识，依法主动参与高校治理，大力培育社会组织与第三方协会组织，提升社会组织参与能力，树立社会组织权威与公信力，夯实社会组织参与高等教育治理的根基，完善社会组织参与机制，更好地统筹社会力量、平衡社会利益、调节社会关系以及规范社会行为，营造社会组织参与高等教育治理的良好生态环境。

第三部分，一流治理的章程统领模式。

为什么叫"章程统领"呢？实质就是以章程为"龙头"，规划出一整套治理体系，推动实现大学的一流治理。

我们先对章程的核心概念进行界定。通过资料、文献的检索，我把学者们的研究归纳为两种定义思路。第一是按制定主体归类。"章程是指由大学权力机构制定的、上承国家或州政府教育政策或法律法规，下启大学内部管理的具有一定法律效力的治校总纲"。① "大学章程是举办者或者其所委托人根据大学组织的社会功能制定的关于大学组织体系及其实际运行规范的基本制度"。② 第二是从功能定位的角度定义。"章程是根据国家法律赋予大学自治立法权而制定的、规范大学组织及其内部活动的自治法，是大学的宪法。大学的教育教学和管理活动都必须以大学章程为依据，大学的其他规章制度都不得与大学章程相抵触，学校中的所有成员都必须遵守学校章程的规定。"③ "大学章程是指由大学的权力机构根据大学设立的特许状、国家或地方政府教育法律法规，而制定的有关大学组织性质和基本权力的，具有一定法律效力的治校总纲领。"④ 我暂不对章程的概念下结论，但是我结合学者的观点总结归纳了大学章程的三个属性。其一是一般属性，包括纲领性和规范性。所谓纲领性，是指章程规定一校管理事项中最重要、最根本的部分，是一校之内

① 刘香菊，周光礼. 大学章程的法律透视 [J]. 高教探索，2004（03）：39-41.

② 别敦荣. 现代大学制度：原理与实践 [M]. 青岛：中国海洋大学出版社，2018：128.

③ 王国文，王大敏. 学校章程的法律分析 [J]. 中国教育法制评论，2003（00）：104-119.

④ 于丽娟，张卫良. 我国大学章程的现状及建设 [J]. 江苏高教，2005（06）：18-20.

的"纲领法"，是必须严格遵守的正式条令和原则，因此大学章程是统领大学办学的纲领性文件。所谓规范性，是指大学章程对大学办学的规范作用，包括对内部机构职位设置、各种办学活动与要求发挥约束和限制作用，使大学在特定的轨道实现特定的功能，因此大学章程叫理解为大学的办学行为规范。其二是法律属性。这是我在文献阅读中借鉴的观点，有人把章程看成一种抽象的行政行为。所谓抽象行政行为是指行政机关在进行行政管理时，针对不特定的人和事制定普遍适用的规范性文件的活动。由此可以推断，高校作为经国家法律授权的，行使国家行政权力或者公共权力的组织，其章程因具有针对对象的不特定性、效力的后及性与可反复适用性等典型特征，根据行政法学中关于行政行为分类的一般原理，应被归属于抽象行政行为之列。其三是特殊属性，之所以叫特殊属性，是为了强调这是我国所特有的属性，即章程在某种程度上而言，是一种政策性文件。我国自2012年1月1日起施行《高等学校章程制定暂行办法》，要求所有公立高校都要建立大学章程，旨在以章程作为学校对办学自主权的依据，通过章程来实现学校的治理现代化，即大学章程实质是基于我国大学发展的现实需要，建立起大学作为独立法人，与政府以及社会之间形成治理体系，解决内外部管理的突出问题的政策性文件。

前文已提及，"一流治理"是教育现代化题中应有之义，教育治理现代化以法治路径作为其善治之道，以制度传递着一流大学治理的理念，而章程作为大学治理在制度层面的首要表征，在一流大学的治理中理应发挥着统领的作用。那么在国家、学校、社会等不同主体之间，行政权力、学术权力、民主权力、教师权力、学生权力等不同权力架构之间，一流大学的章程治理应该如何发挥其应有的作用以推动教育治理法治化呢？

如果从"法治"的核心要义出发，即彭老师常和我们说的"对权力的限制，对权利的维护，对程序的规范"，按照这个逻辑，大学章程在一流治理中相应发挥着"组织法""权利法""程序法"的作用。

其一，"组织法"的作用是界定各类权力使用的范围和边界。"组织法"是大学章程对于高教行政、学术管理层面的界定，是以高等教育学基本原理和法学之"权力分立"原则为背景的结构设计，是一种宏观的制度构建，大学内部治理权力之间的问题集中体现在政治权力和行政权力边界的模糊，行政权力对学术权力的干涉，即党委领导和校长负责、校长治校和教授治学之间的矛盾。我国公立大学统一实行党委领导下的校长负责制，而"党委"和"校长"之间的关系和边界问题也是我国大学治理中的难题，"党委"和"校长"是否相悖？其实，两者不但并行不悖，而且还不可分割，因为"党委领导"意味着党委决策，"校长负责"意味着校长执行，而实践过程中的"党政联席会"则体现着党委和校长之间的沟通和协商，所以党委对校长的领导是监督意义上的领导，校长贯彻执行党委的决策。但是，现有的章程对"党委"和"校长"之间的权力界限和权责关系却鲜有明确的规定和划分，导致高校内部治理党政不分，矛盾重重。所以，在大学章程统领的一流治理中理应对此有所回应，明确规定各自权力的构成和行使方式，并由此构建具体的制度。

行政权力和学术权力是高校内部治理的又一难题，集中体现为是"校长治校"还是"教授治校"？理论和实践中对此都出现过争论。一方面，有人认为大学是学术组织，承担着高深知识的创造和传播责任，大学的治理理应由掌握高深知识的学者来承担；另一方面，有人又认为"行政"与"学术"双肩挑不利于各自职能的全面实行，也不是现代大学治理发展的主流。那么大学章程在行政和学术的边界上又应该如何界定呢？首先，明确"教授治学"的治理范围，即"教授治学"是对高校学术事务的治理，是以对高深学术知识和客观学术、教学、科研规律的掌握为基础进行的治理，是以教授委员会、学术委员会、学位委员会等机构为载体的治理。其次，明确"教授治学"和"校长治校"之间的关系并非互相对立或相互分离，"教授治学"实为教授参与"治校"的表现，是"校长治校"的必要补充，那么章程就应该明确规定，校长以及教授委员会、学术委员会、学位委员会等机构发挥相应职能时必须把握好相互之间的界限与关联，唯有如此，才能实现"校长治校"与"教授治学"的合理有效统一。

其二，"权利法"的作用是加强对各类权利的保障和维护。

首先是在高校与政府的关系层面。前文已提及，高校的办学自主权已经有了相应的法律基础，但是这绝不意味着绝对自治，该权利在行使过程中不可避免地会与外部各个组织之间发生相关的权利义务关系。在处理高校与政府的关系时，大学章程应该明确规定两者各自的权利边界，维护好自主管理的权利，使政府不越权，自身不弃权，在法定管理权限范围内，根据行政合法性与合理性之要求，行使自由裁量的职权。

其次是在高校与社会的关系层面。前文已提及，社会对大学治理的参与权也有了相应的法律基础，大学章程在明确自主管理不受"社会非法干预"的同时，对大学与社会之间的合理关系也要有所回应，建立起相关的支持和服务机制，对内表现为以下几点：一是权利的赋予。章程作为校内"最高法""基本法"，对于权利事项必须保持高度重视，这既是"人权保障"原则之要求，也是章程结构完整性之必要。在我国，公立大学的章程对师生享有的权利和应当履行的义务都有明确规定。二是权利的维护。除了明确赋予师生享有的权利和履行的义务之外，章程对师生权利的维护还体现在章程遵循的"重大事项"法律保留原则。随着高校与学生对簿公堂的案例不断涌现，高校对学生的裁决经常涉及开除学籍、学位授予等，故在涉及足以剥夺学习自由的重大事项时，章程作为"最高法"理应于文本中对这些行为的裁决作出"法律保留"层面的要求，遵循"法律保留原则"，维护广大师生的权益。

其三，程序法的作用是规范各项事务的程序。要以"程序法治"精神渗透于实体组织、权利、权力运行当中，通过章程进行的一流大学治理包含程序理念的治理，是通过程序规则实现的大学法治，章程对一些具体的或者抽象的行为都要作出明确的程序规范，具体包括：

一是章程的制定和修改。这是对章程自身合法性的程序论证，包括修改或制定的主体，具体包括哪些程序，通过哪些制度等都要有明确规定，只有自身通过正当程序制定的章程才能获得普遍服从。

二是重大事项的决策。行政主体作出的涉及本地区经济社会发展全局、社会涉及面广、专业性强、与人民群众利益密切相关的事项，因其所涉事项的特殊性不同于一般行政决策，在程序层面上也相对要求更高。重大行政决策程序的法治化有益于减少行政决策主体的盲目性和主观随意性，同时可促进行政决策权的合理行使，提高行政效率。

三是一般事项的决策。除影响重大、与师生利益紧密相关的事项外，高等学校在日常管理中更多面对的是一般行政与学术事务的处理，这些事务的处理同样事关师生合法权利的有效保障及高校和谐法治秩序的形成。因此，章程应对此有所规定，明确听证制度、告知制度、公开制度、证据制度等一般事务处理的程序制度。

四是申诉程序。章程对教师、学生的权利申诉制度可作原则性制度设计，规定高等学校的教师或学生在接受教育、教学管理过程中，如对学校所给予处理的决定不服，或认为学校侵犯了其合法权益，则有权请求校内有关部门如专门的申诉委员会或校外上级教育行政主管机关重新审查、审议并作出相应处理决定，遵循程序性这一原则。

以上是我今天所有的汇报内容，请老师和同学们批评、指正！

## （二）副报告人报告

**彭宇文**：心媛讲得很系统，时间也把握得很好，40 分钟。那下面就由骏锋接着讲。

**李骏锋**：好的，彭老师。在进行我的报告之前请大家先来思考一个问题：有一门课很难，你觉得学起来没有什么用，同时又占用了你大量的时间去学习，最后的结果只是为了通过这门考试。在这种情况下，你会向学校反映撤掉这门课程吗？或者说你认为学校是否会听取你的意见？由此我就想引出今天要分享的问题：学生参与一流大学治理，是权利还是权力？这里又隐含了两个层面的问题，第一个是"能不能"，第二个是"怎么样"的问题。我们从学生参与大学治理的必要性说起。

说起学生参与大学治理，我们先回顾一下博洛尼亚大学的学生自治。博洛尼亚大学应该是世界上最早的大学，起初由很多学生组成一个学术共同体在一起学习，后面就基于同乡的关系组成了同乡会。后来又逐渐演变成了"universities"。它的翻译有很多种，我这边取了"法人团体"的意思，但是也有另外的含义，比如说，"一群宿儒先生，或一群学生所组成的一个学术性行会"。对内，学术组织对成员形成广泛的刑事和民事管辖，组织成员间在生活学习上互相扶助，对外，它就是负责与城市当局、教授以及其他人的交涉，相当于一个学生的自治体。在这个团体里面，学生的主导地位，是由他们的经济地位决定的。随着政权的世俗化，学术自由和教授治学就被尊崇为大学的精神要义。此时大学更多关注的是高深学术的探究，并非学生的发展。教授们的学术权力和管理人员的行政权力，构成了一个大学内部治理的权力架构，大学外部反而就受到国家权力的制约和支配了。

到了近代，学生权利回归，尤其是 20 世纪 90 年代以后，存在财政预算紧张和大学急速发展的矛盾，正是因为学生的学费的增长，学费成为大学经费的一个来源，受消费的影响，我们又开始对学生权利有一个回归性的诉求。比如说布鲁贝克就在他的书里面讲道，"作为高等教育的一个消费者，学生要求在确立课程和教师的任命及结构方面，拥有一定程度的发言权"。学生在学术方面可以提供具有重要意义的收入，这一点也得到了事实的验证。在我国古代，书院里有"高足弟子代管制"，学生协助书院院长处理一些日常的书院管理工作。到了近代，我国大学的学生权利主要是以学生运动这种非正式的集体行动方式存在运行，表现为五四爱国运动、九一八抗日救亡运动，等等。进入现代后，则是通过具体的章程体现，以武汉大学章程为例，第 2 章"学校成员"第 1 节"学生"里讲道，"学生可以参与学校的民主管理，对学校工作提出意见和建议"。第 3 章"组织机构"提到学生代表大会，介绍了它的一些职责，类似于学生的权力机构。第 6 节提到理事会，学生代表也可以作为理事会的成员参加学校发展的讨论或者决策。

接下来我们来讨论学生参与治理的理论支撑。

首先是多元共治理论，治理主体具有多元性，且这些治理主体是保持各自"个性"的密切关联体，通过在特定社会领域中"八仙过海各显神通"，实现政府、社会、市场三者间的分工合作与协商。

其次是利益相关者理论，大学党委书记、校长、各级行政人员、管理人员、教师、学生等共同构成了大学内部治理结构的主体，家长作为学生的监护人一般也被纳入大学内部治理结构主体，关键就在于厘清大学内部治理结构中利益相关主体的权力、权利和义务界限。

下面讨论一下学生参与大学治理的可行性。

第一，学生参与大学治理是发挥自身主观能动性的表现。2017 年新的《普通高校学生管理规定》颁布实施，以法规形式明确了学生拥有高校治理的权利。不言自明，学生在大学治理中的主体地位也应进一步得到加强。

第二，学生参与大学治理是全球高等教育践行民主管理的重要举措。进入 21 世纪，众多世界一流大学都将学生参与管理作为完善大学治理结构的重要组成部分写入大学章程，通过兼具软、硬法性质的章程维护学生参与权利。比如美国密歇根大学章程就规定，"学生参与大学决策过程是保证大学生活质量的有效途径，分管学生事务的副校长应为构建学生参与决策机制提供支持"。

第三，学生参与大学治理是我国教育法律法规的明确要求。《教育法》《高等教育法》《国家中长期教育改革和发展规划纲要（2010—2020 年）》《高等学校章程制定暂行办法》以及新修订的《普通高等学校学生管理规定》，先后对高校自主管理、民主管理、学生组织的地位和权利等方面作出规定。一条清晰递进的法律链有力地诠释了学生参与大学治理的权利、形式以及保障等内容，为学生参与学校治理提供了法律依据。依据上位法，国内一些高校为彰显学校治理中的学生主体地位和权利，开展了富有成效的实践探索。如2004 年华东师范大学实施"学生参议会"制度，2007 年华东政法大学建立"学生代表常任制"，2009 年上海交通大学推行的"学生代表任期制"，包括武大刚刚提到的学生代表大会，其实也是这方面的体现。

第四，学生参与大学治理是实现学生群体最大利益的有效保障。随着大学从一元管理走向多元治理，允许多元主体参与大学治理成为一种彰显教育自由和民主的表征，尤其是倡导学生作为大学的利益相关者参与大学治理，既是大学善治的题中应有之义和内在要求，也是大学制度正义的价值诉求。

那么高校应该怎么做呢？如何规范学生参与大学治理？我认为应当从以下两个方面努力：

第一，形成学生参与大学治理的理念。一是人本理念。以人为本，一切为了学生自由而全面的发展。要尊重和保护学生的个体价值，发挥其"独立人"主体性意识；要维护学生权利诉求；要重视学生权利。二是法治理念。章程在体现其作为学校治理基本原则的同时，也应将学生参与治理的具体机制和操作程序在文本中予以明确。目前高校章程虽然能够普遍强调学生的权利，但对学生如何正确维权的路径却很少规定和涉及。另外，一些高校在章程中，对学生权利和义务以及学生参与学校事务管理虽然作了表述，但忽视了参与程序及参与的具体原则的制订和细化。三是共治理念。认识到学生是一个独立的群体，换句话说，就是要有服务意识，不能仅仅把学生当作管理的对象，要树立学生是大学核心利益相关者的理念，激发学生参与治理的热情，强化学生参与治理的主体意识。

第二，完善学生参与大学治理的相关制度。一是以大学自治制度为基础。高校自治会使行政者的权力失去对政府权力的依靠，将不得不直接面对日益显现的学术权力和学生权力的诉求和挑战。由此，善待学术权力和学生权力，保持行政权、学术权和学生不同权力主体间的平衡，大学内部治理方有效能。二是以教育法律体系为保障。主要体现在确认学生权力，厘清权力边界。目前，我国制定的《教育法》《高等教育法》等法律法规，没有将学生权力写入其规定范围。

我认为，学生参与治理是学生个人社会化的过程，通过参与大学治理，可以不断增强他们的主体意识、理性意识、权利意识、法治意识，让民主与法治、自由与平等、公平与正义等理念内化为学生发展的坚定信念。因此，让大学生积极参与高校治理，在治理活动中提高自治意识，锻炼自治能力，无疑是现代大学完善内部治理结构的重要途径。

回到开头那个问题，我自身也有个回答，学生参与大学治理，它既是一个 right 也是一个 power。

谢谢各位！

### （三）提问交流环节

**彭宇文**：好，我们休息 10 分钟后再开始。大家也准备一下提问。

（10 分钟休息结束）

**彭宇文**：我们继续上课。心媛你继续共享屏幕。今天两位同学的报告都有一个很明显的特点，就是非常简洁，也很清晰，可以看得出来，他们应该看了很多资料，进行了比较多的思考，我觉得非常好。那么下面我们还是这样，由同学们先来提一些自己的思考，我们来讨论一下。就按屏幕显示的顺序，首先是王萍。

**王萍**：彭老师，各位同学好！谢谢心媛和骏锋同学今天给我们作的汇报。心媛有一页 PPT 是她自己整理和归纳的关于依法治校的核心要义解读，但我感觉"依"并不是一个依据，我感觉"法"才是依据，所以说这个表述能不能再改进一下？能不能找一个更贴切的词？因为"依"应该是一个动词，我感觉"依"作为"依据"来讲，有一点牵强。然后你把"法"归入制度层面，我感觉这里面不光是制度，也有法律，因为法律和制度还是不一样的，包括政策，我觉得它们还是有侧重点的，所以我在想，在理念层面和制度层面这一个概括和表达维度是不是能有更好的方式？感觉这里似乎有一点不是那么贴切。所以这个地方我们可以后期讨论一下，有没有什么更贴切一点的表达，这是我的一点想法。

**曾心媛：**谢谢王萍分享的建议。我谈谈我的归纳逻辑。"依"在这里确实是想表达为动词，它并不是名词，但是为什么说理念层面，是因为我觉得这个字它体现的是一种理念。"依"肯定是依据"法律"，说它体现的是理念，是相对于我后文提及的内容而言的，比如说"以法治校"或者是"以罚治校"中的"以"，相对这个"以"而言，我觉得"依"体现的是一种法律至上的理念。所以"依"也是动词意义上的"依据"，但是强调的是法律至上的理念，这个是我的归纳逻辑。然后"法"，我之所以归纳为制度层面，是因为制度层面就包括法律制度这一整个完整的体系，包括了法律，但是可能我为了四个字的对称表达，用了制度体系，就有了歧义。当然刚刚王萍讲得也很有道理，我会试图找到更加贴切的表达方式。

**王萍：**好，谢谢你的解答！

**彭宇文：**这个问题我也顺便说一下，我不知道心媛你看过关于"依法治校"中"法治"的英文表述没有？

**曾心媛：**就是"by law"，用了一个介词"by"。

**彭宇文：**"by law"是吧？还有一个词"in law"。中文还有一种提法叫作"以法治国"，"依法治国"还是"以法治国"？一字之别，它们在词源上、语义上以及理念上，还是有些差异的。大家可以去查询一下，我就不多说了。心媛在这里把"依法治国"的"依"字归到理念层面上，我还是赞同的。依据法律就是遵循法律、依循法律来治理，这个也是成立的。所以从理论上来说，它强调的是一种法律至上的精神。回到词源上去了解，大家可以去查一查"以法治国"的来源，好像是来自法家，韩非子等法家学者谈到了"以法治国"，可能"以法治国"强调的还是君王和权力部门作为法外主体运用法律来治国，而它们本身是不受法律制约的，它谈到的其实是"治民"，而"依法治国"强调的应该是治"官"、治"权"，法律对包括"官"和"权"在内的所有主体都适用。所以，"以法治国"与"依法治国"这种现代法治的理念还是有区别的，大家可以从词源角度做进一步的探究。好，下一位，徐玉胜。

**徐玉胜：**老师，同学们大家好！我有两个问题想要问一下心媛。你有一张PPT谈到"权责关系"，你谈到了政府的统筹管理权、学校的办学自主权，你的标题是"权责关系"，但是这里面我感觉好像一直在谈"权力"，那"责"怎么体现？因为你前面谈到了政府、学校和社会三个"权"，那权责关系中"责"，比如说社会的职责在哪些方面？体现在哪里？是不是可以再谈一下。这是第一个问题。

还有一个问题，你后面在谈大学章程的时候，我们应该把章程放在一个什么样的地位？如果我们把它理解为一种政策的话，是不是理解成一种教育政策？还是说它只是每个学校自己的纲领性的指导。如果理解为政策性文件的话，是不是相当于把大学作为一个行政主体，大学或学校和政府的关系是不是就相当于是包含与被包含的关系？章程在法律上应该是一个什么样的定位？这个问题我还不那么清楚，就这两个问题。谢谢！

**曾心媛：**我先回答第一个问题，关于政府以及社会还有学校的权责关系，我从政策文件出发，想表达政府、学校和社会在国家发布的法律法规政策中，就已经拥有了这些权利。权利（rights）本来就是一个相对的概念，有权肯定就有责。比如以政府的"统筹管理权"为例，政策文件已经规定，并赋予了政府外部统筹管理高校的权力，那政府承担的责任就是要依据这些法律法规去行使统筹管理权，比如制度设计、统筹规划、信息管理服务等，它的责任就是这样体现的。再比如，高校有了自主办学权，就要在权利的授予下依法行使自主办学权，如依法招生、依法进行一些教育教学活动，这些就是它责任的体现。

关于第二个问题，章程属性问题，你是没弄明白章程是不是政策性文件吗？你具体的疑问是？

**徐玉胜**：我的问题就是，我们这里谈到了很多的属性，就是它到底应该是一个如何的定位？换言之，章程和法律的关系是怎样的？章程是不是等同于法律？

**曾心媛**：你刚刚也讲到了，包括我自己查找资料也了解到，章程肯定不是法律，但是有学者将它归为"准立法"。因为，如果按照法律的位阶，它是属于法律法规的下位法，比如说它是《高等教育法》的下位法，但它又不是法律，对于大学内部自身办学而言，它具有纲领性的作用，所以它应该统领学校自主办学。我们目前没有《学校法》，学校就只能依据章程进行统领性的领导，在章程的规范框架下把握自主办学权，明确政府以及学校还有社会之间的关系。

你刚刚问，如果把章程规定为政策性文件，大学作为一个行政主体是不是就变成了政府的附属机构？根据我所查找的资料，大部分学者都认为，高校是有行政主体资格的，但是它和政府之间又没有建立起平等的法律关系，大学确实有点类似于政府的行政机构，这其实是一个不健康甚至算是变异的发展过程。我们现在之所以强调大学自主，强调办学自主权，应该也是为了解决这个问题。这是我的解答，可能不是很专业，不知道能不能解答你的疑问。

**徐玉胜**：如果我们说章程是法律，或者章程级别比较高的话，它应该和政府的这些政策文件是平级的吗？

**曾心媛**：我觉得不是平级，它应该是下位法，是法律法规的下位法，这样一来，章程规定的内容和《高等教育法》以及《教育法》等所规定的内容是统一的，它是这些法律的下位法，它们的精神肯定是统一的，不能说学校因为有自主办学权，就独自成一家，它们是成体系的，我是这样理解的。

**彭宇文**：玉胜你能接受她的观点吗？

**徐玉胜**：我说不清楚，反正我感觉可能还是有一点矛盾。

**彭宇文**：那你的问题，等一下我再说好不好？我知道你说的问题，因为这个问题比较大，回头再讨论。下一个就是夏施思，然后是易慧、思钰。

**夏施思**：首先还是非常感谢曾心媛和李骏锋两位同学给我们作得很精彩的汇报。对于曾心媛的汇报，我想说一些自己的想法。首先在办学自主权的那一部分，你先是提到"1998年通过的《高等教育法》"，然后你打了一个斜杠，说明"2015年修订的《高等教育法》明确赋予了高校一些权力……"《高等教育法》是1998年制定的，并在2015年的时候进行了一定的修订。你中间这个斜杠让我觉得有些混淆。既然是进行了一定的修改，那么它肯定是在已有的《高等教育法》基础上的修订，所以两个放在一起来说明会不会稍微有一点点不妥？这个是我自己的一个看法。如果我来分析法律的话，我可能会把修订前后的内容进行展示和比较，可能并不仅是把这两个法律放在一起。其次，你谈到"依法治校"也好，还是"一流大学治理的章程统领模式"也好，我觉得定义上的、理论方面的内容是非常多的，同时也能够让我知道这些学术语言的定义是什么，这一点很感谢你。但是我觉得彭老师的课程主要还是一个研究性的课程，如果我来作这一专题的汇报的话，我会在这些概念、定义、内涵的基础之上，再进行一个拓展，进行一个研究性的学习。比如你谈到了这么多"依法治校"的规定，但高校还是存在权力滥用的现象，包括一些程序不规范的问题。所以高校依法治校的实际状况究竟是什么样的？我们是不是可以采取一种很科学的方法来衡量高校依法治校的程度？如果是我，我可能还会加上高校依法治校评估方面的内容，我觉得这是可以在定义概念的基础上再往上延伸的。如果说你想到了评估这方面的话，你可以告诉我，我们一起交流。如果你没有考虑到这方面的话，我提出这个建议，也是希望跟大家一起探讨，好不好？还是很谢谢你们，我觉得很棒，谢谢！

**曾心媛：**谢谢！你的意见确实很有建设性。关于《高等教育法》的呈现问题，我确实没处理好。这里用斜杠备注，是因为它确实是经过了修订，所以如果只说1998年通过的《高等教育法》，或者只讲任意一个，会不会显得没有这么完整？所以我把两部法都放上去了，但是确实没有考虑到前后的对比，没有考虑是不是对办学自主权有了进一步的规定，或者是否更加明确，我会进行完善。关于评估，我觉得是一个很好的想法，我在设计报告内容的时候也没有考虑这方面的内容，评估直接关系它的实践情况。其实我前面也提了部分依法治校中存在的问题，比如政府外部依法管理以及社会依法参与、学校依法自主办学等出现的问题，但可能不够系统，后面还有改进的空间，谢谢！

**彭宇文：**施思这个问题说得很好！我发现施思每次的发言都很全面，在感谢的基础上提出自己的想法，滴水不漏，挺好！我接着施思的话说两点，确实我们需要更多地从问题导向出发，从讨论的导向，甚至从批评的导向、批判的导向来进行我们的讨论和研究，而不仅仅是教科书的导向，不光是把张三、李四、王五怎么说的拿出来。按照"问题导向"更多地谈问题，谈自己的质疑、自己的疑问，这一点我觉得确实是我们所有的同学参与这个课程需要注意的，也是我反复强调的，但实事求是地说，大家的表现跟我所设想的还存在差距。资料的整理，各自报告逻辑的梳理，这些大家都做得比较好，但是怎么从中挖掘出问题？怎么进行更深入的思考？怎么自我批评、提升？我觉得还需要进一步关注。

这里顺便回到刚才施思提到的《高等教育法》，这一点我觉得她也看得很准。从我们的表达来说，这一张PPT里面存在两个问题（见图7-1），一个问题是对《高等教育法》的法律规定，办学自主权的归纳有遗漏，这里漏了一条关于"财产权"的问题，对不对？法律里面规定有好几条，一共是有7条，是不是？我记得我讲课时也讲过的。

**曾心媛：**对，老师说最重要的是要有"独立的财产权"。

**彭宇文：**但是你这里恰恰就没有了，对不对？第二个就是我们如果要引用一个法律条文，我建议最好能够把条文的第几条列出来，这样更规范。至于要不要像心媛刚才讲的强调1998年版、2015年版呢？实际上高等教育法的修订并没有对自主权这几条进行修订，

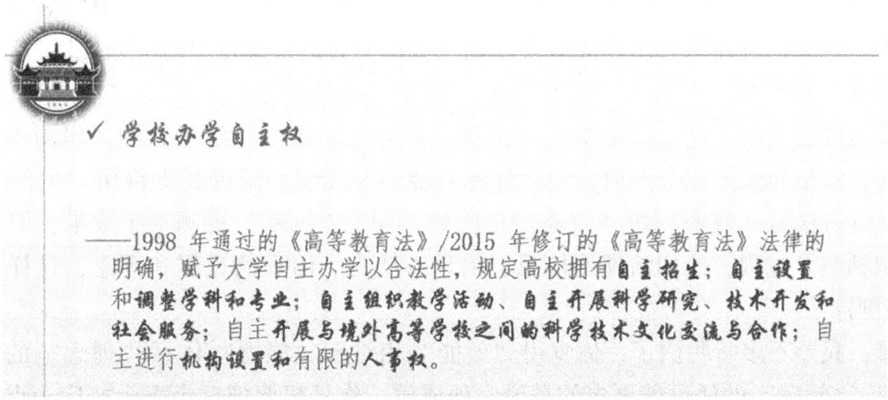

**学校办学自主权**

——1998 年通过的《高等教育法》/2015 年修订的《高等教育法》法律的明确，赋予大学自主办学以合法性，规定高校拥有自主招生；自主设置和调整学科和专业；自主组织教学活动、自主开展科学研究、技术开发和社会服务；自主开展与境外高等学校之间的科学技术文化交流与合作；自主进行机构设置和有限的人事权。

图 7-1

它修订的是其他的内容。所以这个地方如果用最简洁的表达方式，就是现行的《高等教育法》，或者我们就直接说《高等教育法》第几条第几款就可以了。因为我们引用的肯定是现行的法律，不是梳理历史，不需要那么详细，这样可能会更清晰。第几条是关于财产权，第几条是关于学科专业设置调整权、教学科研权，还有合作权、机构设置权、人事权，等等，这样就显得比较规范，比较简洁。这是我顺便接着说的，下面是易慧。

易慧：好的。谢谢两位同学的分享。我有两个问题想要问心媛，第 1 个问题是关于你第一个部分内容谈到的一流治理的法治逻辑。之前依凡汇报的时候，谈的是一流治理的逻辑，她谈到了其他几个逻辑，就是"教育逻辑""行政逻辑"，还有"政治逻辑"，我的问题就是"法治逻辑"与其他的逻辑之间比较，突出的特征是什么？从你的表达上来看，我感觉你想要表达的法治逻辑是"善治"，是这样吗？

第 2 个问题就是你提出应该用"效能"来代替"效率"，你觉得这两个词的区别是什么？这一块我不是很清楚，想要你帮我解答一下。

曾心媛：好，谢谢易慧！先说第一个问题，法治逻辑的问题。我之所以用"法治逻辑"，也是因为前面依凡讲了"政治逻辑"，在上一次课上，骏锋讲了"文化逻辑"，本章的"法治逻辑"，正如你所说，其实指向的是善治。关于善治的研究，有很多文献，成果也比较丰富。我个人的理解是，善治应该是置于现在高等教育现代化的语境下理解，它指向的是高等教育现代化，高等教育现代化所体现的治理应该是一种善治。为什么是"法治逻辑"呢？就是一种法治理念，因为"法治化"是推动"现代化"很重要的手段。之前我们讲的"法制化"，可能更多的是"刀制"的"制"，去进行一种强制性的、惩罚性的法制。但是现在的"法治"，它体现了一种观念，是深入人心的观念，最后达到的效果就是一种很自律的状态。不管是"善治"还是"教育治理的现代化"，还是"一流治理"，"法治化"应该是一个非常重要的手段。所以我就用了法治，用了"善治之道"的表述。

关于"效率"和"效能"的问题。眭依凡教授在《论大学的善治》一文中讲道，

"现在主要的问题是我们跟世界一流大学的差距落到了治理的效率上"，这里的"效率"更多指的是"成效"，但是我用"效能"是因为我们现在的表述，不管是教育领域，还是我们关于"国家治理体系和治理能力现代化"方面的表达，都是用的"效能"。所以我认为用"效能"比较好，不管是"治理能力"还是"治理体系"或者是"治理理念"，效能它会表达得更全面一点，都是围绕"治理"展开。治理不仅仅指它的产出高不高，效率高不高，而是涵盖了几个方面，包括体系、能力、理念，所以我觉得用"效能"会更贴切。我觉得这是"效率"跟"效能"之间的不同，"效率"更侧重于成果，但是"效能"就包括整个过程，比如治理的体系、治理的能力、治理的过程和理念，这样讲可以表达清楚吗？

**易慧：**我差不多听明白了，你觉得"效能"相对于"能力"体系"理念"的表述更全面一点，"效率"的话可能更多的是说一种成效，你是想要把这个概念拓广一点，是这个意思，对吧？

**曾心媛：**对，也是结合当前我们的表达语境，因为用"效能"表达可能更贴切，我觉得也算是一个主流表达，所以我认为用"效能"会贴切一点。

**彭宇文：**谢谢易慧提的问题！其实我也想补充一点关于治理的"效能"和"效率"的问题，这两个词的差异是什么？我的理解是"效能"其实包含了"效率"，但是"效能"所体现的结果导向要更强，而"效率"可能是一个过程导向，强调的是速度，而"效能"是在效率的基础上讲实际效果如何，更多的是强调结果导向，两者还是有一点差异的。按照党的十九届四中全会提出来的，"要把制度优势转化为治理效能"，实际上蕴含的是要提高效率，增强效果。所以效能是一个综合体，是一种复合状态。我个人理解的"效能"更多的应该是一种结果导向，注重结果，而不是简单地注重过程。

另外，刚才易慧这个问题我觉得提得很好，我本来也要准备讲一讲的，这里讲到"法治逻辑"，现在还有一个词叫作"理路"，理论的"理"，路径的"路"，是换一个角度表示一种路径、理念。所谓"逻辑"，更多强调的是一种思路。说到一流大学的治理，我们就需要找到逻辑出发点，要构成一个发展的、递进关系的逻辑线，这样才叫作逻辑。那么一流大学治理遵循的核心逻辑到底是什么？或者说一流大学治理的核心逻辑点是什么？它的出发点是什么？如果按照我们国家官方强调的"全面推进依法治国""实现国家治理体系和治理能力现代化"这样一种表达方式来看的话，那么"法治"似乎是很重要的一个逻辑起点。就大学而言，一流大学治理的逻辑起点在哪里呢？我们讲"一流"，那么什么才是真正的"一流"？它的逻辑性在哪里？刚才易慧实际上提出的是一个比较性的角度，从法治逻辑与文化逻辑、教育逻辑、学术逻辑、政治逻辑等方面不同的角度去理解。"一流大学治理的逻辑"，或者"一流大学治理的理路"，逻辑起点在哪里？也许我们可以从教育哲学、教育政治学的角度进行一些更深入的思考。

此外，从"法治"来说，一流大学治理的法治内涵是什么？包含哪些法治元素？大家仔细一看，心媛讲的一流大学治理的法治逻辑中好像什么都有，从日常的管理到其他方面，那么是不是什么都在里面就叫法治？到底它的核心内涵是什么呢？核心的元素是什么呢？我觉得大家可以进一步来思考这个问题。我们强调法治，但是一定不能把法治泛化，那也不行，必须抓住法治的核心要素来讨论问题。我在这里就补充几句，下面是依凡。

**唐依凡：**还是谢谢两位同学的精彩汇报。关于心媛的汇报，我有一个问题，为什么是"章程统领模式"？我认为，你的PPT主要解释了什么是章程统领模式，但我并没有通过PPT理解到，为什么是章程统领模式而不是其他的模式？如果是我来汇报这一专题，可能我会像你一样，先说明什么是章程？会不会有其他的模式？我注意到文献里有政府主导模式，那么这几种模式比较起来，章程统领模式有什么样的优势？这个模式在一流大学治理的过程中发挥了怎样的作用？因为章程是由学校自主制定的，章程在制定的过程中，是否具有权威性或者是否有制度的效力？这种情况下为什么还要把章程摆在统领的位置？如何来进行章程建设？如何赋予它制度的效率？这是我的问题和建议。我认为你这方面没有回答为什么是"章程统领模式"。

第二个问题是基于易慧提的问题，在她的基础上我就在思考，你为什么加了"一流治理的法治逻辑"这方面的内容？你得出的结论是善治，"善治"是它的逻辑，但是我觉得这一部分跟后面两部分好像没有很大的关联，可能你有你的思考，或者是把"善治"贯穿到一流大学的治理过程中。但是从听的过程来说，我不太理解其间的关联性。

**曾心媛：**好，谢谢依凡。我就先说第一个问题，为什么是"章程统领"？其实可能是我表达得不够清楚，我这里有回答的逻辑。首先我是从章程是什么，从它的概念出发，对学者给出的定义进行了归纳。我总结出章程具有一般属性、特殊属性、法律属性的特点。那章程为什么能统领？因为它有纲领性，它是一校之内的"纲领法"。现在还没有《学校法》，学校自主办学的依据就是章程，它具有纲领性的性质。所以一流治理要由章程来统领，然后章程还有一些自己的法律属性和政策属性，因为它具有这些属性，而且这些属性又很复杂，都涵盖在章程之中，所以章程应该是作为学校依法治理的龙头，从章程出发，去制定一整套完整的管理制度、治理体系，然后去落实依法治校。这是第一个问题。

第二个问题，"一流治理的法治逻辑"的问题，就是这三个部分的关系。我之所以加第一个部分"一流治理的法治逻辑"也是作了考虑的，因为后面两个标题是老师给出的参考，我认为如果讲治理，直接跳到依法治校会显得有点突兀。考虑到一流治理的逻辑起点是"法治化"，第一部分我就从"法治"出发，这个是我的报告内容的逻辑起点。关于这三个部分之间的关系，第一部分就是要阐明"一流治理"它应该通过法治来推动。治理的法治化应该是要具体落实的，它的载体应该是学校，因为毕竟我们针对的对象是一流大学，所以治理的对象或者载体应该是学校，所以第二部分就应该落实到学校的治理，也就是"依法治校"。第三部分从"章程统领"入手，就是依法治校，它依的"法"应该由章程来充当，当然还包括前面玉胜问我的问题，因为我觉得如果从法律的角度来分析章程的话，应该是属于宪法、法律的下位法。所以，依的"法"应该是章程，是由章程来统领依法治校，来统领一流治理，这是我设计的逻辑。

**彭宇文：**依凡没有问题了吧？下一个就是思钰了。

**周思钰：**我有两个问题，分别问一下心媛和骏锋。对于心媛的报告，我认为心媛的整个思路还是比较清晰的，她可能从国家颁布的法律以及学校的章程，从内外两个部分来表达一流大学的法治。但是我有一个问题，心媛最后讲到"程序法"的时候，她讲完就直接讲到参考文献了，我以为她会有一个对于《高等教育法》和章程的升华，但她就直接讲完了，我认为这里可能会有一点点不足。此外，前面她提到了高校的法人制度，其实我觉得这也是法治化的体现，为什么心媛直接选择谈章程，却没有继续去谈法人制度，是出于一个什么考量？我也想听听她自己的看法，这是我对心媛的提问。

对于骏锋，我觉得他跟心媛的问题有一点像，骏锋讲完他自己对于学生治理的理解以后，把学校治理比较优秀的地方展示出来了，然后就停了，也没有继续去剖析现实问题。我们前段时间在其他课堂上也讨论过这个问题，就是说学校治理没有落到学生这里，还停留在表面，其实我是希望骏锋可以多谈谈自己的一些想法，像彭老师刚刚说的，加一点自己的看法，加一点自己的问题意识在里面。但是我认为骏锋就直接给我们罗列了一些他觉得比较好的地方，并没有继续跟我们探讨下去，这是我觉得稍微有一点不足的地方。总体上，两位同学讲的思路还是比较清晰的。

**曾心媛：**好，谢谢思钰，我先回答一下你的问题。第一个问题，为什么后面我突然戛然而止，就跳到参考文献了。这是因为我当时做PPT的时候，没有刻意地注意，突然就发现已经有40页PPT了，我就想着要赶紧结束，然后也没有想到说要有一个总结性的东西，比如说章程要升华一下，结合《高等教育法》去体现一下它的地位或者是它的作用，这确实是可以完善的地方。

然后是法人制度与章程之间的关系。法人制度就是高校的法人地位，这在《民法通则》（现已废止）以及《高等教育法》中都有明确规定，已经赋予了大学独立的法人地位。但是为什么又跳到章程这个层面来？因为章程被学校誉为"大学的宪法"，除去外部的法律，章程应该是最能直接体现大学的独立法人地位的文件。所以这个问题和"为什么是章程统领"这个问题有点相似，不管是老师提供的主题，还是结合我自己的理解，章程应该是最能体现大学独立法人地位的文件，所以叫章程统领，就是由章程来统领大学的一流治理，这个是我的理解。

**彭宇文：**骏锋有什么说的吗？

**李骏锋：**补充一下关于思钰的问题。其实我的主题是学生参与大学治理到底是 right 还是 power？这是我想去解决的一个问题。思钰她刚刚补上的东西，我也有考虑过，她确实考虑得很全面。但我是想从"应该让学生参与大学治理"这个角度去讨论。先让学生参与治理，至于其后可能产生哪些不利的影响，后面再进行讨论，当然这就是另一个话题了。

**周思钰：**好的，谢谢骏锋！

## （四）彭老师点评环节

**彭宇文：**好，大家都谈了一下刚才提的一些问题，我觉得也提得很准确，那么现在站在我的立场上对他们两位的汇报作一些评价。

心媛的报告应当是查阅了很多资料，引用了许多观点，我觉得很好。但换个角度看，实际上心媛的报告讲了很多东西以后，中间却缺一个最核心的点，讲来讲去反而从"一流"变成"一般"了，把概念"泛化"出去了。怎样扣到"一流大学治理"的主题中去？需要斟酌，当然，要我来讲的话，也许也讲不清楚。我们的主题是讲一流大学的一流治理，对此可以有不同的理解，但是因为我们的重心强调的是一流的治理，一流的治理肯定是一种引领性的、典型性的、标志性的治理，所以从这个角度来说，法治的内涵肯定也会有一些不一样的侧重点。我觉得可能这是需要我们进一步来琢磨的。

再看看心媛引用的统计数据，你是怎么统计出来的？

**曾心媛：** 我是在"中国法律资源库"网站搜索，直接输入关键词"依法治校"，然后它会自动生成一个统计，我把数据给引用过来了。

**彭宇文：** 那你看一下，因为你这里面"行业法规"只有 1 个，是哪一个呢？我就想问你这个问题。依法治校实际上讲的是教育法规，如果叫行业法规的话，这个概念我就不太理解。因为如果是法规层面的话，那就不是部门规章，而是立法层面了，那是更高的一个位阶。你这里的行业法规是什么？是哪一个法规？因为如果从法规角度说，关于依法治校方面的法规肯定不止一个，比如说《教育督导条例》《校车安全条例》《中外合作办学条例》，等等，是不是？

**曾心媛：** 老师，可能是因为我输入的关键词是"依法治校"，然后它就自动检测出这些。

**彭宇文：** 原来如此。你去找资源库，我觉得很好！但你不能只是这样简单地去搜索资料，这样的方式太不严谨了。如果是我，我肯定要看一下这 124 个文件是什么，对不对？做到心中有数，而不能仅仅依靠几个简单的数据。应当进一步去看一下这些法律文件的标题甚至是具体内容，看看其中有哪些典型文件值得去琢磨，并进行深入研读。所以这个地方我希望能够更具象一点。

（PPT）再往后翻，这里你引用了《十二铜表法》。除了《十二铜表法》是刻在铜表上的法律，还有比如《汉穆拉比法典》刻在石头上，我们中国的很多重要法律法规、民间的乡规民约，也都是刻在石头上的。你到农村去看，一些村里面会立有一个石碑，像乡规民约、重要的官府文件都刻在石头上，它实际上是以一种形式来表达法律的重要性。虽然说法律的重要性不仅在形式，但是形式很重要，为什么它用石头、铜金属去表示？因为它经得起火烧，经得起风化，能够长期地保存。当然，法律它既是形式的东西，也是内容的东西，从强调理念角度来讲，要把法治刻在民众的心里，但我们也要注意到，法律的表现形式也是很重要的，一定不要忽略它的形式，这是非常重要的一点。

好，往后走。看看心媛讲到的大学章程这部分内容。我提出过"一流治理的章程统领模式"这样一个命题，也写了一篇文章在《中国教育报》上发表，文章很短，只有2000 来字，可能你没看这个文章，里面就阐释了什么是"章程统领"及其核心点等方面关键问题。为什么大学治理可以以章程统领？其一，是由章程本身的位阶特性所决定的。从法律位阶的角度来说，章程高于学校内部制定的所有文件，或者说它是学校内部所有文件（下位法）的"母法"（上位法）。为什么这样说？因为按照章程制定程序，它必须经过教育行政部门核准，这是很核心的一点。学校制定的学生管理规则、学籍管理条例等内部规章制度，是不需要上报核准的，而章程必须经过教育行政部门核准。从法律层面的立法程序来说，虽然并不是说经过核准就赋予了它一个立法的效力，但实际上经过政府部门核准以后，它就带有了政府授权的权威性，具有事实上的权威性。其二，章程的公众性。不是公开性，而是公众性。章程是干什么的？它不仅仅是规约内部，它最大的特点其实是在于它要规约对外的关系，所以它是一个公众性的东西。就有点像作为公众公司的上市公司，一定要有章程，并且章程要公开。为什么大学的章程要求公开？现在强调信息公开，但并没有要求大学所有的规章制度都公开，而章程是必须法定公开的事项，为什么？就是因为章程可以规约学校对外的关系，这是很重要的一点。所谓公众性，就是让公众知道这所大学的办学目标、管理体制、运行机制以及外部与政府、社会之间的关系如何等重要事项。那么公众性的目的是什么呢？其实又回到了我们前面讲的办学自主权问题。为什么要政府核准？为什么章程处于这样一种特殊的位阶？实际上这样一个特殊的位阶赋予了章程公众性，就是大学可以用章程来界定自己的办学自主权，或者我们换一个角度说，可以用章程来对抗政府、社会、公众对大学自主权的不当干预、干涉和羁绊。因为这个章程不是学校自己定的，而是经过政府核准，并且正式公布的。所以从这个角度上来说，它一定程度上赋予了大学自主权的权力空间。我们前面讨论过大学办学自主权的来源，到底是法律赋予、政府给予还是大学自定的？从这一点来说，大学完全可以通过章程的起草，只要不违背上位法的规定，自己赋权，这也是一个很大的空间。《高等教育法》明确了大学的七项办学自主权，在第四十一条规定校长的职责时，专门有一个兜底性条款，就是"章程规定的其他职权"，这个条款其实就是给章程、给大学留了空间。教育部当初为什么推章程建设？为什么我们提出来把章程作为统领？其实就是希望以章程为突破口，让学校能够去找到自己所需要的办学自主权，法无禁止皆可为，在章程中可以明确提出来。这就是章程建设的核心点，很遗憾的是没有完全实现，很多学校的章程没有关注自身特殊的办学自主权，而只是抄一下上位法的规定，错失了一个拓展办学自主权的大好机会。之所以我反复强调章程定位这个问题，就是因为它具有非常特殊的重要意义，值得我们高度关注。

好，（PPT）再往后走。你这里谈到章程具有一般属性、法律属性和特殊属性，认为章程属于"政策性文件"是"我国特有的抽象行政行为"。很好，你有自己的思考，但是这里我们还是要结合高校法人地位来讨论。当然，高校法人地位确实在中国来说是有一点特殊的。我前面一直提的是"高等学校的独立法律地位"，因为按我们现在的法人制度来说，心媛前面也讲了，没有"公法人"这样一个法律概念，只有民事主体的法人，所以我们用法人概念的时候，都是引用《民法通则》（现已废止）里所提到的法人。而高等学校，无论是公办高校还是民办高校，实际上都有一个问题，就是它们在不同的法律关系里面，所具有的法人属性、法律地位是不一样的。那么你这里讲的高校具有行政主体资格，这个就要看怎么理解了。高校显然不属于行政机构，但是可以说它在某些办学行为的处置上，获得行政授权来履行某些特定的行政职能，比如说学位授予。学位问题是我国一个特殊的问题，因为学位在我国属于国家学位。有人提出学位应该是由学校发，而不是国家发，不同学校的学位应该有不同的含金量。但我们的学位是由《学位条例》直接明确的，所以修订《学位条例》、制定《学位法》一直没有完成，其实这是一个很重要的症结，到底学位是应该由国家发，还是由学校自己发？正是因为学位是由国家颁发的，那国务院和省区市就设立了学位办公室，对学位进行管理，所以学校是通过国家授权来颁发学位的单位，学位问题就具有了行政上的可诉性。但是从法律地位来说，高校它显然不属于行政主体，它只是在某些办学行为中，履行了国家授权的行政职能。由此来说，你从法律上把章程制定行为叫作抽象行政行为，这个好像也成立。但是简单地用抽象行政行为的属性来解释章程，有一点点牵强，对高校来说，这一点不是太合适，当然可以参考。

再一个，你认为章程属于政策性文件。刚才玉胜对此提出了疑问。从政策性文件的一般性意义上看，它确实应该指的是政府机关发布的公共政策，因此大学章程还确实不能被叫作政策性文件。当然，因为章程制定过程中有政府核准这样一个特殊的流程，所以它具有一种特殊位阶，高于学校内部制定的其他规章制度，但肯定要低于政府颁发的政策性文件。从核心属性来说，章程还是大学的内部文件，但是它又具有公众性的特点。也正是因为章程具有这些特殊性，对教育行政部门来说，它们希望以章程为抓手，甚至是突破口，来突破我们现在的大学治理困境。我们总在讲，高校要有独立法人地位，要有自主权，要扩权，怎么扩？其实教育部最开始的出发点就是要通过章程来实现，但实际上因为章程在地位上具有模糊性，作为"大学宪法"其内容具有较强的原则性、抽象性，使得章程在学校内部的地位也很尴尬，很多人是不参与、不了解的。在座的 8 位同学，可能真正看过武汉大学章程的不多吧？如果你不是为了做这个专题，你肯定也不会去看它，对不对？因为你觉得没有意义，它不在你身边、用不上。所以章程的存在也比较尴尬，它确实没有实现预期的目标。

但实际上这就还是回到了章程的位阶问题，从章程位阶来看，它好像又不能规定得太细，主要是一些统领性的规定。当然，不同背景的"立法"模式，可能会有不同的表达方式。当年制定武汉大学章程的时候，也参考过其他国家学校的章程，发现很多学校的章程都很厚，有好几百条，内容包罗万象。但是我们可以看到，中国大学的章程普遍不会超过 100 条，普遍不会超过 1 万字，内容很宏观。那么到底哪一种形式更好？这个也没有定论。当然，你如果能够一步到位，能够把章程制定得很细致，其实也说明了一个问题，就是反映出你的成熟度。为什么当时我们的章程很难定下来？为什么讲到自己的自主权的时候，确立不下来？就是因为不成熟，总是处在改革变化之中，也许今天你把它确定下来、细化下来，明天可能就变了。这就成为章程制定中的一个难题，其实深究起来就是我们成熟度的问题。如果我们的成熟度比较高了，我们的法律地位都很清晰了，不需要争论了，也许我们的章程就会更加详细，这里面确实是有很多背后的问题。所以，章程虽然看起来反映的只是表层问题，但是其实它反映了我们大学治理内外部关系中方方面面的很多问题，我们可以从中挖掘出很多值得思考讨论的点。

好，我们下面再简单看看骏锋的报告。骏锋开场就提出了一个问题：有一门课很难，你觉得学起来没有什么用，同时又占用了你大量的时间去学习，最后的结果只是为了通过这门考试。在这种情况下，你会向学校反映撤掉这门课程吗？你提的这个问题，从我的角度来看，我个人认为是不严谨的。其实这里涉及人才培养的供给和需求关系问题，到底是需求作导向还是供给作导向？骏锋从学生的需求侧立场出发，认为课程设置要以需求为导向，我们学生认为有用的，你就应该开，是吧？但反过来说，不那么难、学了有用又不用花很多时间的课程，就一定是应该开的课程吗？好像也不一定吧。整体而言，还是应当系统辩证地看待需求侧和供给侧之间的关系，按照教育规律来处理课程设置问题。当然，这不是我们这个专题的重点，就不多谈了。其实我来设问，我会怎么设？可能我会把前提设置得简单一点。从本专题的内容考量，你实际上想表达的就是我有没有渠道去反映这门课程该不该开？我的反映能不能得到反馈？其实就是这个问题。所以前提条件要不要，其实也无所谓，当然你这样来设问，就显得丰富一点，是吧？但反而造成漏洞。

因为时间关系，今天我们只能简单讨论一下这个问题。学生参与大学治理到底是权力还是权利？我觉得可能兼具两种属性，而这两种属性的来源是不一样的。我们需要看看学生参与大学治理的来源是什么，依据是什么，对不对？来源决定了它的属性。学生作为参与大学治理的主体，他是一个顾客、一个受教育者、一个被动的受体，还是一个主动性的主体、一个利益相关者？身份的不同决定了属性的不同。骏锋刚才也回顾了大学发展的历史，从大学历史变迁中我们可以看到学生主体地位以及学生参与大学治理的变化。归纳起来，学生参与大学治理，既是权利也是权力。先说权利 right，我认为它有两种来源，第一种来源，天赋人权，学生先天就应该具有这种权利，这是天赋的，你有学生的身份，那你就有这样一种权利。第二种来源，法律规定，这里指的是广义的"法定"，包括学校的章程、规章制度的赋权。再说权力 power，其最大的来源在于它的法定性，权力必须是具有规范性、权威性的，比如说通过学代会、学生提案、评教等法定形式，来赋予学生参与治理的权力属性。

这个问题确实给了我们很多思考。其实不光是学生参与大学治理，就整体而言，利益相关者参与一流大学治理，都会面临这个问题，究竟是权利还是权力？这两者的区别是什么？核心的区别其实在于它的天赋性、它的来源性、它的法定性、它的权威性。但无论如何，不管是权利还是权力，都离不开法治的保障。法治具有行为的可预期性、权威性、强制性等特性，保障行使权利、实施权力。因为时间关系，这个我们就不多讲了。

## （五）彭老师谈本专题

**彭宇文：**好，现在我从政策文件和国家领导人的重要讲话等视角来给大家再分享一点内容。也许很巧，我预计到了你们可能不会讲的问题，所以我这里引用的这些文件，内容主要都是讲我们法治建设存在的问题，我简单地把文件讲话的相关内容给大家介绍一下，以便大家思考。

第一，教育部 2012 年发布的《全面推进依法治校实施纲要》，这算是最早关于依法治校工作相对比较系统和权威的一个文件。文件指出，"与教育改革发展的新形势、新任务相比，与全面推进依法治国的新要求相比，依法治校还存在较大差距，主要体现在：工作进展不平衡，一些地方和学校对推进依法治校认识还不到位，制度不健全；一些人民群众反映强烈的违法办学、违规招生、违规收费等问题在个别地区和学校还不时发生；学校管理者和教师运用法律手段保护自身权益、依法对学生实施教育与管理的能力、意识还亟待提高，权利救济机制还不健全；政府教育管理职能转变还未完全到位，部分教育行政管理人员依法行政意识和能力还不强"。应当说，这个文件关于依法治校现实问题的阐述还是比较全面而深刻的。首先，它是从对标时代发展的角度进行分析，将依法治校放在全面推进依法治国、教育改革发展的大背景下，以此为新标准剖析存在的现实问题，体现出高度的时代站位和政治站位，而不是简单地就事论事。其次，它是对标法治的基本原则要求进行分析，这里所讲的问题无论是思想认识、制度建设，还是办学治校、行政管理等，其实都是从保障权利、制约权力、规范程序、加强文化等现代法治的基本原则和要求出发的，对标现代法治的根本精神来剖析现实问题，从而具有更强的现实意义。

第二，《中国教育报》2014 年 12 月 8 日刊登的社论《让法治融入学校治理每个细节》。这篇文章发表在党的十九届四中全会之后，从全面推进依法治国谈到全面推进依法治教，其中对学校章程在依法治校中的重要意义进行了充分阐释，"推进依法治校，首先要加强章程建设，建立依法办学的制度体系。章程相当于一所学校的宪章，对内部如何治理、权力如何运行、学科如何建设、人才如何培养等核心问题，以制度规范的形式作出约束。章程是依法治校的基本依据，没有科学的章程就谈不上依法办学、自主管理，建立现代学校制度更是空中楼阁。章程的生命力在于执行，'喊破嗓子'不如'甩开膀子'，'写在纸上'不如'走在路上'，体现法治精神的章程应在各级各类学校落地扎根。学校管理者想问题、作决策、办事情都应严格依照章程，让章程成为人人遵循之法"。我们前面专门讲到了章程在大学治理中的引领性作用，这篇社论阐释得更精准，明确提出了章程的"宪章"地位，并强调章程的生命力在于执行，应当说，这些观点其实很多是来自教育部领导、国家教育行政部门关于章程建设的重要理念，具有较强的权威性。

第三，教育部、中央编办、发展改革委、财政部、人力资源社会保障部 2017 年 3 月发布的《关于深化高等教育领域简政放权、放管结合、优化服务改革的若干意见》。这是一个涉及高等教育政校关系问题的重要文件，骏锋刚才也引用了这个文件。文件在"完善高校内部治理"部分中，提出"高校要坚持正确办学方向和教育法律规定的基本制度，依法依章程行使自主权，强化章程在学校依法自主办学、实施管理和履行公共职能方面的基础作用"。可以看到，首先，整体而言，文件的基本立场是建立在深化"放管服"改革以促进高校自主办学基础上的，对于加强高等教育治理现代化无疑具有重要意义。其次，文件将完善内部治理作为推进高校办学自主权的基础性前提条件，提出从制度建设入手完善高校内部治理。最后，文件强化了章程在学校治理中的基础性重要作用，特别是明确提出高校依法依章程行使自主权，把"依章程"跟"依法"并列起来，从这个意义上来说，既肯定了章程作为高校办学自主权的基础性地位，又把章程摆到与法律同等并列的重要位置，使章程的重要性得以进一步提升。这几点也许是我们研读这个文件的时候需要特别关注的。

第四，时任教育部部长的陈宝生在 2018 年 11 月 29 日召开的全国教育法治工作会议上发表了题为《全面推进依法治教，为加快教育现代化、建设教育强国提供坚实保障》的讲话。这一次会议非常重要，是继 1999 年全国教育法治工作会议之后时隔近 20 年召开的关于教育法治建设的全国性会议，也是在当年全国教育大会结束不久的背景下召开的，陈宝生部长对教育法治建设进行了系统阐述，有几个方面我们重点看一下。其一，教育法治建设其实也是一流治理面临的大环境背景。他认为，"在教育现代化和教育强国的前进道路上，我们面临的大环境已经和正在发生变化，人民群众的思想观念深刻调整，民主意识、法治意识和权利意识日益增强，对教育公平、制度公正和受教育权高度关注"。可以看到，他是聚焦于思想理念和教育权利角度来分析大环境，思想理念是先导性、基础性的，教育权利则是一切教育活动的逻辑起点与落脚点，应当说他抓住了当前大环境的关键点。其二，教育法治的主要作用。他提出，"我们必须清醒看到，前进的道路上一些体制机制上的顽瘴痼疾亟待破除，教育评价中的'五唯'问题，教育管理中的越位缺位错位不到位等问题，需要改革来探索、来开路，需要法治从根本上来厘清关系、划定边界、保障到位"。他指出的这些问题其实就是我们所研究的教育治理面临的突出问题，其中最关键的还是高校、社会、政府、市场等方面利益相关者之间的关系处理问题，这些关系怎么处理好？得依靠法治，他这里从厘清关系、划定边界、保障到位三个角度给法治予以定位，非常准确和凝练，就是要通过法治的手段，厘清高校与社会、政府、市场等方面之间不断变化的新型关系，划定不同主体在教育治理中的权力和权利边界，为学校发展提供实实在在的法治保障。其三，教育法治与教育改革发展之间的关系。他还讲，"面对新的形势要求，教育法治要真正为教育改革发展开拓道路并保驾护航，仅仅跟上教育改革发展大局是不行的，并行也是不够的，必须先行一步"。所谓法治先行一步，就是通常所说的改革必须于法有据，强调改革应当建立在法治化的前提基础之上，从而保障改革的合法性与发展的稳定性、持续性。由此也可以说，法治建设在教育治理现代化、教育改革发展中所具有的不是一般性保障地位，而更应当是引领性保障地位，通过法治引导和规范教育管理行为、学校办学行为、群众维权行为、社会参与行为。其四，章程建设在依法治校中的重点作用。自教育部推行"一校一章程"以来，所有高校都制定了章程，因此，陈部长提出，"下一步要聚焦有没有真正按章程办事治校，章程是不是真管用，要大力推进学校依章程自主办学，把工作重点从章程的制定转向章程的实施"。再次强调了章程的龙头引领性作用，要求学校按照章程来治校，把重点从制定转向实施，使章程真正能够发挥实际效用。

好，上面这些都是从官方角度来说的，下面我再跟大家分享几位国内外学者关于法治的一些观点。

首先是哈佛大学法学院院长庞德，在《通过法律的社会控制》这本书中谈到法律和权力的关系时，他说："今天许多人都说法律乃是权力，而我们却总是认为法律是对权力的一种限制。所以，社会控制是需要权力的——它需要用其他人的压力来影响人类行为的那种权力。作为社会工作的一种高度专门形式的法律秩序，是建筑在政治组织社会的权力或者强力之上的，但是法律绝不是权力，它只是把权力的行使加以组织和系统化起来，并使权力有效地维护和促进文明的一种东西。"他强调的是，法律本身并不是权力，而是对权力的规约，这其实强调的也是制约权力的法治原则。

还有两位美国学者阐述了法律文化的价值。一位是德沃金在《法律帝国》这本书中谈到法律文化，他用的是"态度"这个词，"法律的帝国并非由疆界、权力或程序界定，而是由态度界定。……从最广泛的意义来说，它是一种谈及政治的阐释性的、自我反思的态度，它是一种表示异议的态度，使每个公民都应该想象什么是他的社会对原则的公共承诺，而在新的情况下这些承诺要求的又是什么。……法律的观念是建设性的：它以阐释的精神，旨在使原则高于实践，以指明通往更美好的未来的最佳道路，对过去则持正确的忠实态度。……总之，这就是法律对我们来说是什么：为了我们想要做的人和我们旨在享有的社会"。他站在人和社会的最高境界，阐述了法治文化。另一位学者弗里德曼在《法律制度》一书中也谈及法律文化，"法律文化一词泛指一些有关的现象。首先，它是指公民对法律制度的了解、态度和举动模式。人们的感觉和行为是否认为法院是公正的？他们什么时候愿意信任法院？他们认为法律的哪些部分是合法的？他们一般对法律有多少了解？……一种特别重要的集团法律文化是专业人员的法律文化，即律师、法官和其他在法律制度的神奇圈子里工作者的价值观念、思想意识和原则"。他从普通公众和专业集团两个方面阐述法律文化，可以看到，法律文化既有普罗大众的非专业性角度，也有法律圈子的专业性角度，两者共同构成了法律文化的社会现象。

再看看中国学者劳凯生教授的观点，他应该算是教育法学界的权威，在《变革社会中的教育权与受教育权：教育法学基本问题研究》一书中他阐述了教育体制与教育法律机制的关系问题。"我国的教育体制应该选择的法律机制应是一个以行政法为主体，民法相配合，辅之以必要的刑法手段，并以其他法律为适当保障手段的完整的法律调控机制。"这涉及教育法治的属性问题，他认为是以行政法为主体，这也是一般传统的认为教育法属于行政法的认识，但又联系到民法、刑法等其他一些法律部门，构成一个综合性的机制。其实，关于教育法的部门法地位问题，我一直的观点都是，随着社会发展和法治进步，教育法应当属于独立的法律部门，这样更有利于推动教育事业的发展。由于时间关系，我这里就不多说了，大家有兴趣可以找我的相关文章看看。劳教授接着说："这样一个法律机制，应当准确反映变化了的社会关系，应当包括规范、条件、手段三个方面，应能反映我国社会转型时期教育的本质特征和内在要求，克服以往教育活动过多渗入行政抑制因素的弊端，避免凭主观意志确定某种现成法律模式去规范教育活动的规则和行为。"这是 2003 年出版的著述，到目前来说也过去了有十几年，但是我觉得我们现在依然可以凭借这段话来思考如何看待教育法治的问题。我想特别强调"变化了的社会关系""社会转型时期"这两句话，这些年来社会大环境不断地在变革，学校与政府、社会、市场之间的关系也在不断变革，处于转型发展时期，从而对具有引领性保障性作用的教育法治也相应提出了不断变革的挑战。教育关系在转型，社会治理在转型，大学治理也在转型，那么教育法治也需要转型，适应这些转型构建一个什么样的呼应时代发展的教育法律调控机制、教育法律体系架构，恐怕是我们需要思考的问题。

其实，无论怎么转型，都离不开法治的本源，因此，进一步而言，我们大家需要讨论的问题就是法治的核心到底是什么？再进一步，落脚到我们讨论的一流大学治理，法治的核心又到底是什么呢？我们能不能基于一流大学治理的法治元素、法治逻辑，用一个关键词来表述它？各位想想这个问题，但也不能把它泛化。记得之前我给大家讲过中国传统的"法"字的写法"灋"，《说文解字》解释说，"灋，刑也。平之如水，从水。廌，所以触不直者去之，从去"。它其实也包含了公平、公正这些要素，但它和我们讲的现代法治精神有什么区别呢？有一个西方的学者昂格尔，写了一本书：《现代社会中的法治》，书中用比较多的篇幅来讲中国传统法律文化为什么不能形成现代的法治精神，大家有兴趣可以找到这本书看一看。

好了，我们还是回到今天的主题，你认为的教育法治的关键词是什么？现在花几分钟时间，每一个人都说一下你的关键词，用一个关键词来描述自己认为的一流大学治理中的教育法治。

**李骏锋**：规则。

**曾心媛**：程序。

**周思钰**：制度。

**王萍**：严密。

**徐玉胜**：我觉得也是制度。

**易慧**：体系。

**唐依凡**：理念。

**夏施思**：权利。

**彭宇文**：那么这里我倒想问一下王萍，你为什么用了"严密"这样一个词呢？你的思路跟我们有点差异，可能其他人的想法我还可以猜到，但我没想到你用了"严密"这个词。你说明一下，你是怎么考虑的？

**王萍**：我感觉法治建设不管是体系、制度，还是一系列的规则程序，它一定要完善，并且严格地执行和实施，所以"密"就体现了法治建设的一个全面性，"严"就是说执行过程中的这种执行性要得到很好的落实。因为我觉得规则、体系、程序都是可执行的一套系统，这个系统应该怎么样，我觉得是"严密"的。

**彭宇文**：有道理，你这倒是给我们提供了一些新的思考角度，因为关键词确实是不固定的，每个人看问题的角度不一样，王萍提出的这个词是我没想到的，我估计可能很多同学都没想到。我们想的都是静态的，规则、程序、制度这样一些词。那么，施思你用了"权利"（right）这样一个词，为什么？

**夏施思**：因为老师刚刚说到了法治，我觉得权利是法律赋予实现利益的一种力量，是很重要的，赋予权利主体的作为或者说不作为的一种许可和保障。

**彭宇文**：施思讲的这样一个权利（right）的出发点很有道理，但我觉得你还没把它讲得那么清楚。我们换一个角度，如果说把它作为一个关键词，实际上最大的来源是什么？回到教育法治，回到教育，那么最重要的地方在哪里？是受教育权。教育是干什么的？就是去教学生，最本质的还是去教书育人。所以它强调的是受教育权，受教育权更多的可能就是一种 right 的角度。从这个角度来说，把它理解为一流大学治理中教育法治的一个出发点也成立。这就回到了刚才骏锋说的问题了，到底是学生的权力还是权利？我们讲以学生为本，以人为本，回到学生本位这个角度来说，也是成立的。从法治角度来说，法治有很重要的一个基本概念，权利本位、right 本位，那么它跟我们讲的规范权力又是什么关系？限制权力的目标其实还是要保障权利，所以从权利本位来出发也成立。

另外刚才有两个同学都讲到了"制度"，我不知道你们的"制度一"和"制度二"有什么理解上的不同？说一下吧，思钰。

**周思钰**：我觉得制度是一个规约的过程，是一个制定法规的过程。因为我觉得如果要谈教育法治的话，它肯定先要有一套很清晰的流程，才能具体到怎么落实。这是我的一个理解。

**徐玉胜**：我想到的这个词跟政府有关，有一点政府管理的意思。这个制度它应该是很多个规则、文件等的集合体，我理解的是静态的。

**彭宇文**：你们两个的理解其实有一点不同，当然都还是落到了一个制度上。骏锋，因为你讲的规则，你从规则和制度的比较来谈谈怎么理解"制度"和"规则"，你觉得是一个概念吗？

**李骏锋**：我觉得本质上是一样的，但是对它的理解可能不一样，制度是外在的，规则相对底层，小到你的生活当中，比如说过马路遵守红绿灯规则，大一点说就是一种法治，遵循这种法律制度的规定，所以法治建设、教育法治建设，我想大家还是得先有最基础的规则意识，然后再慢慢上升到制度，最后是法律、法治。我是这么去理解的。

**彭宇文**：你讲的其实包含了静态和动态，既包括理念，也包括制度。下面看看易慧讲的"体系"，这实际上又比规则、制度似乎要更大一点，那么你是怎么理解的呢？

**易慧**：我觉得体系包含了规则，还有所谓的标准、规范，以及各个级别的管理职能部门等。可能我希望涵盖全面点，让这些东西都物尽其用，规则能够起到它的作用，部门管理也有合理的调度，综合起来形成一个比较规范的体系。这是我的想法。

**彭宇文**：这个体系有不同的角度，其实包括规则，包括制度，也包括王萍刚才讲的"严密"，体系以严密为基本条件，只有严密才能真正构建成为一个体系，否则就不是一个有效的体系。我把刚才你们几位讲的关键词串联起来，就是"以一种规则的意识，来构建一套严密的制度体系"，是吧？我们可以造成这样一个句子。其他同学再说说看。

**曾心媛**：我就接着老师继续造句，"以规则意识，来构建一个严密的制度体系，使一切治理的活动都在程序范围内"。从骏锋刚刚说的"规则"意义出发，如果有规则意识的话，我觉得一切都应该是按程序来进行的，其结果就是构成秩序。这是我的出发点。如果每一个教育活动按程序来实施的话，一切就会比较有秩序，同时说明规则意识肯定也是深入人心的，这也是遵守了相应的制度体系的，所以我就用了"程序"这个关键词。

**彭宇文**：对，程序这样一个关键词，它确实很重要。法律上有一句话，叫作"程序正义优于实质正义"，就是程序法优于实体法，没有程序正义，实质正义就很难得到保障实现。所以，从法律角度来说，程序非常重要。我们现在教育法治建设一个很大的问题，其实在于程序法治的弱化和缺失。可以看到，我们制定了很多的规章制度，都讲到了你可以干什么，你可以拥有什么权利，但是你怎么干、怎么去实现这个权利？就像刚才骏锋报告中讲到的例子，你可以提出问题，你有建议的权利，有提出监督批评的权利，但是你怎么提出问题？怎么去建议批评？你是通过喇叭喊、贴大字报，还是怎么去实现呢？这个好像没有明确的程序规定，对不对？所以就导致了你有权利却不知道怎么去实现了，这叫作投诉无门。另外，章程为什么难以落地实施？其实也是因为缺乏实施的程序性规定，这是很大的问题。所以程序很重要，确实是一个关键词。最后是依凡说的理念，为什么？

**唐依凡**：因为我想到了制度、程序还有规则这些可以制定出来，都是可以操作的，但是它在具体的执行和落实过程中可能因为执行人员的不同，会出现各种各样的问题。出现这些问题的原因，我认为是因为他们的理念的不同。也许他们熟知法治的理念，但是他们并没有把理念内化为他自己内在的东西，所以他在执行的过程中还是按照原有理念在执行。我觉得这个理念的转变很重要，而改变人的理念还是挺难的一件事情，所以我用了这个词。

彭宇文：对，这是对的。就如我前面引用的那些国外法学家的观点，其实理念是个非常基础性的东西，它奠定了我们整个法治文化的基础。你有了法治意识，而且这种意识已内化为你内心的信仰，这是最重要的。你不可能了解所有的法律条文，你不可能熟知所有的文件，但一旦你有了法治意识，在这种信仰下你可能就不一样。其实我们讲一流大学的一流治理，需要我们能够把"一流"这样一种概念转化成为一流大学建设最高的一种信仰，这可能是最需要抓的核心点。

最后，我也提一个关键词吧。你们刚才讲了 7 个词，你们都讲了的词我就不重复了，我提一个不重复的词，"良法善治"，可不可以？当然，我比你们多两个字，因为它是一个大范畴的词。"规则、程序、制度、严密、制度、体系、理念、权利、良法善治"，那么，接下来大家可以用这 8 个关键词造句，当然你可以加上前后缀，这是可以的。我们把这个造句留到课后去想，造出来发到微信群里面去，今天之内完成，下午我们把每个人的造句发到群里，好吧？当然，发得早的可能就占了便宜了，其实我已经想好了一句话，但我不说了，等你们说了我再说，我不影响你们的想法，你们去想，好不好？不同的角度都可以。那就这样了，下课。

◎附：课后微信群讨论

提问："法治的核心要义是什么？中国传统法律文化与现代法治理念的异同如何？教育法治与一流大学治理的关系如何？一流大学治理中教育法治建设的难点、突破口是什么？"写出你认为的关键词。

**关键词：规则、制度、理念、体系、权利、程序、严密、良法善治**

**关键词造句：**

**李骏锋：**（1）良法善治应有严密的体系，包括成熟的立法理念、较高的规则意识、完备的制度建设，更应重视法律主体的权利维护、法律程序的完善。

（2）套用朱自清的《春》版：盼望着，盼望着，良法善治来了，一流大学治理的脚步近了。一切都像是刚写完论文的样子，C 刊有望。理念是第一的，规则是基础的，制度是完备的，体系是成熟的，权利是完整的，程序是完美的。

老师缓缓地从办公室走出来，"所有的一切都应是严密的。你再改改。"

**唐依凡：**一流大学治理的关键在于，理念内化、规则完备、制度严密、体系健全、程序规范、权利合理、良法善治。

**曾心媛：**（1）法治理念人人拥护，规则意识深入人心，制度体系科学严密，权力有为，权利有位，程序规范，此乃良法善治。

（2）程序代码版：

If 理念先不进，bug 天天在体系。

Else 规则不严密，制度本盘黑客袭。

权力有为保权利，return 一流的治理。

**夏施思**：完善一流大学治理中的法治建设是实现高校治理现代化的必由之路，良好的法治建设需要有现代化的治理理念，严密的程序、规则、制度和正确的治理体系，并且要树立良法善治的现代法治观，依法使用权力，只有这样才能助推高校法治建设现代化。

**徐玉胜**：（1）所谓法治是为实现良法善治，以理念和规则为前提、调整权利关系为重点，符合程序规范的严密的制度体系。

（2）Rap 版：

完备的规则/严密的体系。

内化的理念守护相关者的权利。

健全的制度/也要程序正义。

这才是一流大学良法善治的道理。

**易慧**：教育法治的逻辑起点应立足于良法善治，核心任务是建立规则完备、制度健全的严密体系，让程序正义得以彰显，让法治理念深入人心，以保障每个主体的权利。

**周思钰**：（1）良法要求立法制度和程序完备严密，其本质在于先进的立法理念，真正的良法能够保护个人的基本权利，能够有效维护社会的正常秩序，良法善治推动法治体系的建设，法律规则在社会中发生作用的结果是其最直接的体现。

（2）良法善治真给力，

立法理念要牢记。

维护权利不佛系，

规则程序要严密。

完备制度要 hold 住，

推进体系建设，不愧是你！

**王萍**：长太息以掩涕兮，哀"双一流"课之多艰；应彭导之要求兮，吾将上下而思索；奈何小女无才兮，憋得拙劣一作；望老师能宽容兮，学生无憾此课。

良法善治之道，在明理念，在立规则，在建制度。知权利而后规范程序，规范程序而后成体系，加之严密，则近大学善治矣。

**彭宇文**：（三句半版）规则理念是前提，程序制度保权利，良法善治建体系，严密！

# 三、2022 年的再思考

时过两年，再读本专题，我对自己曾经所作的报告和对该专题本身都有了一些新的思考和想法。

首先，就我自己所作的专题报告而言，以研究者的身份重读当初自己对该专题作的整理与解读，发现有两个不足：一是对资料整理的简单化。以依法治校相关文件的整理为例，我的工作尚停留在简单搜索和"浅尝辄止"的层面，报告中所提供的数据——128 个有效文件显然是不够全面的。经进一步查证，正确的数据应是有效文件 3392 个，其中，全国性法律法规规章 340 个，地方性法规规章 2882 个，政策文件 285 个，行业标准规范 38 个。二是对章程理解的一般化。在报告中，我从"程序法""组织法""权利法"三个角度对章程统领模式进行解读，将章程理解为一般性法律文件，这在一定程度上也导致了我对一流大学的泛化理解。

其次，就"一流大学治理的法治基础"的理解而言，我也有了新的思考。一流大学之所以要以"法治"为基础，是因为法治化是善治的一个基本要素，而大学治理的法治化除了要依据《高等教育法》等上位法的宏观指导，更要立足于其本身制定得更为精细化、特色化的治理方案。不同于一般的法律法规文件，章程兼具软法和硬法的属性，对内它是大学自治的动力源，对外它又是大学自主权的彰显，这种特殊属性与大学在我国公共服务机构中的特殊地位是相呼应的。所以，一流大学治理的法治基础应当以章程为突破口，对外为一流大学的治理提供基本的权力保障和责任边界，发挥其作为硬法的作用；对内则与大学本身独有的治理理念与大学精神、大学文化相结合，激发大学自治的内生动力，发挥其作为软法的作用。**（曾心媛）**

## 思考题

1. 现代教育法治的核心要义是什么？
2. 教育法治与一流大学治理的关系如何？
3. 试分析一流大学治理中的教育法治建设的难点及其突破口。

## 参考文献

［1］娄延常，彭宇文. 教育法在法律体系中的地位浅探——教育法是一个独立的法律部门［J］. 教育研究，1987（06）.

［2］程斯辉，黄俭. 试析依法治校的基本特征［J］. 复旦教育论坛，2013，11（03）.

［3］解德渤等. 思维·价值·秩序：中国高等教育治理现代化的变革之路（笔谈）［J］. 重庆高教研究，2019，7（03）.

［4］姜文军，郭建. 谈高等院校内部的依法治理［J］. 西北工业大学学报（社会科学版），2000（04）.

［5］湛中乐，徐靖. 通过章程的现代大学治理［J］. 法制与社会发展，2010，16（03）.

［6］顾海良. 完善内部治理结构建设现代大学制度［J］. 中国高等教育，2010（Z3）.

［7］史万兵. 我国高校法人地位及其内部治理结构研究［J］. 国家教育行政学院学报，2011（08）.

［8］徐蕾. 系统治理：现代大学治理现代化的现实路径［J］. 复旦教育论坛，2016，14（02）.

［9］牛维麟. 现代大学章程与大学管理［J］. 中国高等教育，2007（01）.

［10］王建华，钟和平. 高校治理中社会参与的困境及对策分析［J］. 大学教育科学，2011（01）.

［11］李江. 规范内蕴下高校依法治校理念的二次挖掘［J］. 法制博览，2019（03）.

[12] 吴能武，刘住洲. 教育法治：理念、实践与载体——2016 年"中国教育法治与教育发展高峰论坛"综述 [J]. 复旦教育论坛，2017，15（01）.

[13] 祁占勇. 落实与扩大高校办学自主权的三维坐标——高校与政府、社会关系的重塑及内部治理结构的完善 [J]. 高等教育研究，2013，34（05）.

[14] 刘香菊，周光礼. 大学章程的法律透视 [J]. 高教探索，2004（03）.

[15] 王学春，张鑫. 高校依法治校理论研究 [J]. 国家教育行政学院学报，2010（05）.

[16] 眭依凡. 论大学的善治 [J]. 江苏高教，2014（06）.

[17] 徐显明. 大学理念与依法治校 [J]. 中国大学教学，2005（08）.

[18] 张文剑，刘琪. 牢固树立法治观念，全面推进依法治校 [J]. 中国高等教育，2016（Z3）.

[19] 眭依凡. 关于一流大学建设与大学治理现代化的理性思考 [J]. 中国高教研究，2019（05）.

[20] 罗丽华. 高校依法治校的现状与展望 [J]. 中南林业科技大学学报（社会科学版），2013，7（03）.

[21] 彭宇文. 高校办学活动中的主要法律问题及对策研究 [J]. 教育研究，2003（10）.

[22] 解志勇. 法治十问 [M]. 北京：人民出版社，2017.

[23] 俞可平. 全球治理引论 [J]. 马克思主义与现实，2002（01）.

[24] 于丽娟，张卫良. 我国大学章程的现状及建设 [J]. 江苏高教，2005（06）.

[25] 王国文，王大敏. 学校章程的法律分析 [J]. 中国教育法制评论，2003（00）.

# 专题八　一流大学治理的权力基础：治理结构的权力优化

**课程时间**：2020 年 5 月 8 日 9：00—12：00
**地　　点**：腾讯会议
**主报告人**：易慧
**副报告人**：唐依凡

## 一、引　　言

这个专题主要讲的是大学内部和外部治理结构各个利益相关者的权力配置问题，为实现权力的优化，需要从利益相关者理论出发，分析探讨一流大学不同利益相关者的利益诉求和权力关系。在查阅相关的文献资料后，我把汇报的重点放在了一流大学治理的权力要素及其优化、政府职能的变革、利益相关者共同治理机制的构建。**（易慧）**

## 二、课　堂　实　录

### （一）主报告人报告

**彭宇文**：我们就准备开始了，今天是易慧主讲，唐依凡是副报告人。

**易慧**：彭老师、各位同学，大家上午好！

今天由我向大家汇报专题八的内容，我的汇报分为以下几个部分：相关概念、一流大学治理的权力要素及其优化、政府职能的变革、利益相关者共同治理机制。

第一部分，相关概念。我把它单独列出来，主要是想谈一下自己对题目的理解。什么叫作"治理结构的权力优化"？我觉得首先我们要讲清楚什么是大学的治理结构、权力，讲清楚这两个概念之后才能弄明白优化什么，怎么优化。

关于"大学治理结构"的概念，它是指在实现公共价值目标理念的引领下，大学内部和外部利益相关者共同参与学校治理过程中的制度安排、权力制衡和决策机制以及权力关系框架的综合系统，可以根据不同主体划分为内部和外部治理结构。

关于"权力"的概念。"权力"这个词，上至国家政权，中至各种营利性组织和非营利性组织，下至家庭结构，是无处不在的，是政治学中使用很频繁的一个概念。权力，是指一个人或一些人通过强制或非强制的手段控制他人、以实现其意志的合目的性的关系与行为。也就是说，权力的表现是权力行为和权力关系。所以在我看来，权力的优化强调的是权力自身的强化以及权力之间关系的协调优化。

第二部分，一流大学治理的权力要素及其优化。

我们首先来看利益相关者理论，这个理论源自公司治理的研究领域。斯坦福研究所首次引入了"利益相关者"的概念，到20世纪七八十年代，经由西方学者们的共同研究和发展，利益相关者理论被美国著名学者弗里曼正式提出。

所谓利益相关者，是指能够影响和被影响组织目标实现的所有个体和群体。20世纪90年代中期，伴随世界范围内的高等教育改革，大学治理相关研究逐步引进了这个理论。除了关注内部治理结构中的教师学生和管理人员，大学还要注重与外部利益相关者的互动合作。狭义的利益相关者包括政府部门、行政教辅管理者、教师、学生（也包括其家长）、合作的企业、校友、周边社区。之所以说是"狭义"，因为他们在大学发展过程都有大大小小的物质或精神"投入"，对大学有各自的权益诉求，甚至承担大学发展风险。如果按广义来定义，外延就非常广泛了，还包括了媒体、纳税人，等等，这不在我今天的讨论之列，所以不多作论述。

接下来我们来看权力要素有哪些。

一是政府所代表的国家行政权力。自中华人民共和国成立之后，我国高教管理体制历经了从校长负责制到党委领导下的校长负责制的演变，政府的领导权力始终占据核心位置，对大学发挥着宏观调控的作用。政府的利益诉求是：大学能够在思想意识上传播其政治意愿，培养多层次的应用型人才，推进知识与科技创新；维护全体公民的受教育权，使人民公平地共享大学教育成果；按照法定权限和程序行使公共权力，积极转变政府职能。

二是党委所代表的政治权力。根据《高等教育法》第三十九条的规定：国家举办的高等学校实行中国共产党高等学校基层委员会领导下的校长负责制。中国共产党高等学校基层委员会按照《中国共产党章程》和有关规定，统一领导学校工作，支持校长独立负责地行使职权，其领导职责主要是：执行中国共产党的路线、方针、政策，坚持社会主义办学方向，领导学校的思想政治工作和德育工作，讨论决定学校内部组织机构的设置和内部组织机构负责人的人选，讨论决定学校的改革、发展和基本管理制度等重大事项，保证以培养人才为中心的各项任务的完成。社会力量举办的高等学校的内部管理体制按照国家有关社会力量办学的规定确定。从中我们可以分析出党委的利益诉求：把握高校社会主义办学方向，全面贯彻执行党的路线方针政策，为国家的发展和进步培养优秀的中国特色社会主义事业建设者和接班人。党委引领方向的作用决定了党委在大学治理过程中的领导地位。

三是校长及其他行政管理人员代表的行政权力。根据《高等教育法》第四十一条规定：高等学校的校长全面负责本学校的教学、科学研究和其他行政管理工作，行使下列职权：一、拟订发展规划，制定具体规章制度和年度工作计划并组织实施；二、组织教学活动、科学研究和思想品德教育；三、拟订内部组织机构的设置方案，推荐副校长人选，任免内部组织机构的负责人；四、聘任与解聘教师以及内部其他工作人员，对学生进行学籍管理并实施奖励或者处分；五、拟订和执行年度经费预算方案，保护和管理校产，维护学校的合法权益；六、章程规定的其他职权。高等学校的校长主持校长办公会议或者校务会议，处理前款规定的有关事项。

四是教授所代表的学术权力。我国大学中，教师肩负着教学、科研以及社会服务的重要职责。教师的主要利益诉求可以分为教学设施和生活质量保障等物质类诉求、组织人事制度和校园文化建设等精神类诉求、人才培养和教学质量评价保障等学术类诉求。

五是师生代表的民主监督权力。教师的权力在第四点已经提过了。学生最核心的利益诉求在于获取优质的教育教学体验，这涵盖了专业知识的学习、个人综合能力的提升、丰富多彩的校园活动参与，以及安全保障等。

六是其他的社会各界力量。包含行业企业、校友、投资人和合作的社区，等等，我选取主要的谈一下。对于行业企业而言，希望通过校企合作接触到前沿科技，促进科研成果转化和人才储备。校友利益诉求更多可能体现在母校的社会地位和影响力。

接下来就到了权力的优化。要谈优化，一定是有问题和不足才需要优化，所以这个部分肯定是要以问题为导向的，我会先说明存在的问题，再谈解决、优化的办法。

首先，我们先来看政治权力与行政权力关系的优化：在我国公立大学的治理结构中，党委和校长共同占据领导核心地位，但在权责界定上存在一定的模糊性。党委对学校的各种重大事项拥有决策权，但是，何谓"重大事项"，重大与非重大的边界难以区分，导致党委和校长的部分职责是存在交叉的，这就需要考验二者之间的思维观念、行事作风等各方面的合作默契程度。对此，一要在章程中明确划分学校的重大事务和一般事务，明确党委在校领导中的职权，党委可以作为决策者讨论和决议事关高校改革发展稳定的重大事项；校长应该根据党委的决议行使职权。二要建立党委领导和校长负责的党政分工合作机制，领导班子成员定期就重要议题进行交流研讨。

其次，行政权力与学术权力关系的优化：二者之间的冲突主要体现在特点不一样。学术权力的运行相对灵活松散，因为知识的创新创造需要一定的周期，需要自由、包容的研究环境，但行政权力的运行具有强烈的科层性与强制性，讲求绩效目标的达成。比如说大学内部的官僚主义严重、管理主义盛行，还有一些专家学者在获得了行政权力之后可以为自己争取更多的学术资源，这样一种运行轨迹使得学者们乐于向行政权力靠拢。对二者的关系进行优化，一是要厘清大学使命、创造共同价值，这样才能打牢二者关系协调统一的基础，并内化为共同的价值观，即尊重知识、学术为本。再一个是要明确边界，各尽职责。要不断深化制度创新，健全治理体系，明确学术权力与行政权力的各自作用领域。

再次，行政权力与民主管理权关系的优化：这方面存在的主要问题是教师和学生在大学治理中参与度不足，尽管教师的学术权利可以通过学术委员会、教职工代表大会等组织机制来保障实施，但组织形式往往浮于表面，教师在行使自身权利时会受到政治和行政权力直接或间接的影响，削弱教师参与大学治理的积极性。对于学生而言，学生由于心智不成熟，三观尚未完整形成，对自身权利意识较淡薄，参与大学治理热情不高，处于被动地位。对此，一是完善师生参与大学治理的渠道和途径，充分发挥教代会等组织机构以及学生社团组织的作用。二是优化师生参与大学治理的组织形式及内容，利用比如校园论坛、网络新媒体等新兴渠道。三是创建和谐校园，提高师生的主人翁意识。

最后，大学办学自主权与社会广泛参与权关系的优化：在这个地方我倒是有一个疑问，因为我们这个主题讨论的是权力要素，所以我在想，社会的广泛参与，其中不管是社会力量还是市场力量，它到底算不算一种权力（power）？还是说它是属于另外一个权利（right）？我觉得大家可以等一下再讨论一下。

首先是大学与政府的关系，这个部分我在这里先不展开，下一部分我再详谈。

其次是大学与企业的关系。企业可以通过建立校企知识联盟组织、举办学术论坛以及合作课题项目等方式参与大学治理，通过产学研深度融合，企业可以帮助高校的在人才培养上更好地满足行业发展需求，促进科研成果转化，推动企业发展。

最后是大学与校友的关系。一方面，大学要创新校友交流形式，比如建立专门的校友沟通平台或公众号，定期发布活动资讯，加强校友与母校间的沟通；另一方面，大学要积极拓展校友资源，比如可以邀请杰出校友或行业模范回校开展讲座，通过校友搭建校企合作的平台，发挥社会力量合作办学的优势。

第三部分，政府职能变革。

高校应坚持学术本位，避免过度受制于政府，这有赖于高校与政府之间关系的重塑，也就是要解决好权力的分配以及行使各自权力的问题。所以我把理顺政校之间的关系单独放在这里，解决政府参与大学治理中管理权限和管理方式的问题。

首先，政府的职能定位和管理权限。政府职能转变应该朝着两个方向发展，一是有限政府，二是服务型政府。为保障高校独立自主发展，要在政府和高校之间找寻一个平衡点。政府作为宏观调控者，负责制订发展规划，调控高校规模结构和发展的速度。此外，政府还承担着监督评估办学质量、划拨经费、建校标准设置等角色。

其次，谈谈解决"怎么管"的问题。一是"放权"，让政府对大学实行"清单管理"。"放权"不是意味着放任不管，而是必须遵循"法无授权不可为"的原则，否则构成行政侵权。所谓的"权力清单"就是通过法律授权来规定政府权力边界，确保政府对大学有关事项的规划、管控、审批等权力能够透明地、详尽地列出。确定政府的权力框架之后，大学和其他社会机构遵循"法不禁止即自由"的规则，可以自行处理权力清单之外的事项。二是"赋权"，让社会来参与大学办学的评价。政府行使权力可能会受到一些外在的、客观因素的影响，比如说有限理性、信息不对称等制约，不能合理地评价大学。此时，可以将这个评价权以法定程序赋予社会专业机构。要建立良好的政府与社会评价机构的合作互动模式，依法认定评价机构资质，明确教育评价市场的规则和程序，弥补政府管理的单一化。

第四部分，利益相关者共同治理机制。

首先，Why？我们思考的重点应该是为什么要建立利益相关者共同治理机制？不管是我们前面讲的优化权力之间的关系，还是这里的利益相关者共同治理机制，都是为了寻求利益相关者各个权力主体之间的张力，达到一种协调的张力模式。

好，了解清楚为什么之后，我们接着思考一下 How？怎么建立利益相关者共同治理机制？

第一，建立多元开放的利益表达和制约机制。通过平等的对话协商，减少不同主体的交流成本，拓宽共同治理的空间，让治理结构更加开放。有学者认为利益相关者共同治理机制不是制度，而是一种持续的互动。尊重不同利益诉求之间的差异性质，我们也许可以借鉴西方国家大学董事会的领导体制及其实践经验，建立"利益相关者委员会"性质的大学领导机构和决策机制。

第二，完善利益共享和补偿机制。这里我首先想说一下，利益共享不等于简单的平均分配，让不同利益主体公平享受利益成果，允许差异化的存在。共同治理绝不是指所有利益相关者不加区分地参与治理，如果不按照对学校的贡献度和重要性对利益相关者进行划分，而是简单地将其直接纳入大学治理结构，将会使得治理结构无边无界，这本身也不切实际。所以说，应遵循"首责优先"的原则，即谁对某项具体事务负有首要责任，谁就在该事务的决策中拥有最大的发言权。比如说，在学校发展战略与规划、财务预算制定、校长遴选及任用与考核等事务的决策方面，政府就扮演主导角色；而在涉及课程规划、教学实施、学术科研、教师职称等决策中，学术评议会则通常负有重大责任。

在完善这些之后，我们有望建立有限的政府、开放的市场、规范的社会、自主的大学。我这里借用了这么几个词，我觉得可以作为最后的一个目标和期望。以上就是我汇报的全部内容，请大家批评指正。

## （二）副报告人报告

**彭宇文：**很好，易慧作了一个将时间和内容都把握得比较全面、到位的报告。下面就是依凡来作副报告。

**唐依凡：**彭老师，各位同学，大家上午好！

我今天汇报的题目是"高校利益相关者共同治理机制及建构"。我拿到这个题目的时候，首先想到的问题是，高校的利益相关者是如何参与高校治理的？也就是说他们在高校治理中发挥了怎样的作用？为什么要选择共同治理这一机制？然后按照这个思路完成了我的汇报内容。

第一部分，高校利益相关者分析。

首先还是先来了解一下利益相关者的理论，刚刚易慧也讲到了，它是由西方学者在研究公司治理的时候提出的一种理论，是在批判股东至上主义的基础上形成的，要求平衡企业的利益相关者之间的权力，它最核心的内容就是要对利益相关者进行界定和分类。

其次我们再进一步了解一下利益相关者的内涵，根据利益相关者的内涵，推出高校治理中的利益相关者的内涵。美国经济学家费里曼认为利益相关者是指任何能够影响公司目标实现或被公司目标实现过程影响的个人或团体，根据这一定义并结合高校治理的特点，可以将高校管理的利益相关者定义为，能够影响高校治理目标的实现或受高校治理目标实现过程影响的任何个人和组织。

在公司治理中，由于不同的利益相关者对企业目标的实现或者是影响程度是不一样的，每个利益相关者的地位和重要性也不一样，因此要对利益相关者进行分类，高校治理同样也需要对利益相关者进行分类。这里我列举了三种分类方式。

第一种是根据大学关系的密切程度进行分类，这一分类的代表人物是罗索夫斯基，他依据利益相关者和大学之间的重要性程度来进行划分，将高校的利益相关者分为最重要的群体、重要群体以及部分拥有者和次要群体几个层次。其中最重要群体包括教师、行政主管和学生，重要群体包括董事会、校友和捐赠者，而政府则被摆在了董事会、校友和捐赠者位置的后面。

第二种分类方法是米切尔评分法。根据合法性、权力性和紧迫性三个属性对高校利益相关者进行评价，按照得分高低确定其是否为利益相关者以及是何种利益相关者。我国学者胡子祥根据米切尔评分法将高校利益相关者分为三类：第一类是确定性利益相关者，包括政府、教职工、科研人员等；第二类是预期性利益相关者，如商业媒体等；第三类是潜在性利益相关者，如校友、捐赠者等。

第三种分类方法是差序格局网络。以费孝通的差序格局理论为基础，其在分析中国人际关系时认为，中国社会以自我为中心，形成了从近亲到熟人、生人，由近及远的关系网络。根据这一理论，李平以大学为研究对象，指出亲人层次，包括教授、学生、行政人员等广大教职员工；熟人层次，包括政府、校友、学生、家长等；生人层次，包括考生家长、公众、媒体和企业等。

上述分类有一个共同点，即都认为高校最重要的利益相关者是教师、学生、行政人员和管理人员。尽管如此，在我看来，政府和社会与高校的联系也是非常密切的，考虑到中国国情，尤其是政府对高校的影响非常大，所以我在后面对于每个利益相关者的分析中，对政府和社会也进行了分析。

其一，以政府为代表的政治主体。政府有能力操纵高等教育和大学行政管理，但随着高等教育和大学利益相关者权利意识的增强，以及对行政干预弊端的日益重视，要求政府放松对高等教育和大学行政管理的呼声越来越高。国家也在不断调整自己的角色，赋予大学自主权。

其二，以校长为代表的行政主体。高校校长一般具有双重身份，他们对政府采取被动和控制的立场，同时对教师和学生行使一定程度的控制权和权威。这种双重角色决定了大学管理者一方面要负责教学和研究，另一方面还要作为政府的代理人向上级负责，这可能会导致官僚主义的工作作风。

其三，以教师为代表的学术主体。这类主体主要通过参加教职工大会和学术委员会参与大学管理。教师在高校治理过程中的地位虽然得到不断提高，但由于高校治理的行政化色彩，教师在参与过程中的参与意识、参与动力、参与能力等都会有所不足，同时参与渠道单一，因此在高校治理中仍处于被动地位。

其四，以学生为代表的学习主体。在高等教育发展的历史上，学生是大学的主人，拥有管理高校的权力。但随着社会的发展，学生的权力越来越弱，不过，既然学生是高校最重要的成员之一，让学生参与高校的管理就显得非常重要。而在参与的过程中，由于缺乏制度化的渠道，导致其参与高校治理的意识也比较薄弱，参与能力也有待提高，主要是以间接的方式参与。

其五，以企业为代表的社会主体。如家长、校友以及企业、社区、公众等，这些都是高校的社会主体。这些主体主要利用自身可利用的资源支持高校，如校友会提供捐赠、企业为学生提供就业岗位等。因此，高校与社会的合作也是一个互动的过程，必须建立有效的互动机制，促进产学研的发展。

第二部分，高校利益相关者共同治理机制构建。

之所以要构建高校利益相关者共同治理机制，是基于现实问题导向。我国现行的大学治理结构属于行政主导型，大学常常处于被支配、被控制的地位。由于大学学术机构是行政机构的衍生物，因此学术权力弱化于行政权力。虽然有教授、学者作为学术机构的成员，但他们在学术行政活动中存在追求学术权力之外的利益等现象。学生在参与过程中的力量也很薄弱，教师在高校行政管理中的作用非常有限。而作为社会大众参与大学治理代表的董事会，在大学治理改革的过程中产生，组织不完善，具有非常微弱的治理权力，可能只对学校提出建议，并没有实际的权力。

针对这些问题，大学进行了改革，有学者提出了大学利益相关者共同治理机制。这种机制是一种均衡机制，它平衡了不同利益相关者之间的权利、利益和责任关系，保持了利益相关者之间的平衡。因此，大学治理结构应从行政主导转向多元共治，让更多的大学利益相关者参与大学治理，发挥利益相关者对大学的监督、制约和其他作用。

关于高校利益相关者共同治理模式的构建路径，需要从以下几方面着手。

其一，改善大学的外部制度环境，实现国家、社会和市场影响的相对平衡。要实现这种平衡，就必须让社会和市场力量积极参与高等教育体系建设，减少大学对政府和公共资金的依赖，营造竞争性的高等教育环境。要改变政府对大学的资源分配方式，引入专业组织。要实现高校决策机构成员的多元化，将社会、企业等其他利益相关者被纳入决策机构。

其二，促进各利益相关方的治理活力。首先，可以借助法治限制行政权力，促进高校决策过程的民主化和科学化。其次，要提高教职工在高校管理中的地位，扩大教职工参与高校管理的机会，保证教职工在高校管理中发挥作用。再次，要拓宽学生参与高校管理的渠道，通过召开学生代表大会，利用网络投票、民意调查等网络化方式，保障学生的参与权、知情权和控制权。最后，加强社会力量在高等教育管理中的作用，通过搭建社会主体参与高等教育管理的平台，扩大社会参与高等教育管理的机会，加强高校的社会控制力。

其三，努力培育多元参与、共同治理的大学治理文化，因为要建立治理机制，首先要改变它的治理文化，即要从文化上熏陶所有利益相关方，改变他们的治理方式。

接下来是我整理的一些参考文献，谢谢大家，请大家批评指正。

### （三）提问交流环节

**彭宇文：**好，谢谢依凡，时间也把握得很好，我们还是先休息一下。

（休息时间结束）

**彭宇文：**刚才易慧和依凡两位作了报告，我觉得她们的报告有一个特点，就是能够用一些理论基础来支撑整个研究的逻辑和报告的逻辑，非常好，这是需要提倡的。

好，那么现在还是按照惯例先请各位同学说一说，谈谈你们的意见、想法、问题、质疑。还是按照我在屏幕上面看到的名字顺序来吧。

**曾心媛：**谢谢两位同学的汇报，这两个报告理论基础都很丰富，让我了解到了一些曾经没有深入去了解的内容。

我没有具体的问题要提，但是我讲一下我自己的思路。关于权力要素，易慧是从政治权力、行政权力、学术权力、民主权力这几个部分来讲的，如果是我的话，我可能会多搜集一点资料，因为关于权力要素，不同的学者可能有不同的说法，比如像上次老师跟我们讲过克拉克将权力分了十种，最好多搜集一些，再综合概括一下权力要素有哪些。

关于权力怎么分配，比如是集权还是分权？是一元还是多元？应该从外部关系来讲述权力的架构、权力的优化，我就想到了之前做报告时看的一篇论文，它提出大学治理的优化路径，一个是政治路径，一个是法律路径。政治路径是从政府的放权、政府对外部的宏观调控等方面入手，法律路径是从自身建立健全大学独立法人制度入手。所以我如果写这一部分的话，我可能会引入大学的独立法人地位，从两个路径去讲述政府应该如何优化它的职能，到底应该是以政府放权为主，还是大学自己多主动去建立健全法人制度。

关于利益相关者共同治理机制，这方面我还没有太多的想法，因为自己对这个理论并不是很熟悉，可能会更多地通过参考文献来跟大家讲述，分享关于利益相关者共同治理的理论要怎么运用到大学内部的权力优化当中。这是我大致的一个思路。

**彭宇文：**好。谢谢心媛。下面就是骏锋。

**李骏锋：**谢谢两位同学的分享，两位同学汇报的主题的理论基础相对来说比较完善。首先针对易慧同学的PPT，有一张PPT的小标题，是讲政治权力与行政权力关系的优化，讲党委和校长在大学治理中权责不够清晰的那一部分。我有一个疑问，你说这个"how"应该是怎么去做的意思吧？这里面提到党委对重大事项的决策，然后校长是党委决议的执行者，我还是不太明白，而且如果单纯地讲党委决策、校长执行，会不会它的内涵过于简单化？这是我的一个疑问，看易慧同学能不能解答一下。

**易慧：**谢谢骏锋同学的提问，其实这个划分是针对学校的重大事项的划分。因为党委的决定权主要在于学校的一些重大事项，比如说人事选聘，还有学校的一些制度制定等。在重大事项上，党委充当的是决策者的身份，校长肯定是要服从党委的领导，执行党委的决议。可能对于不那么重大的事项或者是党委权限以外的一些非重大的一般事项，更多的是由校长来进行决策。当然，重大事项的决策，我觉得也是需要党委和校长共同协商的，所以第二个部分我也谈到了要建立他们二者之间的一个分工合作。

**李骏锋：**我觉得这个地方它的内涵应该更丰富一点。党委只有对重大事项的决策权，而校长就只有执行力，我觉得有点简单化了，虽然我也不知道它具体丰富的内涵应该是怎么样的，但我觉得可以往这方面再深入一点。

另外我还有个问题想问一下依凡同学。有一张PPT是讲高校利益相关者共同治理机制的构建路径，你讲到引导社会和市场力量积极参与介入大学系统，对这个观点我是不太赞同的。因为我记得之前上课也讨论过这个问题，你把这种企业化的绩效考核的一些指标，像KPI的指标运用到学校里面，可能会造成一种不太好的反向作用，就好像逼着大家去做学术，追求那些热点。我想有些基础学科，在一定的时间之内可能难以出现有影响力的成果。从这一点来看，它可能会影响学校在学术方面的走向，所以我是不太赞同运用这种绩效考核方法去介入大学系统的。然后你还讲到了对高校党委成员进行多元化改造，希望依凡同学能够给我们讲一讲多元化改造是怎么开展的？因为确实是第一次听到这个说法。

**唐依凡**：好，谢谢骏锋的建议和提问，我觉得你说得也很有道理，过多地引入社会和市场的力量，它可能会影响大学自身的发展。但是我这里引入社会和市场的力量，更多的是想降低大学对政府的依赖和附属的地位。因为有社会和市场的介入以后，可能会有更多富有竞争力的大环境的存在。

关于对党委成员的多元化改造，因为现在高校的党委成员一般都是上级任命的，多数是行政管理人员，成员比较单一，可能缺乏社会以及其他利益相关者的力量。如果党委会成员多样化了以后，它在作决策时就会听取更多的意见促使决策更加民主化。当然，也可能这种改造以后，内部成员之间会出现一种权力的不平衡，这就是需要进一步讨论的问题了。这是我的回答。

**李骏锋**：明白依凡的意思了，谢谢两位同学的回答。

**彭宇文**：我接着骏锋提的问题来讨论，一个是刚才在易慧的这张 PPT 里所提到的，党委政治权力和校长行政权力之间关系的优化，也是决策者和执行者的关系问题。实际上易慧和骏锋讲得都没错，我觉得是不同角度的看法，这涉及权力的配置问题，其实权力配置是有纵横向不同的维度的。从纵向维度而言，党的权力它是一贯到底的，从党中央的政治权力、到部委，再到学校内部，它有一种纵向的、一以贯之的权力配置，在这样一个纵向的不同层面上，权力的内涵和表现形式可能不一样。比如易慧这里提到党委的权力，我理解她说的应该是校党委，高校实施党委领导下的校长负责制，那么在这种领导体制下，党委的领导权怎么去实现，其实也是一直存在争议的问题。党委领导下的校长负责制，到底党委领导什么？刚刚易慧引用了《高等教育法》的规定，讲得很准，高校党委其实是中国共产党的一个基层委员会，首先意味着它必须服从于上级党组织的领导，这是基层的定义。同时，作为一个基层的委员会，它又负有一个基层部门的内部政治事务处置的权力，所以这是一种纵向的角度。那么，"党委领导"到底是领导什么？这里可能有不同角度的理解，比如说重大事项的决策、政治方向的把握、办学方向的引领、思想政治工作、党管干部，等等，这些我在之前讲过。从横向角度来说，确实会有一个关系交叉问题，党委和校长之间是决策者和执行者的关系吗？肯定有这种关系，但这不是关系的全部，涉及的方面比较多，党政关系有党政分工、党政分开或者党政协同、党政协调、党政统一等不同的表达，涉及对纵向和横向的权力配置的理解，后面我们可能还需要进一步讨论。

关于引入市场和企业的问题，我觉得依凡解释得非常好，骏锋也看到了问题所在，就是市场和企业对高等教育规律及高校学术精神的冲击，这些问题确实客观存在。但是，如果引入了多元化的力量作为一种制衡平衡力，确实也很有价值，从这个角度来说，我认为依凡的解释还是非常好的。

关于党委多元化的问题，刚才依凡作了一点解释，但依凡解释的"多元化"似乎是引入了更多元利益相关者的一种多元化。公办高校和民办高校党委体制是有区别的，我们现在姑且界定为从公办高校来讨论党委的多元化问题，那么最核心的问题在哪里呢？目前来说，可能还不是在于它结构的多元化，而是在于党委会本身职权界定和职能行使的问题。刚才依凡讲到党委是由上级任命的，这个不准确。按照党章规定，现在高校的"两委"，即党的委员会和党的纪律委员会，都是由党员大会选举产生的。选举产生以后，再召开第一届党委会和第一届纪委会，选举产生党委常委和副书记、书记。那么现在有一个需要把握好的问题是，党委领导下的校长负责制，所谓"党委领导"，究竟是指党委会的集体领导、党委常委会的集体领导，还是党委书记领导？说到底，党委领导当然应该是集体领导，需要界定清楚。现在提出了一个改革思路，就是希望加强党委会的权力，因为党委会的规模要大一些，易慧前面也讲到了，党委会涵盖了学校的党员校领导以及党员师生代表，覆盖面更广及代表性更强。但现实是党委会基本上不开会，平时日常事务性的一些决策过程参与极少，基本上大部分事项是党委常委会研究决策，所以这可能是我们现在需要改革的一个重要问题，要充分发挥党委会的职能，而不是仅仅依靠几个常委，这就是利益相关者的多元参与、多元化，这是一方面。但能不能引入外部的利益相关者？刚才依凡提到，比如说把企业家引进来做党委委员行不行？恐怕还不行，目前从制度设计的架构来说，党委会还是一个内部权力机构，难以引入外部人员。现在的制度架构又提出来在公办高校建立理事会，原来叫董事会，但理事会的权力和党委会的权力不一样，党委会的权力是领导权，理事会的权力是咨询权和参与权。另外，学校领导是不是全部都要担任党委常委？现在的现实基本上是二者重合，有人就认为学校党员领导不一定都进入常委会，党委常委会成员如果和校长办公会的成员基本重合可能不利于决策中的相互制衡和监督，这也是一种观点。所以，高校权力的现实架构中确实存在这样一些矛盾，需要思考。好了，我就补充这点，大家接着说。

**周思钰：**好，谢谢两位同学带来的分享，我想问一下易慧为什么你会先介绍利益相关者，然后再去介绍一流大学治理的权力或者政府职能的变革，这样的安排是想表达什么想法吗？

还有第二个问题，也像之前两位同学说的，你们两个的 PPT 中理论介绍比较全面，理论全面确实是一件好事，但我有一个小小的建议，我觉得这些理论总是给人一种很空的感觉，你在 PPT 中，是不是可以适当地加一些例子，让整个内容更加饱满一点，可能我自己的感觉就是所有的理论堆在一起，显得有一点点空，但是如果你能加一些如清华大学或者武汉大学的章程的例子在里面，或者说你结合实践谈一下党政分工合作机制，这样是不是会使得整个内容更加充实一点？这就是我自己的一个小小的意见。

**易慧：**谢谢思钰同学的建议，我首先回答一下你第一个问题，为什么没有把第二部分的利益相关者理论和第四部分结合起来说？我觉得第三部分政府职能变革更多讨论的是大学对外的治理结构的关系，第二部分主要讨论的是学校内部的一些权力的关系。我觉得共同治理机制是要结合内外的，所以在这里我的考虑是，第二、三部分相当于是一个分述，第四部分相当于是一个总述，就是先分述，然后再总述。

第二个问题是你说为什么显得很空？其实我也觉得有一点点空，谢谢你的建议，我课后也会按照你的意见，去查一下相关的例子，再完善一下。谢谢思钰。

**夏施思**：首先还是感谢两位同学给我们带来的非常精彩的汇报，我觉得两位说得都挺好的，理论、知识点都很完备。对于易慧同学的报告我有一点点自己的想法，并且也有一点点疑问。比如说第三部分是政府职能的变革，你提到从全能政府到有限政府、管理政府到服务型政府，既然大的题目是政府职能变革的话，我想问一下你，是由哪些因素促使了政府的职能发生变革的？

再就是最后一个部分"利益相关者共同治理机制"，我说一下我自己的想法。如果我来汇报这个主题，首先我会谈一下利益相关者的构成有哪些？既然谈的是共同治理，那利益相关者共同治理的逻辑是什么？我会通过搜集一些文献资料来找到它的逻辑依据。接下来我可能会看一下高校利益相关者共同治理机制所要面对的有哪些问题？通过这些问题，然后再来深入思考怎么样去建立适合高校自身发展的一个共同治理机制，并且探索出适合每个学校且富有特色的一流的治理之路。这个可能是我会深入去进行思考的。

**易慧**：谢谢施思的建议。我先回答你的"政府职能变革的原因是什么"这个问题。其实我刚刚汇报的时候也谈到了，因为政府权力是有限的，职能也是有限的，所以政府必须要承认自己没有办法顾及所有这些日常的复杂的社会事务。比如说经济学和管理学的领域里有一个词叫"政府失灵"，有一些事情是政府没有办法管控的，所以就需要政府放权，改变自己的职能定位，就是从原来的全能政府，什么都大包大揽，转向有限的政府，把权力赋予其他的社会组织，所以我觉得这个是政府职能变革的主要动因。

**夏施思**：好的，谢谢易慧，我觉得两个同学其实说得还是都挺完善的，谢谢你们。

**彭宇文**：施思和思钰提到类似的问题，就是关于讨论的框架。这个框架是我之前提出来的，刚才两位同学提了一些质疑和自己的思考，我觉得非常好。我当时提出这样一个框架思路其实跟易慧刚才解释的思路比较接近，就是一流大学治理中到底包括哪些权力？这是一个基本问题，必须首先把基本问题搞清楚。把权力要素这个基本问题搞清楚以后，再进一步从治理实践进行分析，中国治理现实中一个很重要的点就是政府主导，那么在政府主导这样一种传统的架构下面，按照一流大学治理的要求需要对政府职能进行哪些变革？诸如"放管服"改革、管办评分离等问题，应当如何变革？更进一步而言，这样一种变革必然涉及大学治理的内外部关系，就需要思考如何构建内外部的利益相关者共同治理、协同治理的良性机制。大概是这样一种逻辑，可能还可以从不同的角度来理解，我觉得都是成立的，所以你们提出的思考，我觉得非常好。

从整体思路来说，这里面其实有几个核心词。第一个词是"权力"。治理结构中很重要的一个元素就是权力，包括政治权力、行政权力等，对权力要素的界定、描述，是我们需要着重把握的问题。第二个词是"利益"。其实权力很重要的一个特性就是跟利益相关，权力的价值取向或者目标取向还是在于利益分配。由此就落到了利益相关者，不同利益相关者对利益的解读不一样，对利益的追求不一样。所以，在这样一种情况下，易慧在汇报的架构里讲到利益诉求，以利益诉求来分析几个权力要素，我觉得这点很好，抓得还是很准的。第三个词是"优化"。我觉得易慧的问题意识也抓得很准，权力在利益分配的运行过程中必然会存在问题，优化是针对问题而言的，强调的是问题意识，有问题才去优化，以问题意识来探究优化的方向，从而实现一流大学一流治理的最终目标。这是我补充的一个点。下面继续讨论。

**王萍**：我首先问易慧一个问题。你对权力定义的归纳总结，是说一个人或一群人通过强制或非强制性手段控制他人以实现其意志的合目的性的关系与行为。我对这个"合目的性"有一点不太理解，能不能稍微解释一下？

**易慧**：谢谢王萍同学的提问。之前我也浏览过一些学者对于权力的定义，他们一般都是抓住了几个构成要素，根据那些学者的说法，权力的构成要素包含权力主体、主体的意志、权力客体，以及权力的结果。就是说对于权力，它是由主体指向客体的，它的目的是体现主体的意志，并且会产生一定的权力行为和权力结果，这个"合目的性"，我觉得就是要符合权力主体的意志，然后达到自己的目的。这个是我的看法，不知道解释得清不清楚？

**王萍**：挺通俗的。你后面提出了一个问题，就是说社会力量或者是市场力量算不算权力？如果是基于这种对权力的理解的话，我觉得社会力量和市场力量也可以算是一种权力，因为比如说通过提供一些经费或者是一些资源，这就相当于一种非强制性的手段，它控制的客体可能就是高校，来满足比如说社会岗位的一些需求。我觉得这样的话，就可以通过你自己的定义或多或少地解答这个问题，社会力量和市场力量应该可以算作一种权力。这是我对你问题的一个回答。

**易慧**：好，谢谢王萍同学提供的思路。

**彭宇文**：王萍讲到关于权力的定义，其实权力的概念可能更多的是一个政治学上的概念，所以她接着提出来"合目的性"的问题，这里可能会与另一个词"合法性"相联系。那这样的话，就回到了刚才易慧提出的一个问题，市场力量算不算权力？刚才依凡和骏锋的讨论实际上也提到了这个问题，市场力量的参与对学校来说能不能构成为一种 power 的要素？

市场力量有消极的和积极的，甚至有正面的和负面的、合法的和不合法的，理解角度不一样。如果从合理性的角度来讨论这个问题的话，它当然应当构成一个权力的要素，就是在法定的符合大学办学目的的架构下的一种形式，当然可以算作权力。但是，如果说市场力量出现了一些违背教育目的和办学规律等方面问题，对大学治理形成一些不当干预或者干涉，那么它能不能构成具有合目的性的权力要素？可能在这种情况下市场力量就不一定是合目的的了。因为"合目的性"与"合法性"不一样，我们讲"合法性"，强调的是一种程序的合法，所以，也许程序、形式上是合法的，但是它不一定合乎大学的办学目的，不符合一流大学的治理目标，也就有可能不构成合目的性的权力。

所以，从多元的角度来讨论这个问题，市场力量到底算不算权力？我觉得没有一定的结论，可能要看在什么语境、什么环境、什么情况下来讨论这个问题。但是从权力的基本配置来说，我个人认为它应当是权力，只是说我们怎么去界定它的合法性和合目的性。我就补充这样一个观点。接着是玉胜。

**徐玉胜**：首先谢谢两位同学的汇报，我觉得两位同学的汇报互有补充，比如说易慧同学提到了各类主体、各个利益相关者以及他们的诉求这一点，然后依凡又用不同的理论对利益相关者进行了分类，我觉得这两点都让我很有启发。但比较尴尬的是，我的几个问题刚刚在同学们的交流中已经解决了。那么我现在还有一个关于市场的问题，像易慧同学在最后提到了开放的市场，老师刚刚也在讲，市场是一个很重要的主体，我们对这个市场应该怎样去界定？在经济学里面，市场是跟政府相对的一种概念，是一个资源配置调控的手段。在高等教育的语境下，这个市场我们应该怎样去理解？它是具象的存在吗？比如说市场是和大学相对的、以企业为代表的一种主体，是把它理解为单个的个体，还是把它理解为一种交易机制，或者是这种交换的系统？这里面我还是想和大家讨论一下，听一下大家的意见？谢谢大家。

　　**易慧**：谢谢玉胜同学的提问，这个问题也是我没有想到的。其实我在思考市场的力量这部分内容的时候，我更多的是把它联想到跟企业相关，把企业的一些元素，比如说竞争、绩效等市场上一些较优的元素引入权力之间的平衡中。你刚刚的问题是说市场是一种无形的规约，还是一个具象的存在？这个我还没有想过，可能还需要再想一下，我觉得这个问题问得很有思考性。谢谢你的提问。

　　**彭宇文**：玉胜刚才提的这个问题，其他同学还有什么说的吗？我觉得，在高等教育语境下我们讨论市场，既意味着市场作为一种资源配置机制，也意味着市场作为一种治理要素，在高等教育治理中发挥着相关作用。当然，市场自身的资本性、营利性、丰富性、多样性、动态性等方面特征，也使其与高等教育的本质属性存在天然冲突，如何处理好他们之间的关系就变得非常微妙和复杂了，这也成为我们需要特别把握的问题。在 PPT 的这一页，关于政府、市场、社会、大学，易慧用了几个定语，"有限的政府、开放的市场、规范的社会、自主的大学"，我觉得这几个词还是比较好的，也抓住了重点。不过我们也可以更放开一点，我想大家可以进一步思考一下，这四个定语我们可不可以互换？比如市场是不是也可以用"有限的市场"？大学是不是也可以用"开放的大学"？从不同的视角来思考问题，其实这些定语是可以互换的。

　　当然，易慧汇报的角度谈的是重点，所以政府职能应该是要更"有限"，不要把政府搞成无限的全能政府，这是公共治理的基本观点，无论是无为政府、有限政府，还是服务型政府，强调的都是有限。社会强调的是"规范"，但是从某种角度来说，对社会而言，还有没有更恰当的一个用语来界定它？我也没想好用一个什么词，市场倒应该是"规范"而社会能不能用"包容"类似这样的词呢？"规范"和"包容"两者的角度是不一样的，社会对大学、对治理而言，可能更多需要的是一种包容，其实"包容"意味着要尊重大学作为一个自主主体，尊重大学特有的教育规律。所以，用什么定语来形容这四个主体，是大家可以进一步思考的问题。

　　另外，我也有一个建议，建议大家来读一本书，英国学者编撰的《新公共治理——公共治理理论和实践方面的新观点》，科学出版社 2016 年出版的，这是我们上学期师门组会里所讨论的一本书，书里从组织界限的突破、资源的配置、政府的作用、文化的重要性、民俗的作用、公众的作用等多个角度来谈治理创新的问题，大家可以借鉴这些不同角度来思考一下大学治理怎么去做更多的创新。这是我想补充的。

## （四）彭老师点评环节

**彭宇文**：好，我们的讨论就到这里，现在回到两位同学的 PPT 上。

易慧用一张图来说明大学利益相关者，这种表达方式非常形象，她也从广义和狭义的角度阐述了对利益相关者概念的理解。但这个地方我觉得可能还需要进一步完善，就是你的表述怎么进一步精确化？依凡汇报用的是费孝通先生关于亲疏关系的一张图，我觉得可能易慧你这张图的表达就不如依凡那么精确。你把内外部利益相关者放在一个层面，就容易引起歧义，比如说"政府"和"行政"，如果你不解释，我们可能就不知道"行政"指的是政府内部的行政，还是学校内部的行政，或者是别的什么呢？"企业"的表达也可能存在缺陷，因为外部的利益相关者里面，其实不光只有企业，还会有事业单位、社区，等等，所以要把中国的这种架构体现出来，一般是说"企业事业单位等社会组织"，有一些不同的表达方式。所以，如何把图表内容表述得更精确、形式呈现得更准确，还可以进一步完善。

再一个就是易慧用了"利益诉求"来讲利益相关者，我认为是非常好的一个点。政府作为一个权力主体来说，为什么要行使行政权力？目的就在于利益的诉求，所以抓住利益诉求这一点我觉得非常好。但还是有一点遗憾，因为我们讨论的是一流大学的治理，所以需要把利益诉求进一步扣准到一流治理这个角度上去，看看一流的治理有哪些利益诉求？如果从这个角度来把二者紧扣，可能会更精确，使讨论的问题更聚焦。另外，目前来看，易慧的一些表达可能还有点一般化，就像这一页所讲的"政府的利益诉求是大学能够在思想意识上传播其政治意愿，培养多层次的应用型人才，推进知识与科技创新，维护公民的受教育权"。这种说法也成立，但这个表达太泛化了，我们也承认，作为政府要维护教育公平，这是应当做到的，但一流的治理跟教育公平是什么关系？或者我们换个角度说，教育公平是不是一流治理需要维护的重点呢？好像一般认为一流的侧重点不在于公平，一流的重点是效率问题，其实一流不是不要公平，效率也是一种更高层面的公平。所以在报告中怎么把你讲的内容和一流治理紧密结合起来，还需要进一步完善。

## （五）彭老师谈本专题

**彭宇文**：刚才大家都谈了自己的观点，现在我来谈谈我的一些观点。之前我讲课的套路大家可能都了解了，首先我会对一些政策文件里所体现的权力的内容做一些简要的介绍，从政策文件来分析关于权力要素的权威性政策依据。那么，从目前发布的文件来看，我想主要分享以下这几份文件。

第一份文件，国务院 2015 年 10 月发布的《统筹推进世界一流大学和一流学科建设总体方案》，方案很多处内容涉及治理权力配置及运行等，有助于我们分析一流治理的权力要素问题。方案"基本原则"部分提出，"加快构建充满活力、富有效率、更加开放、有利于学校科学发展的体制机制"，这就是之前我们讲的利益诉求，活力、效率、开放、科学发展就是利益诉求的目标，我们要围绕这个利益诉求目标来构建治理权力的架构体系。在"改革任务"部分，讲得就更具体一些，"加强和改进党对高校的领导""完善内部治理结构""实现关键环节突破""构建社会参与机制"等多项任务中，从内外部关系等多个维度对一流大学治理的若干重要内容进行了阐释，由于时间关系，我们不展开讲，重点看看"完善内部治理结构"这部分的内容，"建立健全高校章程落实机制，加快形成以章程为统领的完善、规范、统一的制度体系。加强学术组织建设，健全以学术委员会为核心的学术管理体系与组织架构，充分发挥其在学科建设、学术评价、学术发展和学风建设等方面的重要作用。完善民主管理和监督机制，扩大有序参与，加强议事协商，充分发挥教职工代表大会、共青团、学生会等在民主决策机制中的作用，积极探索师生代表参与学校决策的机制"。这一段话文字不长，但包含的内容非常丰富，重点讲了三个方面的问题。一是以章程为统领的制度体系建设问题，与我们上一讲法治专题中阐述的章程建设的核心要求是一致的，既强调章程的落地实施，又强调以章程为龙头的制度体系化建设；二是学术组织建设问题，明确了以学术委员会为核心的学术权力架构体系，实际上也是强化了学术权力在学校内部治理结构中的重要地位；三是民主管理、民主监督机制建设问题，强调核心利益相关者在学校内部治理中充分发挥作用，明确了民主权力在内部治理结构中的定位及地位。可以看到，文件并不是直接讲权力，但是我们通过对这些改革任务具体内容的分析，其实就可以明晰一流大学一流治理的关键重点与目标，从而进一步准确把握治理权力的核心要素所在。

第二份文件，教育部、财政部、国家发展改革委2017年发布的《统筹推进世界一流大学和一流学科建设实施办法（暂行）》。文件第十一条中提出，"建设方案要以人才培养为核心，优化学科建设结构和布局，完善内部治理结构，形成调动各方积极参与的长效建设机制，以一流学科建设引领健全学科生态体系，带动学校整体发展"。这里有两个关键词，我们可以重点思考一下。一是"长效建设机制"，体现出"双一流"建设的可持续发展理念，而这种长效机制的构建是离不开治理结构作为基础性支撑的；二是"学科生态体系"，"双一流"建设需要在高校学科的整体生态系统中谋篇布局，而一流治理正是构建有机和谐的良性学科建设生态系统的基础性保障，与此同时，其实我们也完全可以借鉴生态体系的理念来思考治理权力的结构。

第三份文件，教育部、财政部、国家发展改革委2018年发布的《关于高等学校加快"双一流"建设的指导意见》。这个文件虽然冠以"指导意见"，体现出指导性而非强制性要求，但是其中的一些重要内容还是呈现出较明显的政策变革导向，我们来看看。在"基本原则"部分，有两个原则值得关注。一是坚持改革驱动，提出"全面深化改革，注重体制机制创新，充分激发各类人才积极性主动性创造性和高校内生动力，加快构建充满活力、富有效率、更加开放、动态竞争的体制机制"。这里和第一份文件一样的是强调"活力、效率、开放"，但是增加了"动态竞争"的界定，强化了以全面深化改革的举措推动竞争，而且是动态化的竞争，我想这也传达了"双一流"建设由基本静态固化走向相对动态优化的政策信号。那么与之相应，一流治理的权力架构，如何呼应这种政策变革？或者说，它会不会也是一种动态竞争模式的权力架构？这是我们要思考的问题。再一个原则是坚持高校主体，提出"明确高校主体责任，对接需求，统筹学校整体建设和学科建设，主动作为，充分发掘集聚各方面积极因素，加强多方协同，确保各项建设与改革任务落地见效"。这其实就涉及我们之前讲的高校和政府、社会、市场的关系问题，文件明确提出高校作为建设主体，发挥主导作用，主动对接，主动作为。我们可以这样理解，在"双一流"建设这样一个体现出较强烈的政府主导特征的政策过程中，政府从政策文件角度明确界定了高校的权力主体地位，尤论是放权也好，还是赋权也好，对推进发挥高校独立法人地位的一流治理无疑是具有重要意义的。

文件第十三点"完善中国特色现代大学制度"，其中提出"以制度建设保障高校整体提升。坚持和完善党委领导下的校长负责制，健全完善各项规章制度，贯彻落实大学章程，规范高校内部治理体系，推进管理重心下移，强化依法治校；创新基层教学科研组织和学术管理模式，完善学术治理体系，保障教学、学术委员会在人才培养和学术事务中有效发挥作用；建立和完善学校理事会制度，进一步完善社会支持和参与学校发展的组织形式和制度平台。充分利用云计算、大数据、人工智能等新技术，构建全方位、全过程、全天候的数字校园支撑体系，提升教育教学管理能力"。那么这里面讲了哪几个问题？首先，"以制度建设保障高校整体提升"强调的是要从高校整体角度思考问题，其实也就意味着现代大学制度建设和法人治理结构构建不是片面的某一个方面，而必须站在整体立场考虑问题，这是我们站位的问题，是一个总的原则。其次，阐述了高校内外部不同权力之间的关系。诸如：在党委领导下的校长负责制的整体领导体制之下，推进管理重心下移，这就是学校内部治理中的权力纵向配置问题，从纵向来说，是要从学校办一流转向院系办一流、学科办一流，权力重心要下移到基层学术组织里去，这是权力配置优化的一个政策导向；由此就到了创新基层的教学科研组织和学术管理模式问题，核心就是学术权力在基层怎么配置与运行。其实在高校内部不同层级的组织架构中，权力优化或者说权力配置的重点是不一样的，可能学校层级权力配置的重点在于政治权力和行政权力，而到了院系这一层、学科这一层，基层学术组织权力配置的重点就更多的是学术权力以及相关的民主权力，侧重点不同必然就会导致治理结构的不同，这是我们需要特别注意的；接下来就是往外拓展，提出理事会制度，涉及高校治理内外部关系的协调，权力配置不是空洞的，它必须依托组织形式和制度平台为载体来实现，理事会制度就是高校在原来的董事会制度基础上，结合高校公益性地位，在处理好治理结构内外部关系方面的新探索，当然，具体效果如何还需要继续观察。最后，依托新技术的高校治理的新发展问题，文件敏锐地看到了云计算、大数据、人工智能等现代信息技术对高校治理的重要意义，其实，数字技术这些新手段既是机会，也是挑战，我们在下一个专题中会专门讨论这方面的问题，这里就不多讲了。

好，上面分享了国家层面的三份文件，换一个角度讲，我们也是通过这些文件内容了解一下关于治理权力的配置架构等方面的问题，国家政策所关注的重点在哪里，需要引起我们注意。下面我再引用几本学术专著的观点，来跟大家讨论一下相关的问题。我这里找的这三本书可都比你们年纪还大呢。

第一本书，我1987年买的《政治学分析辞典》，一个美国学者从政治学角度对权力作了分析。他提出，"权力是根据需要影响他人的能力。因此，从广义上说，权力是'影响'的同义语，它包括一系列影响的手段，如劝说（没有报酬许诺或惩罚威胁的影响），温和的压力或交易（有报酬的许诺和惩罚威胁），极端的压力、暴力或压制"。这就是前面易慧讲到过的"影响力说"的观点，其实影响力具有不同层面的不同强度，因此虽然"权力"与"影响力"常被作为同义语使用，但"影响力"应当是更广泛的概念，"权力"只是"影响力"的一种形式，也就是我们经常讲的权威。所以，权力跟利益有关系，跟规则有关系，跟权威有关系，跟合法性有关系，它是政治学研究的一个中心概念。联系到我们研讨的大学治理，权力其实是一个非常重要的分析工具，我们可以借鉴西方学者的观点进行思考。

第二本书是《权力社会学》，这本书不厚，是英国牛津大学学者罗德里克·马丁撰写的。它主要是从社会学的角度，分析权力怎么逐步地形成，包括马克思主义的观点，他也作了分析。全书阐述了权力的发展路径，权力在封建制度里是怎么发展起来的，在资本主义制度下又是怎么发展的，进入现代社会权力怎么发展，等等，他谈的一些观点，这里我没有详细列举，不过这是另一种视角，大家可以把书找来看一下。

第三本书，大家可能看过，阿尔温·托夫勒的《权力的转移》。托夫勒是一位有名的未来学家，他写了三部曲，前两部是《未来的冲击》和《第三次浪潮》，《权力的转移》是第三部，也有人把它翻译成《力量的转移》，它的英文原文是 Power Shift。这本 1990 年出版，书中以一种全方位的角度来展望权力在未来会有什么样的变化，所以他强调的是转移。那么他讲了什么观点呢？我这里呈现的是书最后的"假说"部分，他提出了二十五条假说，时间关系，我们可以选择几条看一下，进行一些讨论。

比如第一条，"权力乃所有社会系统和全部人类关系中的固有成分，它不是可见物，而是某种或全部人际关系的一个方面，因此它无所不在、不偏不倚，本质上不好不坏"。最后这句话讲到权力其实本质上没有好坏，那么，权力是一个中性的说法吗？这是我们需要思考的。

比如第五条，"由于人际关系处于永恒的变化之中，所以权力关系也经历这种进程"。权力关系跟社会关系是相联系的，跟人与人的关系是相联系的，由于社会关系总是在变化，所以权力关系也不断地在变化，这是我们讲的变革。联系到一流大学的一流治理，其实大学治理所涉及的内外部社会关系也在不断地变化之中，其中的权力关系也就不可能是固定的，何为主何为辅，是不断地在调整变化的，是一种动态进程。

比如第六条，"人人有自己的需要和欲念，故能满足这种需要和欲念的人就掌握了潜在的权力。向人们提供或拒绝提供他们需求的物品及活动机会乃是行使社会权力的表现方式"。这其实是一种利益分配问题，利益与权力具有重要的关系，他讲得很直白，但是阐明了权力的本质。

比如第七条，"权力的'工具'或'杠杆'品种很繁多，然而最基本的几种仍然是暴力、财富和知识。其他权力资源悉数由它们派生"。这是很重要的、大家需要思考的问题——权力的来源是什么？权力是依据什么手段、依据什么工具来配置的？依据什么杠杆来调节的？他这里讲了三点，暴力、财富和知识。暴力是什么？大家可能都好理解，就是国家机器，但是在现代社会里，暴力作为权力的配置工具是不是依然具有很明显的特征？财富和知识两者又是怎么发挥权力的作用的？大家可以讨论一下。

**李骏锋**：我说一下我的理解。我觉得财富配置权力一个最直接的体现应该就是股东大会，但是如果放大一点，到政治社会，像美国那种政治社会，他们的选举可能背后也需要一定资金的支持，不是说普普通通的老百姓，他就能够被选为总统，他背后需要大财团、大财阀的支持。那么从这一点来看，我觉得就可以解释财富配置权力。至于知识配置权力的话，我第一反应想到了我们古代的科举制，因为它本身还是通过对四书五经的学习，然后获得科举考试的名次，从而进入权力结构里面。这是我的理解。

**彭宇文**：有道理。还有谁能够解释？玉胜你是学财政的，我再问你，财富为什么能配置权力？

**徐玉胜**：我和骏锋理解得差不多，我觉得财富的配置通俗来说就是有钱人可以利用他的资本来实现他在政治上的诉求。就像刚刚说的国外的财团、财阀去参与政治选举，他们会用游说的手段，来谋取自己的政治诉求。关于知识配置，只是我们现在社会才提倡去保障每个人受教育的权利，但是在封建社会，受教育权并不是一个普遍的基本权利，知识的配置就导致了社会的分层，受的教育越多，跨越阶层的可能性就越大。我是这么理解的。

**彭宇文**：他们两位的解释是基本成立的，实际上我们要把第六、七条联系起来看。重要的一点是存在利益，每一个个体的利益也好，组织利益也好，在有利益需求的情况下，就需要有权力杠杆来调节它，才能够实现利益。就像刚才两位讲的，我们个体通过知识或者财富的杠杆来获取更多的社会资源，获得更大的权力。那么，我们进一步附会一下，结合一流大学治理，我们又怎么来解读暴力、财富和知识这三个资源？还有没有别的权力资源？大家有什么思考呢？

**易慧**：我觉得暴力它强调的是不是一种强制性的权力，一种强制性的制约，而知识可能更强调的是一种隐性的规约，可能我们会形成一种治理的文化，就不需要用这种强制的、暴力的手段，用文化的隐性的规约去取代强制性的规约。有没有这样一种思路？

**彭宇文**：很好，其他同学有什么补充吗？从大学治理方面，我们怎么去理解权力配置的来源？

**李骏锋**：这个知识点如果从一流大学治理的角度来说，我感觉可能有点像高校里以院士或者科研大咖为代表的团队，他们的专业方向会影响整个大学一流治理的一个方向，可能侧重点不一样，我是从这个点来想的。然后暴力的话，我感觉跟易慧同学讲的也差不多，它更多的是偏向政治权力。

**彭宇文**：所谓杠杆就是调节权力的、撬动权力的手段，除了暴力、财富、知识这三种基本的工具之外，还有什么呢？说具体点没关系。

**易慧**：权威算吗？

**彭宇文**：权威不能构成工具，因为它不是一种具体的载体的形式，它本来就是权力的基本特点，所以它还不能成为工具。

**徐玉胜**：大学的声誉。

**彭宇文**：为什么说声誉是工具？

**徐玉胜**：这个就相当于无形资产。公司有商誉，大学有声誉。一流大学也分层次，清华、北大如果有各种政策的倾斜，市场上各种资源就会往那边去聚集，但是声誉一般的普通学校，可能基本上得不到资本类似的资源，就会形成一种马太效应。

**彭宇文：**这个倒也成立。因为高校有了一个好的声誉，也就意味着有好的影响力，有了话语权，就能够在话语体系里面形成一种标准化的话语权。你说怎么干，别人就照着你的标准干，就形成一种权力的主导，好像也成立。还有补充的吗？

**周思钰：**老师，我想到了一个，思想算不算？我指的是一种意识形态。因为我们是由中国共产党领导的，重视思想的领导，强调集体主义，思想不统一就会出现各种各样的矛盾，这可能也是权力方面的问题。

**彭宇文：**也有道理。我觉得你讲的实际上就是一种思想理念，形成了一种思想的引导力、思想力。思想对你的这种需求、欲念形成牵引、制约，或者叫引导力，这样的一种权力我觉得也成立。大学治理的权力杠杆、大学治理的权力工具到底还有哪些？权力一定是把双刃剑，这些杠杆和工具又会导致哪些问题？有哪些利和弊？会不会对大学精神、大学文化、教育规律带来冲击？我这里只是把这些点提出来，大家可以进一步地想一想。

所以，第十条就谈到了冲突，"冲突乃是一种不可避免的社会事实"。第十一条则进一步阐述，"权力斗争不一定是坏事"。作为一种客观现象，冲突是不可避免的，所以我们一定不要过于理想化地去思考权力的配置问题。我们的惯常性思维中常常觉得冲突就是坏事，一定要想办法消除冲突，其实冲突是永远消除不了，它是不可避免的，所以博弈总是存在，我们一定要看到博弈存在的合理性，既然冲突不可避免，怎么办？那就需要博弈，博弈意味着什么？那就必然会有斗争，所以权力斗争不一定是坏事，我们需要破除那种非黑即白的思维方式，树立正确的权力斗争理念、博弈理念，理性思考权力带来的冲突问题，注重通过理性博弈甚至是斗争来化解冲突，实现权力关系的相对平衡协调。

第十三条讲道，"众多权力子系统在某一特定时刻，一些处于相对平衡，另一些则激烈动荡，而平衡本身未必就是好事"。谁能谈谈对这一段话的理解？依凡，你的PPT里面谈到了平衡、均衡的关系问题，你能不能说说你对这句话的理解？

**唐依凡：**作者在这里提到了一个观点"平衡未必是好事"，我在PPT中用的表达不一样，我用的是"制衡"，这个是"平衡"，因为平衡可能有平均的意味存在，如果权力有这种平均的意味存在的话，在决策的时候可能会出现不知道由哪个主体来作决定的情况，这种情况可能会导致决策混乱，这个是我的理解。

**彭宇文：**依凡的理解，就是平衡可能导致了平等、等同、同等，那么就可能不能凸显某一个权力的重要性以及它在决策中的引导性作用，这可能会带来决策混乱等方面的问题。其他同学有什么不同的理解吗？

**李骏锋：**我倒是还有一种理解，平衡感觉就有点内卷化，就好像大家都到达了一个层次，不会再有一些改进；好像矛盾消失了，不会再发展了。

**彭宇文：**对，也可以这样理解。还有什么理解？

**王萍：**我的理解是，你看作者说了这么多权力的子系统，也就是说它包括不同的权力，既然分为子系统，肯定就有不同的子系统，比如说行政是一个子系统，然后学术也是一个子系统。不同的子系统需要不同的资源配置，比如说在某一个子系统中的学术权力，它应该处于比较重要的位置，那么它就不应该跟其他权力保持平衡，否则就凸显不出它作为学术这一方面的重要性。所以说，平衡我觉得不应该是一件好事，权力的配置应该依据某一特定的情境来决定。

**彭宇文**：确实，这段话给我最大的启发是，有时候我们可能会过于追求一种平衡，我们会觉得平衡是件好事，要平衡才好，但实际上平衡本身未必一定是好事。平衡可能会导致活力的丧失，可能会导致体系内部立体化架构的失衡。权力的架构其实是一个立体的，所以要有子系统，不同的系统是在一个立体化的状态下来构建的，所以需要不断地打破平衡，发展就是在打破平衡中取得的。所以从这个角度而言，平衡未必就是好事，可能对一流大学的治理来讲，就是要打破固有的平衡状态，才可能取得新的发展。这一点很有道理。所以，在第十六条他讲道，"权力均等是无法实现的。即便暂时实现，机会的到来也会造成新的失衡。任何纠正这种不均等的企图都是枉费心机"。权力有一种强制性，有一种暴力性，有一种威胁性，所以它肯定有主有辅，不可能实现均等。然后第十七条讲道，"让所有社会系统和子系统同时处于完美无缺的平衡状态，让权力被所有的组合平等分享，这是一种几乎无法实现的妄想"。所以，简单的理想化的平衡是不可能实现的，高校治理权力体系中，政治权力、行政权力、学术权力等方面的权力，必须通过一种动态化的立体架构来实现，这是我们需要思考的问题。

再比如，第20条提道，"知识的分配比武器和财富的分配更不平等。因此知识（尤其是有关知识的知识）的重新分配就更加重要。它能导致其他主要权力资源的再分配"。托夫勒讲到未来社会发展的时候，他讲的很重要一点就是知识革命、信息革命。他在这里讲的这些观点，大家仔细品味一下，有谁能够谈一谈对这段话的理解？对某一句话的理解也可以，例如什么叫"有关知识的知识"？为什么说"知识的重新分配比武器和财富的分配更不平等"？施思你有什么观点？

**夏施思**：知识的分配应该主观性更强。

**彭宇文**：主观性更强。我们可以从分配的依据、分配的工具角度来思考这个问题，知识的重新分配也就是我们讲的二次分配，二次分配的目标是什么？是公平，是为了实现公平，为了追求社会公正。所以从这个角度来说，知识的重新分配非常重要，不能被垄断在某一些人手上。那么，什么叫"有关知识的知识"呢？曾心媛，这个词用英语来说，应该怎么表达？

**曾心媛**：我就只能用字面翻译——knowledge of knowledge。

**彭宇文**：你们觉得她翻译得准确吗？什么叫"有关知识的知识"？谁能说一说？

**徐玉胜**：老师，我有一个看法，我们谈到了知识、武器和财富，可能三者不是同一层面的概念，有一个高位阶和低位阶。比如说武器和财富可能是处于同一个低位阶段的，而知识处于高位阶，可以通过知识来获得武器和财富。比如说古代有靠谋略来攻城略地的人，比如张仪、苏秦，那不就是用知识来获得武器和财富吗？如果说创造核心技术是一种知识的话，那么掌握如何制造这种核心技术的知识，可能就是"有关知识的知识"，这是我的看法。

**彭宇文**：玉胜讲得有道理。为什么知识的重新分配比武器财富的分配更重要？因为知识能导致其他主要权力的再分配。玉胜的理解，换个角度说，相当于是对社会发展阶段的理解。随着社会发展阶段的不同，我们可以看到权力的配置工具也在发生变迁。原始时代，那个时候我们的社会不发达，我们靠什么生存？靠体力，靠暴力，你的体力好，你就能够抓到猎物，你就能够得到吃的，你就能够生存。那个时候的知识不是那么重要。随着社会的发展，到了工业社会特别是现在的信息社会状态下，知识成为资源配置的一个重要工具。在现代社会，我们可以看到，掌握了知识就掌握了权力的配置工具，知识带来了权力配置的重新调整。所以，随着社会发展阶段的不同，权力资源分配的方式也在发生变化，在人工智能、信息化社会中，知识的重要性肯定超过了财富和暴力，这是我们应当看到的现实。所以，这也就是为什么大学能够发挥重要作用的原因，因为大学虽然没有掌握暴力资源，没有掌握财富资源，但是却掌握了知识资源，通过这样一种知识的权力工具，它可以实现对社会资源的再分配。所以，大学的作用怎么发挥出来？我觉得从这个角度来看可以延伸到很多的问题。原来有人讲"大学要由社会的边缘进入到社会的中心"，它怎么进入中心？就是靠知识工具的掌握，那么更核心的是什么？大学掌握的是有关知识的知识，创造知识的能力也就是知识生产力，大学能够生产知识、创造知识。我是这样理解的，大家可以作更多的思考。

第二十一条，"权力资源的过分集中是危险的"。这个很好理解，权力导致腐败，就不多说了。但是第二十二条又说，"权力资源的集中不足同样是危险的"。这个就很重要了。权力也得相对集中，不集中或者过于分散，这个天下谁都能够为王，那就有问题，就混乱了。权力的重要特点是具有权威性，能够决策，所以必须相对集中，集中不足同样也危险。大学治理也同样有这个问题，权力是实施有效治理的基础，必须有合理的配置，适度的集中，虽然从法治角度需要限权、分权，但也不能说为了反对腐败，就把权力无限地分散，那同样会产生问题，就没有运行的效率可言，也不可能实现治理的目的。由此，接下来的第二十三条就提出，"如果权力的过分集中和集中得不足都导致社会灾难，那么集中到何种程度为宜？我们是否有一个判断的道德标准？这个标准与'社会必要的秩序'和'剩余秩序'两个概念直接相关"。这里讲了两个概念，我的理解是这样的，所谓"社会必要的秩序"大概是指维持社会发展的基本要素，就是社会构建的基本东西；而"剩余秩序"也许是指一些附加的、有利于统治者的所谓秩序。当然，这个最好是看看英文原文，我可能也讲得不是很清楚。作者他还提出一个标准，我们对权力的配置有没有一个道德判断标准？这里我们要上升到一个新的层面来思考问题。大学治理，易慧前面讲到了要"合目的性"，合目的性实际上也是一种道德判断的标准。我们讲合法性是一个基础标准，那么合目的性实际上是一个更高层面的道德标准。那么，对大学治理的权力配置，我们有没有判断的道德标准？甚至说，我们需不需要这个标准？有时候我们思考的层面不会那么高，至少我一直没太注意这个问题，我们可能会用法律的标准来评价它，其实法律是个底线标准，但是道德标准是什么？这个是我们需要思考的问题。

好的，上面是我依据阿尔温·托夫勒这本书里面的这二十五个假说，提出部分内容来进行讨论，要注意，我们只是讨论，不是绝对性的结论，但我觉得其中讲的很多观点是值得我们思考的。

好，现在总结一下我们这一讲。我觉得，关于高校法人治理结构中的权力要素，下面这些问题尤为值得思考：权力由什么构成？权力的范围如何界定？权力的来源是什么？权力有什么特征？权力有什么弊端？除此以外，还有就是关于权力的张力问题，我觉得"张力"这个词是我们在这个问题上需要特别思考的地方。我的理解是，所谓张力是弹性、可调节性、可伸缩性、原则性和灵活性的结合，不那么固化。其实我们在高校治理架构里讲到了政治权力、行政权力、学术权力等几类权力，它们之间的张力很重要，在基本规范的前提下，一定的张力也许就是形成大学治理动态化创新突破的重要源泉。当然，我们在大学治理中应当如何准确把握好张力的应用？这种张力以一种什么样的"度"为宜？也是必须关注的，这里我先把问题提出来，供大家课后进一步思考。

另外一点，大家也讲了，权力实际上跟权利、利益、义务、责任都有关系，这几个词相互之间又构成什么样的关系？这是我们需要思考的问题，我们暂时不讨论了。还有一个问题，刚才我们讲了权力的配置有很多，那么公共危机事件对我们大学治理的权力结构有没有带来冲击？甚至是解构？或者是重构？大家可以好好思考一下这个问题。

此外，在权力的要素里面，我们原来讲包括政治、行政、学术、民主、资本这五类权力，那么借鉴阿尔温·托夫勒的观点来进一步设想，随着现代信息技术的飞速发展，技术能不能构成权力？信息能不能构成权力？现在技术的发展是不可思议、不可想象的，它带来的对权力杠杆的冲击，可能也是不可想象的。在大学治理中，技术、信息等是不是也构成权力的要素？除此以外，还会不会可能形成其他新的权力要素？应当看到，近年来公共危机事件频发对大学治理已经带来了安全性和权力解构的冲击，比如在线教学形式的迅速普及，实际上就带来了对传统治理的冲击，甚至可能导致权力架构的重构，这些问题各位可以进一步思考。

怎么来思考？我觉得大家可以看看《权力的转移》这本书，虽然是 1990 年出版的书，但我们确实要承认，社会上确实有像托夫勒这样具有超凡预见力和超常判断力的超人，而我们跟不上他的步伐。我是 1994 年买的这本书，那时候读可能我真没有多少体会，完全没有会意识到后面二十多年会是这样的发展速度。1994 年的时候，移动手机还没出来，还是 BB 机，也叫传呼机，但到现在你看他的预见有多少得到了实现！科技革命带来了大变革，过了 30 年再把这本书拿来翻一翻，我觉得一定会有新的感受，所以我最近准备再重新读一遍这本书，站在现实视角来反思一下 30 年前他思考提出的问题。所以，我强烈推荐大家去看看《权力的转移》这本书，还包括《世界是平的》《大学的终结》等书，我们要承认有一些人的预见力远远超过我们这些所谓的大学教授和研究生，超过我们很多人，所以我们要向这些人去学习，跟随他们去思考，跳出传统的思路，突破我们的思维定式。我就谈这些观点，看看各位还有什么需要说的吗？如果没有，那就下个礼拜见。

**同学们**：谢谢老师，老师辛苦了。

# 三、2022 年的再思考

时隔两年，重新翻看之前的课程记录，有一些新的体会，在此对之前的思考作出一点补充。从大学治理的诸多要素来看，权力对于一流大学治理到底意味着什么？大学内外部利益相关者的权力关系决定着一流大学的治理形态和关系样态。所以，正确认识利益相关者的利益诉求和不同的权力关系是实现一流的大学治理的一项重要内容。从我之前的汇报来看，我只是为大家做了一个基础性的利益相关者理论和权力关系的简单介绍，但对于某些问题的思考尚不深入，看待问题的视角比较宽泛笼统，如权力配置应该怎么对标一流大学的标准重点体现"一流"、大学独立法人自主权应当如何优化、在后疫情时代如何重新定义大学治理主体的"权力"……这些问题在之前课程的讨论环节有部分体现，也需要我在未来研究中进一步分析挖掘。

　　这门课采取线上汇报加讨论的形式，是我在所有研究生课堂中经历的一种较为新颖的教学组织形式。大家都是带着问题在听汇报人的报告，通过讨论让不同的想法呈现出来，形成碰撞。课堂上大家对于我资料搜集、汇报呈现、分析框架等细节提出的意见都让我受益匪浅，这才是研究生课堂"研讨"的真正价值。我还记得彭老师几乎每节课谈论不同专题时都会分析官方的政策文本，站位很高，这也为我们开展研究提供了一个基本的价值依循。特殊时期虽然大家无法当面交流，但并没有阻隔我们线上讨论的热情，对于我们这个在"停课不停学"期间形成的学术共同体，我觉得很特殊、很有意义。（易慧）

## 💬 思考题

　　1. 谈谈你对一流大学治理中的权力要素的理解。

　　2. 试分析一流大学治理中政治权力、行政权力、学术权力、民主权力、资本权力等权力之间关系存在的现实问题及其优化。

　　3. 如何理解一流大学治理中"权力"与"权利"的关系？

## 📖 参考文献

［1］袁飞. 学术权力与行政权力的统一、冲突与平衡［J］. 高等教育研究，2015，36（07）.

［2］安萌."双一流"背景下中国高校治理模式改革［J］. 西部素质教育，2019，5（19）.

［3］祁占勇. 落实与扩大高校办学自主权的三维坐标——高校与政府、社会关系的重塑及内部治理结构的完善［J］. 高等教育研究，2013，34（05）.

［4］黄彬. 大学外部治理的法权逻辑与重构路径——基于"管办评分离"的政策视角［J］. 中国高教研究，2016（11）.

［5］陈金圣. 从行政主导走向多元共治：中国大学治理的转型路径［J］. 教育发展研究，2015，35（11）.

［6］孙家明. 利益相关者逻辑下相互作用大学共同治理机制研究［J］. 当代教育论坛，2015（06）.

［7］朱玉成. 政府职能转变视角下的高等教育供给侧改革［J］. 高等教育研究，2016，37（08）.

[8] 魏姝.政策类型视角下的中国政府职能转变——以高等教育政策为例的实证研究 [J].中国行政管理, 2016 (07).

[9] 胡建华.大学内部治理与外部治理关系分析 [J].江苏高教, 2016 (04).

[10] 谢凌凌.大学学术权力行政化及其治理——基于权力要素的视角 [J].高等教育研究, 2015, 36 (03).

[11] 范奇.论高校"办学自主权"的双面法治逻辑及统合 [J].交大法学, 2019 (03).

[12] 张衡, 眭依凡.中国特色一流大学治理结构：理论基础、体系架构、变革路径 [J].中国高教研究, 2020 (03).

[13] 刘献君.论大学内部权力的制约机制 [J].高等教育研究, 2012, 33 (03).

[14] 贺佩蓉.政府·市场·社会：大学外部治理的权力要素与模式创新 [J].江苏高教, 2015 (03).

[15] Freeman R E. Strategic Management：A Stakeholder Approach ［M］.Boston：Pitman Press, 1984.

[16] 康旭东, 刘盛博, 孙莹.高校教师利益诉求研究——对某 985 高校近十年教代会提案的分析 [J].辽宁经济, 2020 (06).

[17] 钱亮, 徐玉臣.参与式治理：我国大学治理现代化的战略选择 [J].中国成人教育, 2016 (18).

[18] 刘江平, 刘晓瑜.高校办学自主权：性质、困境与出路 [J].中国高等教育, 2016 (07).

[19] 黄彬.大学外部治理的法权逻辑与重构路径——基于"管办评分离"的政策视角 [J].中国高教研究, 2016 (11).

[20] 俞可平.权利政治与公益政治 [M].北京：社会科学文献出版社, 2000.

[21] 姜朝晖.权力论：合法性合理性研究 [D].苏州大学, 2005.

[22] 赵梦瑶.基于利益相关者理论的大学治理结构研究 [D].电子科技大学, 2016.

# 专题九　一流大学治理的技术基础：现代信息技术

课程时间：2020 年 5 月 15 日 9：00—12：00

地　　点：腾讯会议

主报告人：周思钰

副报告人：王萍

## 一、引　　言

这一专题主要是研究现代信息技术对大学治理的影响。选择这个专题起初是因为我本科所学的专业是通信工程专业，希望能通过查找阅读文献，厘清一流大学治理与现代信息技术之间的关系。在查阅资料的过程中，更加明确在特殊时期，我们尤其不可忽视现代信息技术的发展对高校治理的有效作用，高校需要善用信息化这把武器，提高治理水平。于是，根据彭老师提供的思路以及一些学者的文献，有了如下汇报，重点阐释在构建服务全面终身学习的教育体系中大学的职能以及在一流大学治理中现代信息技术的运用。（周思钰）

## 二、课 堂 实 录

### （一）主报告人报告

**彭宇文**：今天是本学期的最后一次课了，周思钰做主报告、王萍做副报告，开始吧。

**周思钰**：彭老师、同学们上午好，今天我的汇报主题是"一流大学治理的技术基础：现代信息技术"。首先感谢前面各位同学的汇报，给我带来了很多思考，在我今天的汇报之前，想问大家两个问题，第一个问题是："你害怕科技吗？"之所以会问这个问题是因为我在读《教育的未来》这本书的时候，了解到在美国有学者做过一个调查，调查结果显示，人们认为比犯罪、地震更可怕的是科技。在做这个课题之前其实我也是这么认为的，因为科技的发展最终代表的是未知，未知是无法预测的，我们无法预测的才是最可怕的。第二个问题是："从小学到读研，你觉得科技对你的影响大吗？"就拿我自身来说，在我小学时妈妈会拿一个报名的单子，然后去学校排队给我报名。但是现在因为特殊时期，我们开学报名都是教秘老师在网上给我们操作的，从线下转为了线上。单单从这一个方面来看，其实科技还是给我们的学习生活带来了很大的便利的。当然还有其他的一些方面，我在后面的介绍中也会具体谈到。这就是在我开始正式汇报之前的两个小问题，主要是供各位思考，大家不用回答。

那么现在进入我的正式汇报环节。我的汇报分为 4 个板块：第一个是介绍知识经济时代与高校信息化的应用；第二个是服务全民终身学习的教育体系中的大学职能；第三个部分是一流大学治理中的现代信息技术应用；最后一部分是我自己的思考。

第一部分，知识经济时代与高校信息化的应用。

为什么要介绍这部分？因为我们现在所处的时代就是知识经济时代，所谓知识经济时代就是以知识以及信息的生产、创造、流通、分配、传播和应用为基础的新型经济。它不同于工业经济，也不同于农业经济，它不是知识和信息简单结合的产物，而是一种将知识和信息作为基础，以智力资源为依托，以高新技术产业为支撑而发展起来的一种创新型经济。

知识经济主要有两个特点：一是信息化经济，信息化经济是随着高新技术发展起来的，它的主要代名词就是计算机和智能，并不是指谁拥有了社会财富就是成功的，而是强调一种知识和信息的良性互动。二是智力经济，这类经济中资本设备等有形资产的投入已经不能占有决定性地位，相反智力资源的占有配置生产才是关键，所以越来越多的国家对智力资源的开发越来越看重。而这里的智力资源，比如说人才或者说科学研究以及科研机构都是被划入智力资源这一块的。

进入知识经济时代，高校作为知识生产的主体，由于与经济发展密切相关，其地位和作用将发生重大的变化，它不仅要传授知识，发展科学技术，又要追求知识创新，大力培养创新人才。高校已经不再是原来的象牙塔，在这样的知识经济时代的背景下，高校信息化是不可避免的。因此，围绕教育信息化，我们国家相继颁布了一系列相关政策，如2012 年教育部《教育信息化十年发展规划（2011—2020 年）》（教技〔2012〕5 号）、2016 年教育部《教育信息化"十三五"规划》（教技〔2016〕2 号）、2018 年教育部《教育信息化 2.0 行动计划》（教技〔2018〕6 号）等，这些政策对于我国的高校信息化突破和建设起到很多关键作用，从这些文件中也可以看出国家对于发展教育信息化的重视。

下面我们继续来看一下高校信息化发展的三个阶段。

第一个阶段是网络化校园阶段，主要是完成校园网的基础硬件设施建设，搭建校园网络平台，比如说学校机房的建设，还有一些网络的铺设布局，这都属于网络化校园阶段，我把它称之为基础阶段，因为只有具备这些基础条件，我们才能去发展数字化校园，才能发展智能化校园。

第二个阶段是很多高校目前处于的阶段，叫数字化校园阶段，它采用新技术，对高校内部各种信息系统资源进行了整合，也组成了完整的信息链，建设起综合信息门户，打破了各系统之间的界限，并提供差异性服务。在数字化校园阶段，它更加强调的是信息之间的交互以及信息之间的互相沟通作用，比如说综合信息门户，其实基本上所有的大学都有独立的信息门户，它主要是收集、整合、存储、传输和应用相关的数据。

第三个阶段是智能化校园阶段，也是我们现在正在大力建设的阶段，它将改变校园用户传统的交互协作、资源共享等模式，提高高校的智能治理能力。如果说数字化校园阶段交互的主体只有人的话。在智能化校园阶段，它交互的主体有人和物，将智能赋予一些物体，主要是建设无处不在的学习分享网络、透明高效的内部治理体系。在智能化校园阶段，我们会使用一些云计算、人工智能、区块链等技术，主要的目标是要建设智慧环境、智慧学习、智慧服务、智慧管理等层面上的内容。

要看到的是，信息化发展给高等教育带来了诸多影响，我在这里概括了五个方面：一是教育观念上，校园由校内教育、阶段教育转为终身教育。高等教育已经不再是只存在于大学校园里的专属教育，也不是我们只有在某个阶段才能接受的高等教育，因为信息化技术的发展，人们通过远程学习以及网络资源的共享，可以在任何地方任何时刻都可以接受教育，这是一种很明显的转变。二是教学环境上，由原来的单调简单转为多样化，比如说我们的父辈之前在上课的时候可能只有书、黑板、粉笔，但是我们现在的教学环境有各种各样的多媒体，包括电脑、手机，这些都给我们的教学环境带来了很大的改变，这是科技所带来的进步。三是教学方法上，以前的老师在课堂上处于讲授的地位，学生处于听讲的状态，但是因为现在信息化技术资源很丰富，老师更多的是指导学生，让学生主动地探究学习，这也是我们今后成为教师要努力去实现的目标。四是教育内容上，课程内容必须适应信息化社会发展的要求。这一点不知道大家有没有深刻体会，就拿我自己来说，因为我本科学的是工科，2015年入读本科时，我在学校学习的计算机语言是C语言，再新一点就是C++，可是2019年毕业后，我继续读研，我们班有很多同学已经参加工作，他们发现在社会上其实C语言和C++已经很不常用了，现在人们更多使用的是Python和Java这两种语言，这两种语言我们在学校里是没有学过的，学校教给我们的是比较基础的C语言，所以说我们的课程内容必须要适应信息化社会发展的要求，如果没有去适应它的发展与变化，我们教出来的学生水平，一定程度上就做不到与时俱进。五是高校治理方面，这个我后面会着重强调的，信息化让高校治理更加制度化、人性化、透明化。

第二部分，服务全民终身学习的教育体系中的大学职能。

其实在拿到这个标题的时候，我有一点疑惑，就是为什么会把终身学习放在信息技术这一专题去说？然后我仔细思考了一下，发现其实现代信息技术确实给我们的终身学习提供了很重要的支撑，这一块放在这里确实比较合适，如果放在之前的权力基础、思想基础上去谈可能就没有那么合适。

那么我们首先要来了解一下为什么要推进终身学习。在2015年国际教育信息化大会上，习近平主席强调要构建网络化、数字化、个性化、终身化的教育体系，建设人人皆学、处处能学、时时可学的学习型社会。[①] 其实终身学习已经被各个国家纳入了基本国策，可以看到世界各国对终身学习重视的态度。那么终身学习的重要性体现在哪？首先，在知识经济时代背景下，知识更新太快，知识老化加速，我们不能让知识老化的速度超过

---

① 习近平：建设"人人皆学、处处能学、时时可学"的学习型社会［EB/OL］.（2015-05-23）［2022-05-08］. http：//news. cnr. cn/native/gd/20150523/t20150523_518620985. shtml.

知识更新的速度。知识经济时代，一个人只有不断地学习，才能跟上时代前进的脚步。从我刚刚举的一个例子中可以看到，如果我们不去主动地学习的话，我们大概率会被时代淘汰。我现在看的一本书中提到，可能10年前最重要的知识是数学，但是10年后也就是现在，我们最重要的知识是编码。我不知道大家有没有这样的体验，在我本科的学校，不管是文科、工科还是理科，我们都需要学习一门计算机语言，我们工科学的就是C++，然后文科的同学就会去学习数据库，不管怎么样，都要去掌握一门和计算机有关的语言。在知识经济时代，我们必须要去不断地补充自己的知识储备，不断地去追随这个时代要去学习的主流内容，所以终身学习是很必要的。其次，习近平总书记曾经说过，终身学习能够使人拥有一种健康的生活方式。① 我们的学习不能带着功利心，比如说我必须要完成任务，我为了完成任务才去学习，学习更重要的是要追求一种健康的生活方式，我们的学习过程其实也是自己获得领悟或者说是成长的一个过程，可以看到终身学习是十分重要的。

大学在终身学习过程中扮演着很重要的角色，它具体的职能首先就是要传授知识，培养大学生、教职工的终身学习能力。我查阅了很多学校的相关资料，大部分提到的大学的职能基本上是培养大学生的终身学习能力，我自己在这里额外补充了终身学习的主体——教职工，其实我觉得这样才更完善，老师要传授学生知识，他们也要根据时代的脚步去学习最先进的知识，才能更好地教育学生。同时，我觉得老师和学生在一起学习就是教学相长的过程，其实老师也可以从学生那里学到一些比较新颖的知识。其次，大学还应当向更多的社会民众提供终身教育的机会，比如说现在发展得很好的慕课，就是通过网络资源和远程信息技术，在平台上展示各个学校的课程，社会公众都可以在这个平台上去学习自己想学的任何科目，大学和社会之间的墙被打通了，大学可以向更多的社会民众提供接受教育的机会。

大学在终身教育体系中具有特殊的重要作用，它应当是全民终身学习的主要支撑机构。为了让大家更好地了解大学在终身教育中的职能，我这里举了4个例子，跟大家分享一下。

第一个例子是武汉大学继续教育学院。我在武汉大学官网上查到了它的简介。武汉大学继续教育学院是学校高等教育事业的重要组成部分，早在20世纪50年代初期，学校就开始举办成人高等教育，经过半个世纪的发展，现在已经有了高等函授教育、夜大学、成人脱产教育，高等教育自学考试，网络教育和教师培训、干部培训等非学历教育，是武汉大学培养人才服务社会的重要力量。可以看到，武汉大学继续教育学院主要承担面向社会公众的非学历教育与学历教育，特别是各种形式的干部培训等非学历教育，为开展全民终身学习提供了相当丰富的高等教育供给。

第二个例子是开放大学。开放大学的前身不知道大家有没有听说过，它是中国广播电视大学，也就是我们简称的"电大"。开放大学是高等教育的一个重要组成部分，更是继续教育的主力军，所以构建服务全民终身学习的教育体系，不能缺少开放大学，更不能离

---

① 总书记的方法论 [EB/OL]. (2019-06-13) [2022-05-08]. http://www.qstheory.cn/zhuanqu/2019-06/13/c_1124619484.htm.

开开放大学。开放大学的门槛其实是比较低的，面向之前没有机会接受高等教育的社会公众，只要你成功报名，然后按时上课、完成考试就可以拿到学历证书。开放大学主要采用现代信息技术和面授相结合，也就是函授教育和面授结合的教育方式，它的特点是上课人数多，分布范围广，基本上在全国各个地方都会有开放大学。学校办学形式活、专业设置全，包括医学、护理、会计、金融等一系列专业设置，同时也具备办学效益好、受众面广等特点。开放大学它构造的是一个网络化、数字化、个性化、终身化的教育体系，这也是在我们终身学习的教育体系中发挥关键作用的大学。

第三个例子是企业大学。企业大学其实在我们之前的课堂上老师也提到过，按照美国学者梅斯特对企业大学下的定义，它是针对所有层次的员工以及重要的客户、供应商展开终身学习过程的大学，有助于他们提高工作业绩。企业大学是员工在后大学时代的一个终身教育机构，它是一种创新形式，正是因为知识更新速度过快，员工需要不断补充自己的知识储备，实现自我超越。在这样一个终身学习的氛围下，才能让企业发展得更好。

为了让大家更好地了解企业大学，我举一个具体的例子，摩托罗拉大学（Motorola University）。摩托罗拉是国外很知名的公司，虽然它在 2014 年的时候被联想公司收购了，但其实该公司创办了世界上第一所企业大学，我觉得还是值得我们去了解一下的。顺便说一下，这里我为什么没有选择我们国家的企业大学，因为我在查阅了很多资料之后发现，我们国家的企业大学处于向国外学习的发展阶段，目前还存在一些问题，所以我拿了这个标杆性的企业大学来和大家做一个分享。摩托罗拉大学的理念就是要在对自身不断反思和接受新思想的过程中实现创造与发展，我看到这句话的时候感觉有点像我们中国古语中"温故而知新"的意思，这里强调的是员工自己的反思和创新，我觉得这是一个企业很需要的一点。关于他们的课程，包括企业文化技能培训、技术培训、管理培训等，这一点我想对比一下国内外的情况，我在搜集国内一些企业学校比如说腾讯学院、阿里云学院的资料时，发现他们的课程仅仅就聚焦在技术培训上，更多的是鼓励员工去考证，考取与计算机、人工智能相关的证书，培养他们的工作技能，而国外的企业大学更强调的是一种企业文化，更注重的是培训员工对企业文化的理解，对企业文化的渗透，因为只有真正了解这个企业，你才能有目的性地为企业奋斗，为企业创造出新的价值。所以，我觉得这点可能是我国企业大学里稍显不足的地方。摩托罗拉大学开设了 600 多门相关课程，课程形式主要是团体学习，很多人聚集在一起讨论，交流思考，为员工提供了可系统学习的一个机会，能够使员工对工作进行全方位、多角度、创造性的系统思考。该企业从最关键的培养员工学习能力入手，慢慢建立学习型企业，这也是企业大学在终身学习体系中的体现。

第四个例子是法国的大众大学（Public University）。我发现大众大学和我们国家终身教育的目标有点不太一样，在我们国家有这样一种说法，终身教育是为了让人们掌握更多的技能，进而更好地去工作，但是欧盟认为成人学习远不止提高工作技能或学习技能，它更主要的是促进个人发展和福祉，倡导积极面对老龄化，鼓励民主参与。我认为它有点像我们中国的老年大学，但又不完全是，大众大学所聚焦的人群并不是只局限在老年人群体，它是一个开放的终身学习性大学，是一个对所有公民都一视同仁的大学，从儿童到老年人都可以参与，还有一些特殊群体，比如曾经吸毒但已经戒毒的人、从监狱里出来的人以及残疾人，他们都可以去大众大学学习。这个大学的目的是发掘个人对于自我的了解，以及对世界的了解，还有教人们学会与他人交流。由此可以看到这些大学的办学目的和我们大学的目的存在不同，国外的办学目的更加抽象，或者说更加注重自我意识的培养。我们国家大学的办学目的更加注重的是掌握一门技能，比较偏向实用主义，目的是自身更好地发展。国外大学的课程主要是艺术和手工艺类的课程，我认为原因是法国、意大利是文艺之都，他们对文化的追求比较高，所以课程主要是为了满足自己的好奇，而不是单纯为了实际需要，它们的宗旨就是"文化应该开放，人人都能获得"。从这里可以看到，大众大学的学员并非只是为了暂时的职业或者迎合就业市场而去学习，他们更重要的是获取一种自己享受其中的快感或者说对艺术的追求，而这一点我觉得也是值得我们拿来和中国的一些终身学习机构去做对比研究的，有很多借鉴意义。

通过以上4所大学的具体案例，可以看到大学确实是在终身教育过程中占有很重要的地位。在大学内部，我们可以通过继续教育学院以及各种讲座或者各种网络资源，还有教职工之间的相关培训，加强自身的终身学习，提高终身学习的能力，或者说能获取很多资源来保障终身学习。在大学外部其实有很多大学类型，比如说我们作为学生，在学校里可以终身学习，等我们到了企业以后，在企业大学里也可以实现终身学习，还有那些不能正常接受高等教育的人，他们可以通过开放大学去学习。所以，我觉得在服务全民终身学习的教育体系中，大学很重要，这也应当是大学的重要职能，这样才能有助于去构建一个"人人可学、处处皆学"的学习型社会。

第三部分，一流大学治理中的现代信息技术应用。

在讲这一部分之前，我想介绍一下教育治理、大学治理和教育信息化这三者之间的关系。教育治理是指国家机关、社会组织、利益群体和公民个体，通过一定的制度安排进行合作互动，共同管理教育公共事务的过程。大学治理是教育治理的核心内容，在治理过程中，大学可以借助一系列渠道和手段，面对学生、教师、管理者、员工、校友以及社会等群体，也就是上节课易慧同学提到的利益相关者，在这些利益相关者之间实现利益平衡。

可以说，信息化是实现教育治理、大学治理达成高效治理目标的必由之路。为什么信息化可以实现高效治理目标呢？

首先是推进高校治校去行政化。高校各部门之间对于职权赋予没有那么明晰，经常出现部门之间职能交叉的现象，部门之间的权力没有那么清楚。信息化有一个特点，就是它的各个节点都很明确，通过信息化实现大学治理，我们就可以明确责任界定、权限赋予，这样就有利于大学治理的去行政化。

其次是加强治理的精细化。通过信息化技术的引用，我们可以实现治理流程再造。流程再造的意思就是通过不断地复盘之前的一些流程操作，不断改进，进而得到一个更好的结果，这也是信息化技术带来的优势。同时还有伴随式收集数据，通过应用信息化技术，可以实时全面地去收集我们在治理过程中得到的数据，然后对这些数据进行分析，最后深度挖掘这些数据的潜在价值，进一步加强我们治理过程的精细化。

再次是教学资源的优质共享。这一点我觉得也不需要再多赘述了，通过信息化，我们可以在各种各样的平台或网络空间中去享受各种各样的网络资源，这也是一种共享，我觉得这是信息化给我们带来的最大的一个优势。

最后就是透明化。通过信息化的引入，我们可以实时全面地把各个节点的信息在网站平台上去公布，实现治理的透明化。

信息化是我们现在实现治理现代化一个非常重要的节点，所以我们必须要全面了解信息化的内涵。为了让大家更好地了解信息化，我这里列举出一些具体的现代信息技术的应用形式。一是基础服务平台。以大数据和人工智能搭建信息化治理平台，比如我们经常使用的信息门户。其实图书馆资源也属于基础服务平台，是最先搭建出来的服务平台，也是依托于大数据与人工智能搭建的服务平台。二是一站式服务平台。在一站式服务平台中，只要与里面所包含的学生事务相关的问题，你都可以在其中得到解决，实现各个部门之间的资源共享，并进一步提高平台的安全性。比如大家要进入武汉大学官网的信息门户，它会让你进行统一的身份认证，完成身份认证以后，你就可以在信息门户里面的各个节点进行相关操作，这样便提高了客户信息的安全性，如果没有认证，随便什么人都可以进去，其实对我们的隐私或者用网安全没有起到保障作用。三是防火墙。现在越来越多的高校都在加强防火墙建设，也是为了提高我们学校内部网站的安全性，这是第一个以大数据和人工智能搭建信息化治理平台的应用。

除了上述应用方式以外，因为我们目前正处于大数据时代，所以我们还要结合高校治理目标，采取有效的数据治理措施。可能大家对数据治理还是不太了解，我在这里简单地给大家介绍一下数据治理的优势。一是有利于形成科学决策。大家知道，我们在没有实现信息化之前的一些决策都是凭借直觉或者经验，比如说我们的父母经常说"我经历过这个事情，我告诉你怎么做"，虽然也不能说完全是错的，但直觉和经验总是会给我们带来一些偏差，而应用数据治理的话，数据是客观存在的，通过对数据的观测，可以看到我们在哪些方面出现了问题，或者哪些方面是值得加强的，有利于我们形成科学决策。二是有利于进行高效管理。怎么理解？其实也是因为数据具有实时性、全面性，通过数据看到哪里出现了问题以后，我们可以立马去进行管理，即通过观测数据发现哪些地方出现了问题，或者说对数据进行挖掘，发现哪些方面存在不足。这也是数据治理的优势体现，即高效、实时、全面。三是有利于开展创新服务。大家有没有听说过创新服务？通过数据可以记录学生或者老师的学习、生活过程，通过这些数据，为老师和学生制订个性化的方案。所以现在很多大学都在强调图书馆数据平台的构建，比如通过对图书馆数据的分析，可以发现一年中哪个时间段人流量最大，然后采取一些具体的分流改善措施。图书馆数据平台也可以精细到对每一个同学的具体分析，掌握每一个同学的数据，然后对他们进行个性化的专属总结。再比如校友数据平台建设。校友确实是大学比较重要的资源力量，通过面向校友搭建数据平台，可以及时了解校友的动态，或者给校友送上一些祝福，让校友有归属感，这也是很多高校目前正在极力去构建的一个平台。还有比如科研数据平台。据我了解，清华大学在2018年已经开始搭建这样的科研大数据平台，通过在这个平台上进行一些数据分析，可以看到科研项目的资金投入，以及科研管理过程中出现的一些不足，及时给予管理和决策。

刚刚说的可能比较抽象，我来举一个比较真实的例子。比如说我最近加入了研究生会，我可以在这个程序上发布一下我在研究生会中所体现的创新力或者有关领导力的事件，可以把它记录到这个程序中，又或者我可以经常在这个程序中上传一些我自己学习、读书的照片。这些数据其实是可以共享的，老师们或者管理人员看到这些数据以后，就可以去指导学生的发展，对他们提供个性化的服务。这个程序其实在美国的东北大学已经开始应用了，他们主要提倡的就是对学生的个性化学习的服务，由此也可以看到现代信息技术对教学改革的贡献。

当然，不可否认的是，目前信息技术运用过程中还存在一些小问题，主要表现在以下三个方面：

第一，部门条块分割难以协调。部门之间可能会有权力分配不明确而导致互相干涉的局面，在这样的环境下很难去进行协调治理。怎么去解决这个问题？我们可以借鉴国外的CIO（Chief Information Official）首席信息官模式，美国很多大学目前都设有首席信息官，首席信息官是决策层，底下再分各个部门去管理具体事务，他们不会互相干预，因为他们会有一个决策领导帮助他们去决策，他们只要做好具体事务即可。北京大学目前也是这样设置的，它是常务副校长领衔的领导小组加信息办的模式，而领导小组具备主要的决策功能，然后信息办主要是底下的一些分管部门，这样的话有利于解决部门条块分割的问题，部门之间相互干预的事情会大大减少，但是我们国家还处在一个摸索阶段，具体的还是要看它施行的效果。

第二，高校信息化系统与管理者的思维建设。高校信息化导致很多管理者重管理轻服务，他们觉得已经把网站给你搭配好了，你自己想怎么用就怎么用，或者说用的效果怎么样都和我无关了，我已经给你搭建好平台了，这就是他们没有把"以人为本"的思想贯彻到高校信息化之中的体现。不知道大家有没有这样一种体验，以前我以为选课系统崩溃只是我本科学校才会出现的情况，然而我通过和同学们的交流发现，几乎所有的学校都存在选课、抢课时网站特别卡的现象，网站进不去的状况。我觉得很大的问题就是平台建设的资源投入不够，还有管理者的观念问题。他们总觉得把选课平台给学生搭建好了，你自己怎么去选课、怎么去抢课，都是你的事情，后续一些事情就不归我管理了，其实他们没有考虑到学生的体验，学生才是选课平台的主体，这些平台建设者并没有把以学生为本的理念放在他们信息化建设的理念之中，所以现在的高校信息化要重视的是学生的用户体验，或者教职工的用户体验，要积极构建"以人为本"的观念，真正理解我们这些选课系统是为学生服务的，而不只是管理者把平台搭建起来就可以了。要消除这种管理者思维，真正体现"以人为本"，"以人为本"不仅体现在教书育人方面，也需要体现在高校信息化建设中。

第三，信息孤岛现象。我举个例子，如果我是一名老师，我在自己的学院官网以及学生的学工网站上看到学生的信息是完全不一样的，这就是因为两个平台之间没有形成一个沟通，或者说他们的数据没有形成一个流通，所以这个时候建立一个资源共享库是很有必要的。首先要向上通融、向下贯通，这两个词我觉得形容得非常好，要形成两个部门之间的交流以及沟通。为什么火车能够在这么多铁轨上去行驶，是因为铁轨之间的数据是一样的，所以它们能在上面畅通无阻地行驶。信息孤岛现象是因为两个部门之间构成的数据编码以及体系都是不一样的，导致两个行政部门之间信息不能融合，我在这边看到的是这个信息，你在那边看到的是那个信息，其实这样会大大降低治理的效率。所以，现在很多高校都在强调智慧校园一定要重视数据。一是在于数据整合，一定要把各个部门的数据统一起来。二是要对数据进行挖掘，通过对数据的挖掘可以看到哪些点存在问题，哪些点是有价值的，哪些点是值得我们去反思或者去利用的。最后是要保证数据安全。在大数据时代，区块链提高了数据的安全性，它是更加安全的。为了保障信息安全，我们一定要做好数据安全工作，以及做好网站隐私的处理，这也是我们现在很多高校信息建设发展的目标，做好数据整合、数据挖掘和数据安全，以避免出现信息孤岛的现象。

第四部分，我自己的思考。

这也是我查找资料的时候发现的一些问题。回到刚刚开始问大家的一个问题，"你害怕科技吗？"其实我之前对这个问题没有概念，我觉得机器人它们应该不会干预我的生活。这就让我想到了上学期我在彭老师的课堂上的期末论文，也是写现代信息技术。当时彭老师就问我，你觉得人工智能会代替教师吗？当时我犹豫了，我觉得应该可能吧，其实在我做完这个专题以后，我觉得是不可能的。这是我的理解，同学们可以有其他的看法。人工智能人始终只会作为我们人类的辅助工具，现在很多学校都在强调加强学生的防御机器人能力，我不知道大家之前有没有听过这个词，我第一次听到觉得特别新颖，就把它记下来了，叫"防御机器人能力"。在《教育的未来》这本书中，有一句话就是说智能机器人通过看《战争与和平》，可能会写出一本类似的文章，但是它是无法从空白屏幕上写出来的，因为我们人与机器人最大的差别是我们有创造能力。现在很多高校都在有意识地去培养学生的创造性思维、批判性思维和系统性思维，这三个思维是机器人不具备的，是我们人类独有的，所以它们有助于我们去加强自己的防御机器人能力。在掌握这三种能力之后，我们的工作与学习是不会被机器人取代的，我们将会永远拥有对机器人的控制权。这是我自己通过看书的一点小小的思考。

最后，谢谢老师和同学们，请大家批评指正。

### （二）副报告人报告

**彭宇文：**很好，思钰时间把握得很好，下面由王萍汇报。

**王萍：**彭老师好，各位同学好，今天我作为副报告人给大家讲的主题是"一流大学信息化治理绩效评价研究"。思钰上节的报告也说了，我们利用现代信息技术进行大学治理能够提高效能，但是我们利用现代信息技术有没有达到我们所期望的目标呢？即它治理的结果和我们的预期目标之间是否相符？那么我们也需要进行一个评价分析，因为我们只有通过评价发现问题，才能更好地利用这套技术来为我们的治理服务。所以说基于这样的考虑，我想做一个这样的分享。

第一部分，相关概念的界定和说明。其一，高校信息化治理。它指的是治理理念在教育信息化领域的深入应用，是为了教育信息化健康快速有序发展，建立利益相关者参与共同治理的信息化推进机制，并坚定执行的历史过程。我的理解是，随着信息化的发展，教育的治理理念在教育信息化领域内的应用，是通过信息化机制的建立来促进教育信息资源和数据的共享，然后以此来提高治理效率，并且它强调的是"化"，应该是一个过程，过程当中肯定会出现问题，是一个不断发现问题和解决问题的过程。其二，绩效评价。它指的是应用科学的评价方法与程序，对评价对象的现实状况与期望，直接进行衡量和评判的过程。通俗来讲就是通过构建科学的方法和程序，按照一定的步骤走下去，看看通过现代信息技术有没有达到我们预期想要实现的目标。这就是关于绩效评价的一个基本定义，它主要评判的是治理目的、治理主体、治理内容以及治理方法是不是公正、客观且科学的。我们可以看到它的核心是推进机制评价，考察的是教育信息化推进机制建设运作的可靠性与有效性，是对它的有效性、可靠性的评价与考核。

第二部分，现代信息技术在治理中的影响因素分析。

因为变革主要是靠人在推动的，所以首先我想要说的是关于人的作用，主要有三点：一是专职的信息化人员不足，业务部门基本没有设置专职信息化人员岗位；二是师生参与信息化建设的深度和广度不够，难以把握教学一线的信息化需求；三是信息化部门人员学科背景相对单一，大部分为理科背景，教育学背景的人员不多，像思钰在上一个汇报中提出的，很多人属于理工科，他可能会研发出软件、技术平台，但是他对于实际操作层，比如教育教学以及学校这一块的教育并不是很了解，所以就会造成技术开发和应用之间的脱节现象。

针对这几类问题，我们可以提出相应的策略。首先，加强专业人才队伍的建设，提高高校管理人员的大数据素养。比如高校可以和社会需求接轨，开设相关的专业，培养相关的专业人才。其次，针对一线师生参与度不够的问题，可以拓宽民主的反映渠道，提高一线师生信息化建设参与度。最后，强化专业技能培训，开发各种软件，为数据分析提供智力支持和技术保障。虽然很多在岗人员并不是科班出身，不是所谓的专职人员，但是并不是说这个问题解决不了，我们可以通过在岗培训或者后期指导，强化他们的专业技能。

在这一部分中，我还想讲一下关于治理结构的问题。从宏观方面来讲，教育行政部门虽然出台了相关的政策，有利于激励高校开展信息化平台建设工作，但并没有专门的机构来进行建设与评价。比如说我们的大学排名，它有社会等第三方参与，但是对于教育信息化建设来说却没有专门的评价机构，国家提出了相关政策和措施之后，高校基本是根据自身的情况来把控自主建设和自我评价的，不好的一点就是它容易在建设的过程中陷入一种当局者迷的状态，有可能看不清楚自己的发展过程，发现不了自己的问题。从微观方面来讲，高校自身的内部治理结构，比如各个部门之间出现的职能交叉，或者分工不清楚，机构设置不合理，师生参与治理机制不顺畅，与外部合作方面机制不健全。这些治理结构方面的问题，可能都会影响现代信息技术在大学治理中的有效应用。

当然，也有现代信息技术本身的问题。目前许多学校的信息技术软硬件设备投入本身不足，而有些实力强一点的高校，即使有了这样的软硬件信息技术，自身实际的功能和作用发挥得也不充分，仅仅停留在有这样的平台就可以了，它背后的价值没有被挖掘出来，比如建立了很多教学数据库，但是没有充分挖掘和有效分析、利用这些技术并进行反馈，而且像思钰刚才说的它就是重技术轻设计的管理，不利于各个部门之间的资源调配，也不利于高校对自身问题进行及时的改进。

不可忽视的还有政策支持问题，推动高校现代信息技术建设发展，国家方面的宏观政策支持会起到非常重要的导向作用。我在这里列举几个相对来说比较权威的政策文件，如：2016年6月发布的《2016年教育信息化工作要点》（教技厅〔2016〕1号），文件中提出要建立CIO制度，发挥全面统筹本校的信息化规划与发展的作用；2010年的《国家中长期教育改革和发展规划纲要（2010—2020年）》提出了关于管理和信息方面的问题，强调要构建国家教育管理信息系统，也就是宏观方面的一个顶层设计，加强国家体系设计问题到目前可能没有得到很好的解决，我们在今后的工作中仍然需要努力。由于时间关系，我就不多阐述了。

第三部分，关于评价指标的构建。

主要是从量化的角度出发，分为管理决策、项目建设维护、制度设计和绩效评价4个一级指标，我们可以分别来看一下。

其一，管理决策。包括战略决策、执行机构、人力资源三个具体指标，分别占30%、40%和30%的权重。战略决策，就是信息化发展规划与高校的目标是否一致；执行机构，比如说信息化机构前期的设置是否合理、机构领导在过程中的执行力怎么样；人力资源，就是我们之前提到的人的问题，比如说专职人员的比例，他们的专业背景是怎样的，还有包括校外信息化人员与校内的人力合作机制是怎样的。

其二，项目建设维护。信息化项目本身的建设与维护问题，一个是合作机制，比如说校内校外的合作，也包括校内的合作，然后项目流程，比如说项目前期的设计与开发是不是运行流畅？是不是科学的？在运行的过程中它的管理是不是合乎规范的？后期的考核是不是科学的？还有它本身的建设是否符合标准？

其三，制度设计。我们说一项技术的运用，肯定需要制度前期的引导、公司的后期保障，所以说针对制度这一部分，它的建设执行和运用的过程是怎样的？包括激励机制，因为现代信息技术治理也是治理，我们知道治理过程中也会出现职业倦怠的现象。信息化虽然是作为建立科学技术而使用的一种新技术，但是它也不可避免地在后期发展过程中会出现一种倦怠现象，所以说针对这个制度设计，它也包括了心理机制在内，参与治理的师生、家长、院校这些相关主体，他们对技术的运用、他们的意见是怎样的？有没有这样的一个反馈渠道？这些指标也包含在内。

其四，绩效评价。它包括内部的和外部的评价，比如说内部的评价指标设计是否有效？外部评价有哪些评价主体？你这个评价标准是不是合理的？我这里说明一下外部评价为什么权重是0？因为我这个量表是参考了一篇文献当中的内容，而文献当中的某所大学当时是因为学校方面的原因，外部评价，它可能是不太方便进行，所以它这里设置了是0，但是我觉得这些一二三级指标以及他们分别对应的这些权重，其实都是可以进行调整与完善的，并不是说一定就得设置这些指标，但相对比较全面，所以拿来跟大家一起分享。

这就是我的一个简短的汇报，希望大家批评指正。

**（三）提问交流环节**

**彭宇文：** 今天是最后一次课了，听了她们两个的报告，我有一个很深刻的感受，我觉得我们在不断地进步，一期一期地渐入佳境，当然不是说前面的报告和讨论做得不好，而是我觉得每一次报告和讨论从形式到内容，跟我的期望越来越吻合，最终取得了很好的效果。这是我的一个感受。

就她们两位的报告，我认为有这么几点是把握得比较好的，我很欣赏。

第一点是对核心概念的界定分析。因为我们研究一个问题，如果不把核心概念搞准是进行不下去的，你的研究对象是什么？一定要搞清楚，这是个基础性工作。可以看到我们很多论文出现问题的原因，其实就在于没有把研究对象、核心概念界定清晰。我觉得思钰、王萍她们两位对今天的主题、概念都进行了界定，这一点来说是我们需要特别注意的，我觉得很好。

第二点是对核心概念背后所蕴含的关系进行了剖析。思钰对概念背后体现的内外部关系进行了分析，王萍则是应用了因素分析，这种从概念延伸展开的分析也很重要，因为它实际上就是从我们研究的核心概念这个最核心的点出发，发散开向一个面扩展进行分析的，这就有利于我们从更大更深的视角来把握研究领域的范围。我觉得这样的研究方法很好。

第三点是注重了对案例及政策的分析和把握。思钰用了几类不同大学的案例做横向比较，王萍对几个信息化的政策进行了剖析，因为我们的研究从根本上来说，还是一个带有比较强的应用性、实践性的研究，所以依托案例、政策来印证我们研究的内容，我觉得很有必要。

第四点是体现了问题导向。我们做研究必须要基于问题，首先你要去提出问题，其实有时候还不仅是提出问题，还要去挖掘问题。比如我们讲一流大学建设，你们作为学生参与其中，是参与者，或者说是体验者，但是你们毕竟没有具体建设的实践经历和过程，所以从这个角度而言，就需要通过文献资料阅读以及个人的感受去挖掘问题，这个很有必要。这一点我觉得她们做得很好，像思钰在开场时提出了两个问题，然后循着这两个问题进一步挖掘思考，探索解决问题的办法，这是值得我们学习的。一定要体现问题导向，我们不是为研究而研究，我们的研究是要解决问题。

第五点是有思考。能够有自己的一些思考，把自己的思考拿出来分享，不仅仅是对文献的梳理、介绍、阐释，而是在这个基础上提出自己的思考。那么这样一些思考我觉得对大家可能都是有启发的，我们在听她们讲的时候，也一直在思考其中的一些问题。

上面这五点是我对听了她们两位报告后的一些感受的归纳，这五点其实也是我们做报告需要注意的地方。应该说，在思钰和王萍她们两位的报告里面，已经吸取了前面所有报告出彩的部分，最后形成了这样越来越好的报告。从这个角度而言，我认为我们达到了这个研究性课程的目标。我先谈了我的这些感受，那么下面还是请各位同学来谈一谈你们的想法和问题。

**徐玉胜：**好的，谢谢两位同学精彩的汇报，这里有个问题想跟思钰探讨一下。你在第二个大点里面论证了服务全民终身学习的教育体系，你选了开放大学、企业大学的例子，是不是它论据的支撑性还有一些待改进的地方？比如说我们可能想要知道的是全民终身学习它是什么样子？你在报告中提到了"人人皆学、处处能学、时时可学"。像开放大学和企业大学这种成人教育可能对于其他学校而言，是一种特殊的能够让人继续接受教育的一种形式，但是它也是一种特定人员比如企业职工在特定的地点学习的例子，其实我感觉它可能不能很好地支持终身学习的论证。这是我的一个问题，我不知道你是怎么看待这个问题的？

你在后面提到了人工智能的替代问题，我有一个例子想跟大家分享，之前看到有的网站，比如某 App，他们做了一个叫论文自动生成器的小程序，你输入一个标题之后，它就能够自动地给你生成一篇结构比较完整的小论文，虽然里面的内容质量比较低，但是不是证明人工智能可以创造论文？虽然他们做的这种论文看起来质量不是很高，但是去投了一些期刊之后，也能够被期刊接受。我认为这是人工智能替代人力的一个例子。

另外，我前段时间看了一个演讲，说未来人工智能不能够替代人创造思维，但未来我们有一些职业可能会被替代，但像互动性比较强或者是有情感需求的，比如说教师或者销售人员之类的职业，它不会被替代。我看到你在报告的最后部分也提到过，我想说的是后面的内容你可以稍微再补充一点，可能我们现在认为这种互动性强、情感需求强的职业暂时不会被替代，但是机器也可以进行机器学习，能有一些最优的算法，除此之外，它可能在作决策的时候，不会受到像我们人类感性的情绪干扰，在以后会不会更进一步替代其他的职业？

这也是一个值得思考的问题，这是我的两个问题。我说完了，谢谢。

**周思钰：**好，谢谢玉胜的提问，我先回答一下你的第一个问题。你觉得我举的这 4 个大学的例子不够全面，不能代表"时时可学、处处可学、人人皆学"终身学习型社会的这样一个概念，是吗？其实我也考虑过这个问题，企业大学我觉得它是对高等教育的一种延续，比如说像我们现在接受的是学校教育阶段的高等教育，等我们进入社会或者进入企业工作后，我们还要继续接受教育，我认为它是一种延续。你刚刚说人人皆学，所以这里我又举了一个大众大学的例子，我觉得这个就是一个学习型社会的例子。虽然大众大学是西方的一种说法，但是我国也有很多这种类似的组织，我不知道老年大学算不算？我们现在网上的资源其实很丰富的，通过这些网络资源，人们可以随时随地地学习，并且资源是对所有人开放的。当然，我在这里的表述还可以进一步完善，如果按照玉胜所说的构建一个学习型社会的话，可以在汇报里加一些与慕课类似的学习资源，会更加符合定义，我觉得慕课就诠释了"时时皆学、处处可学、人人可学"的概念，也许添加在这里作为一个依据会比较好。

**彭宇文：**我也接着说一下题目，"服务全民终身学习教育体系中的大学职能"这个题目我们要注意到一个关键词，即"教育体系"。思钰前面也讲了新"四化"的教育体系，这是习近平总书记提出来的。体系是一个立体的纵横交错的架构，服务全民终身学习的教育体系肯定是跨阶段、跨年龄、跨区域的，其中会存在不同类型的教育方式或者不同类型的教育供给，共同构成了这样一个教育体系。

比如说我们讲的大学，思钰这里讲的大学实际上是有两类概念，一类是严格意义上的国家法定的大学的概念，从事学历教育的或者是能够颁发学历的比如像武汉大学这样一种有国家许可证的、有教育代码的大学，这是一类。另一类是企业大学，实际上相当于培训机构等这样一种供给方式，虽然自称为"大学"，但并非真正意义上的大学。思钰用这样几类不同形式的大学来分析，那么如果我们把它按照一个架构从体系上来作一些思考，可能就更好。所以，我给出的这个主题就是在这样一个整体架构中间研究清楚大学应当承担什么责任？我们应当干什么？这是我们需要思考的重点问题。明确了这样一个职能定位，那么相应的我们要服务于职能定位，就必须去构建相应的适合职能定位的治理体系和治理能力，逻辑上是这样的。所以从这个角度来说，如果思钰把这几个点再串起来、站在一个立体架构的角度、重心放在一流大学这个角度来思考问题，也许就会更全面更好一些。我补充一点，后面我会再讲一些观点，好，施思继续提问。

**夏施思：**首先还是很感谢两位同学带来的精彩汇报，对于两位同学的汇报，其实我没有什么太多的疑问或者说是批判质疑的地方，因为我觉得两位同学讲得都还挺好、挺全面。听两位同学讲完了之后，我有一点点自己的想法，想跟思钰探讨一下，你一直在说与教育信息化相关的内容，但教育信息化的发展会不会加剧教育不公平的现象？经济发达的城市，或者说是好的学校，就像武汉大学，它拥有很强的现代信息技术能力，它也有很多数据库来支持学生去更进一步地学习，使其接触到更优质的资源。但是也有一些落后的地区，或者说不是那么好的学校，本来就处于劣势，再加上投入可能也没有那么足，这样会不会意味着现代信息技术加快的同时也会加剧落后地区教育不公平的现状？同时，我们现在谈中国特色的世界一流大学，那么在这种现代信息技术的高度运用之下，它会不会对中国特色有一点点的埋没呢？

**周思钰：**谢谢施思同学。其实教育公平这个问题，我可能回答得不够恰当，因为我自己觉得教育是不可能达到绝对公平的，这是我自己的一个理解。但是说教育信息化会促进教育不公平，这个我觉得不能这么说，因为其实教育信息化是给了那些比如我刚刚说的一些农民或者残障人士一个可以接受高等教育的机会，至于你说的加大不公平，我还是觉得这个可能在于个人。其实就现在的条件来说，如果你想去学习的，你是可以得到学习机会的，如果你不能进入大学校园，你也是可以通过网站去学习，但如果你自己不想学，那就没有办法了。

我来说一个关于开放大学的例子。我记得2019年我研究生复试的时候就用了电视大学的例子，今年特别有缘分，同一时间我又在这里讲开放大学。其实我的舅舅就在开放大学任职，我了解到有很多农民，他们会到开放大学去学习，很多人去学习会计，当他们获得会计证后就可以去一些公司工作，因为那时候对学历没有太高要求，只要你有一个会计资格证就可以去公司上班。我看到很多以前在家里种地的人通过这种方式获得了工作，这样看的话，我觉得没有加剧教育的不公平，反而是给了他们更多的机会。但如果说我们用的是更加先进的技术，那些农村的孩子们用不到这么先进的技术，你这样理解可能也确实在加剧教育的不公平，但是我们国家也在一步步地努力帮助农村改善基础设施条件，在努力地减少教育不公平的现象。绝对的教育公平我觉得是不可能完全达到的，但我们是在朝着努力变好的路上在走，这是我的一个理解。

**夏施思：**谢谢，我觉得思钰说得挺好的，但是我觉得现代信息技术的高度运用肯定会造成一定的教育发展差异，比如说发达地区和落后地区，或者说好的学校和一般的学校之间会有差异。另外我觉得大家使用现代信息技术有没有一个好的习惯？或者说有没有一个正确运用信息技术的习惯？可能每个人都是不一样的，所以我可能会把它与教育公平联系起来。

**彭宇文：** 施思说的教育公平问题，确实是一个值得我们关注的问题。教育信息技术应用的价值目标是什么？从价值要求来说，肯定是希望实现教育公平。总体而言，应该说现在的信息技术应用，我认为是有利于推进教育公平，但也确实会存在信息鸿沟等这样一些问题，有可能对某一部分人会造成一种新的不公平，就像一些老年人，他们不用手机，不懂智能化。但是思钰刚才讲得也很对，随着现代社会的发展，现代信息素养也是每一个人应当具有的素养，所以从这个角度而言，实际上我们的教育体系培养学生的信息素养，这也是有意识地实现教育公平的有效手段。此外，教育公平在我们的评价体系里面怎么体现？王萍你觉得呢？

**王萍：** 好像是没怎么体现公平。

**彭宇文：** 从你研究的角度而言，你认为怎么来评价教育公平的实现？刚才施思提的问题就是我们用了现代信息技术以后，教育公平的问题是被扩大了还是缩小了？怎么去评价？你有没有一点思考？

**王萍：** 如果说我们要加什么指标进去的话，能不能说网络覆盖？我只能想到一些硬件的方面，比如说网络覆盖度、网速、经费支持，或者是人均使用率，我想到的是这些方面。

**彭宇文：** 因为时间关系我们不作过多讨论，但是这个问题我希望大家注意一下，我们怎么在现代信息技术发展中避免公平的缺失？怎么去有效地评价教育公平的实现程度？这是我们可能需要注意的一个问题。

下一个是易慧。

**易慧：** 我觉得今天思钰的分享有一个亮点，就是例子非常丰富，把抽象的一些概念落实到了具体的实践当中，我觉得例证做得特别好。然后有两个点我想跟思钰讨论一下，第一个点是对于你整体逻辑结构的问题，你谈到了现代信息技术对于高校治理的意义，也谈到了具体的现代信息技术在高校治理过程当中的应用，逻辑上是有这两环的，但我觉得好像还是少了一环。你谈到了技术应用的过程当中存在一些问题，但这是你第三部分的内容，并且这个时候你的逻辑感觉就断了，戛然而止了，好像少了一个部分，你列举的这些例子当中，我觉得是可以加上比如说企业大学，还有提到的美国的东北大学对我国一流大学治理的一些启示，或者在信息技术发展背景下一流大学治理的实施路径，我觉得加上这些之后可能整个逻辑会显得更完整一些。

第二个点就是你的个人思考部分，你谈到了"防御机器人能力"，刚刚下课之后我也去查了一下，没查到，我想问一下你，防御机器人能力是人类要掌握的一种能力，还是机器人掌握的一种能力？想请你帮我解释一下。

**周思钰：** 好，谢谢易慧同学的两个建议，从国外借鉴一些对我们国家高校建设的经验，关于这一点我确实没有考虑到，我觉得加上去应该会更好。因为我这里列举了很多学校，包括美国和欧盟地区的，我在列举这个例子时也确实有想到对我们其实有很多启示，但是我没有把它列出来，所以这可能是我汇报的一点不足，课后我会再去思考一下。

关于防御机器人能力，这个概念源于我看的一本书——《教育的未来》，我觉得这本书写得特别好，跟人工智能有关，看完以后给了我很多灵感。这是美国东北大学校长提出来的一个概念，这本书里很多内容我目前在网上都没搜到，可能是因为这本书比较新还是其他什么原因，也没有搜到一些学者的观点，包括前面提到的综合体系等。防御机器人能力就是说人们要去学习什么才能防御机器人，其实机器人的出现已经引起人们的恐慌，人们时时刻刻都在担心机器人会不会取代自己，或者说我们是不是有一天会把所有工作都交给机器人，进而导致人类失业。其实这种被取代问题早就出现了，工业革命时期很多人都会下岗，因为他们的工作被一些流水线工程代替。这本书的作者提出了一个观点，如果我们想要去防御机器人，第一个条件就是要加强对学生创造力的培养，因为人和机器人最大的区别在于创造力。第二个条件就是要学会终身学习，不断去学习关于机器人的一些知识，也就是和人工智能有关的最先进的一些知识，机器人是人类造出来的，所以说我们还是有能力去掌控这个机器人，不会让机器人代替人类，这是书中作者的观点。

刚刚玉胜在前面说的"输入一段话就能写出一篇文章"的程序，其实我觉得这个不是人工智能，因为这个目前市面上的软件就可以做到。我不知道大家有没有看到过在微博上特别流行的一个程序，就是输入一个词，然后这个软件会出现很多跟该词有关的内容，我觉得这个不是智能机器人，这可能就是它这个系统背后有一个搜索引擎，你把这个字输入以后，它会去搜索很多东西，然后把有关的东西给你整理复制出来，这并不是我们广泛定义上的智能机器人的概念，我不知道玉胜同学等一下会不会反驳？这是我的理解。所以我们对于机器人的防御能力，就是从我们自身出发，要不断提高自己的创造力，有意识地培养批判性思维、系统性思维，机器人是没有办法去全面思考的，这是我们人的一个特质。所以说这本书的作者就在文中提出了这几个思维，包括一些素养，让我们去提高我们自身的防御机器人的能力，不是机器人防御我们的一个能力。

**彭宇文**：玉胜你有什么要说的吗？其他同学有什么要说的吗？

**徐玉胜**：我觉得可能是我跟思钰在人工智能概念上没有达成共识，导致我一开始谈的问题可能跟思钰她理解的人工智能有所出入，然后后面谈的都不是相同的内容。但我觉得思钰谈得挺好的。

**彭宇文**：刚才易慧提的这个问题，其实也是我前面想问思钰的问题，因为你用了一个"防御机器人能力"的概念，确实容易有两种解读断句，是防御机器人的能力，还是把"防御机器人"作为一个词？到底是人的能力还是机械的能力？这是两种界定，确实会引起歧义。当然你刚才作了解释，我们也理解了。实际上我们作为自然人而言，怎么避免机器人给我们带来的一些冲击？就像我们看到《未来世界》那些电影里面所体现的一些恐怖的画面、场景，就像你问同学们害怕不害怕科技，我不知道同学们怎么想？有些时候我觉得科技的发展速度，包括机器人、人工智能的发展速度，也许真的是超乎我们一般人的想象。很多年前我们完全无法想象手机智能可以发展到现在这个程度，那么以后会不会有一种异化的情况出现？机器人真的会异化吗？就像前面玉胜讲的机器学习，它自身的学习能力不断提高，它可以自己学习，它下围棋可以下过普通人，甚至连围棋高手都下不赢他。在它自身有学习能力的情况下，我们怎么去跟机器人这种人工智能的发展达到一种平衡？或者说我们如何避免这种可能无法把控的机器人发展带来的一种新冲击？也许我们真的无法想象，可能在你们的职业生涯中会遇到更多的挑战。从教育的角度而言，我们得深入思考，得把视野打开、把脑洞打开来思考，到底人工智能会给我们带来什么？这可能真的是无法想象的。当然，这个说得远一点就是对一流大学的治理也会带来很大的挑战。

另外，关于思钰和王萍的 PPT，从技术、严谨、规范性的角度考虑，有几个问题还是要注意的。

第一个就是像"防御机器人能力"这样的词出现时，因为这个词确实容易引起歧义，所以从规范性角度而言，如果说是来自原文的，最好引用外文原文，如果没有外文原文，最好能够加一个词语出处的注释，包括你前面使用的"大众大学""摩托罗拉大学"的原文是什么呢？像这样一些外文文献的中文引用，最好同时把英文原文同时注明，便于我们全面理解。因为你说的大众大学，那么我也可能会理解为到底是"大众汽车"的"大众"？还是我们讲的"普罗大众"的这种"大众"？怎么样让表达和翻译更准确？就是尽可能地用原文把它体现出来，加上括号，这是要注意的第一个地方。

第二个要注意的就是你们都引用了很多的政策文本，非常好，但是一定要注意把政策文本的文号、时间等都标注出来，这是规范性的要求。虽然文号在这里不一定用得上，但是从严谨的学术规范而言，这是需要的。我们要养成一个规范性的习惯，要特别注意细节。

第三个就是刚才你说的 SAIL 程序，你也说了是引自一本书，那么这个时候你可以在下面按照注释格式把书名等资料来源呈现出来，更严谨规范。什么叫 SAIL 应用程序？你说没有查到。心媛，SAIL 的英文应该是什么？你能不能推断出来？

**曾心媛：**S 是 Student，L 是不是 Learning 呢？A 是什么呢？Assessment？评估，I 会不会是 Iintegrity？

**彭宇文：**其实可以去分析判断一下，我只是把这个问题拿出来，大家在规范性和细节上面都要注意一下，注明资料的出处。这个习惯很重要。我就补充这个问题，下面是骏锋提问。

**李骏锋：**思钰和王萍的分享确实给了我一个很新颖的思考角度。作为一个文科生来讲，我可能很少从信息技术的角度去探讨一流大学的治理，所以从这一点来看，两位同学确实给了我、可能也给了其他同学一种比较新颖的思考视角，正如易慧同学讲的通过一些案例让我们有了一个更加直观的感受。但我还是有几个问题想请教一下思钰。

第一个问题，你的报告第三部分提到一流大学治理中的现代信息技术应用，其实给我的感觉是相对比较混乱，如果我来汇报这个主题的话，我的侧重点可能会放在信息技术如何在一流大学治理中体现，我可能会分成几个方面，然后从这些大的角度再延伸到小的方面，再通过一些实例来说明。虽然思钰在这些方面都有讲，但给人的感觉是可能稍微有点混乱，没有那么体系化。

第二个问题，思钰你提到"现代信息技术的应用可以去行政化"，是这个意思对吧？其实我是不太同意的，因为在我的潜意识里以及我有限的经历中，我觉得信息化并不能够去行政化，我觉得信息技术它只是一个工具、一个外部的东西，但是行政化更多指向的是组织内部，所以你通过这种信息技术去掉组织内部的行政化，会让我觉得它的作用其实没那么大，当然这是我的一个体会，可能彭老师在这方面会有更多实务上的经验。

第三个问题，你提到了"透明化"，透明化为什么要打个引号？还有它透明的程度应该区别哪几个阶段？因为我本科学的是行政管理，对于这方面的内容了解得会稍微多一点，与之类似的有点像我们现在的官员财产申报制度，它其实也有一个标准，财产申报要公开到哪种程度呢？那么对应到这个问题上，透明化应该是到什么程度呢？这是我的三个问题。

**周思钰：**好，谢谢骏锋同学的提问。首先我来说一下我对这一部分的安排，因为刚开始我拿到这个题目的时候，我觉得应该只需要讲一下与大学信息应用相关的内容即可，但我又觉得只讲这部分内容很奇怪，只介绍几个平台应用、数据库的应用会很突兀，所以我就在这之前加了一些关于大学治理的内容以及大学为什么要信息化，这是我自己做PPT的一个思路。我为什么要去介绍这个应用肯定是有原因的，所以我就花了两张PPT来介绍为什么教育要实现高校信息化，这是我的一个初步思路，可能是我安排得不够合理，导致大家听起来可能有一点混乱。刚刚骏锋同学说了以后，我觉得这部分虽然我自己想得很明白，但是大家可能没有听明白，确实需要去改进一下。

关于去行政化问题，骏锋同学是学行政管理的，我可能没有你理解得那么深，我理解的去行政化，就是比如说部门之间相互设限，或者说某个事情本来是这个部门做的，但这个部门让你到那个部门去，互相踢皮球。但是，如果在高校中加入节点清晰的信息化布局，比如我让你在这个节点去做事，在另外一个节点就干不了，就不会导致像刚刚说的我去这个地方办事，这个地方把我踢到另外一个地方。信息化很明显的一个特点就是节点很清晰，它对责任的界定很清晰。举一个很简单的例子，比如我们在网上办事大厅办事，它给节点赋予了相关权限，我们去申请什么表的时候，只能在这个信息化网络窗口去申请，因为只有这个窗口有这个功能，其他的窗口就做不了，行政流程会更加简洁，不会出现各种互相踢皮球的情况，所以我后面用了两个词，就是权限赋予得很明白，责任也很清晰，这是我理解的一个去行政化。我不知道骏锋和彭老师是怎么理解去行政化这个概念？我也想听听你们的意见。

关于透明化我是这样理解的，因为现在很多考试包括招生考试或者研究生复试，都是直接在网上公布相关信息的，不仅学生能看到，社会大众也能起到监督作用，当他们有质疑时，他们可以直接在这些网站平台上看到我们是怎么做的，或者说我们走了哪些流程，对所有人都是一个公开的状态。一方面是我们自己监督自己，另一方面也是别人在监督我们，现在很多信息都是在网上公示，我觉得这种网上公示更加便捷，也更加有效率。这是我的一个理解。

**彭宇文：**思钰伶牙俐齿，自圆其说，我觉得也挺好。这一页PPT其实也正好是我希望大家能讨论的一个问题，而且我觉得值得来讨论，所以我就借这个PPT再延伸多说一下，这里有一个需要我们来斟酌的地方。它的第一段话的表达是：信息化是实现大学治理达成高效治理目标的必由之路。这里实际上涉及怎么定位信息化或者现代信息技术应用在高校治理中的作用问题，我个人认为她的表达有点夸大。何谓"必由之路"？就是你必须走的路，你不走这条路你就不行是不是？但事实上也许不一定吧，更客观一点看，我认为现代信息技术它再怎么样，也只是一个工具，只是一个方法，只是一个手段，它是我们借以推进大学治理现代化的一个手段，而不是我们治理的全部。你这里描述的是实现大学治理的必由之路，这就构成全部了，这个恐怕有一点点言之过重。怎么看待现代信息技术在大学治理中发挥的作用，大家可以进一步思考。我这里给出这样一个题目，在一流大学治理中怎么运用现代信息技术？可能有不同的维度，这里没有定论，你可以根据不同的职能来思考，比如在教学中怎么运用现代信息技术？科研中怎么运用现代信息技术？社会服务中怎么应用现代信息技术？也可以按照治理的流程来思考，在治理中怎么去应用现代信息技术？都可以，没有一定的标准。

思钰还提出现代信息技术的应用有利于推进高等学校治理的去行政化。去行政化实际上是从正确处理行政权力和学术权力等这样一些权力之间的关系这个角度被提出来的，初衷是希望能够充分体现高等学校的学术属性，避免行政权力过强而干预了学术权力的有效运行。去行政化实际上是两个维度的，一个是外部维度，就是政府对高等学校不要过多干预，应当发挥高校的办学主体作用；另一个是内部维度，就是学校内部行政权力和学术权力之间关系的处理问题，不要把行政权力搞得过强，什么都靠行政主导也不行，要尊重学术，发挥学术力量的作用。思钰这里提出现代信息技术的应用有利于推进去行政化的进程也是有道理的，通过现代信息技术可以进一步界定行政权力到底有哪些，并明晰权力的配置、权力的运行流程，等等，让这些变得更容易把握。她这里提出来的观点，大家还可以再进一步思考。

下一个是依凡提问。

**唐依凡：** 首先还是非常感谢两位同学精彩的汇报，我也通过两个同学的案例还有政策分析，有了一个更直观的体验，然后我有一个小小的问题想跟思钰探讨一下。你在大学职能那一块界定了两个职能，你当时说教职工这个部分是你加进去的，其实就是在别人界定的基础上自己总结出来的，我就想知道你这个界定是怎么得来的？因为我们平常说的大学职能可能会有很多不同的界定，像我们通常说的有三大职能，后来变成了五大职能，分别是教学、科研、社会服务、文化传承和创新、国际交流与合作。可能不同的学者有不同的界定，我就想知道你这个界定是怎么得来的？另外，虽然说它是服务全民终身学习的教育体系中的大学职能，但是只有这两个职能的话，会不会太过狭隘了？它会不会有更多的职能？

**周思钰：** 谢谢依凡同学的提问，其实大学职能我觉得可能有一点口语化。因为我思考的是在终身学习中的大学职能，所以我就没有考虑到像依凡同学刚刚说服务社会、科研、国际交流等这些。因为我觉得我做的专题是服务全民终身学习，大学职能应该是要依托于终身学习的一个职能，所以第一个就是培养大学生终身学习的能力，这确实是我们在构建学习型社会中很必要的，如果一个人没有这个意识，没有这个想法，或者说没有给他提供条件，他是没有办法去实现终身学习的，所以我觉得第一个就是培养大学生的终身学习能力。第二个教职工是我加上去的，我不知道我加得妥不妥当？因为我看到很多资料都说只去培养大学生的终身学习能力，其实我觉得太少了。如果说只有大学生自己去学习，教师还有一些行政人员他们不去终身学习，他们怎么能教好学生呢？或者说他们怎么去管理好这个大学呢？也就是大学更多的一个功能，我觉得它确实是在向社会民众提供终身学习的一个机会。我觉得大学和社会之间是没有围墙的，社会上所有的人都能够去大学学习。我为什么只提了两个职能？因为我觉得这两个就很必要也很足够了，我不知道其他同学有没有对大学职能提出补充的？

**彭宇文：**其他同学有什么补充吗？这一页 PPT 也正是我想拿出来讨论的地方，刚好依凡也提出来这个问题。我当初为什么给这个服务全民终身学习教育体系的大学职能的题目？前面思钰在汇报的时候也讲了为什么要提这个词，我觉得她思考得很好。从国家政策文本的发展来看，在党的十九届四中全会的决定中就提出来构建服务全民终身学习的教育体系，这是一个很大的变化。我们之前中共中央、国务院的一些政策涉及教育的表述一般都是发挥教育的重要引领作用或者坚持教育的基础性战略地位等这样一些表述，但这一次改了，提出构建服务全面终身学习的教育体系，也就是说下一步国家发展战略、社会发展战略中教育事业的重点转移了，而我为什么在一流大学治理方面提出这个主题？实际上这意味着在新时代终身学习教育体系和学习型社会构建的背景下，大学的职能有没有新的拓展？有没有新的内涵？这是我们需要思考的重要问题。

比如说一流大学要不要去办社会培训？就像思钰刚才在报告里提到了武汉大学的继续教育，要不要办？最核心的问题在哪里？大家可能会自然而然地认为一流大学是高精尖的，不需要去办那些培训，因为培训可能给人的感觉是低端的，继续教育不就是发一个普通的大众化的毕业证或结业证吗？那么，一流大学到底要不要做这些所谓大众化的事情呢？现在实际上有两种观点。一种观点认为，一流大学不应当搞这些事情，只应当聚焦于发展高精尖的学科，瞄准世界前沿、高大上的一些前沿领域，现实中有的一流大学已经开始取消或者淡化、弱化继续教育了，这是一种观点。但是这种观点符不符合我们现在国家的战略发展需求？值得反思。另外一种观点认为，一流大学同样应当发挥服务社会的职能，也就是应该在服务全民终身学习中发挥应有的作用。当然，我们可以说一流大学作用的发挥可能和一般性大学作用的发挥不同，它的立场和出发点可能会不一样，重心也会不一样。就拿培训来说，我们有时候会用两个词来表述，一个是所谓的"高端培训"，一个是"一般培训"，那么是不是武汉大学这样的学校做"高端培训"，而"一般培训"就交给其他一般大学去做呢？值得思考。所以，怎么去看待一流大学在构建服务全民终身学习的教育体系中的作用，直接关系到一流大学的治理，我们需要联系起来思考。

我们还需要站在一个更高角度来思考，教育的本源是什么？是人，就是为人的发展、人的成长、人的幸福提供支持。大家可能都知道，党的十八大以来，社会发展的目标追求就是人民的美好生活。我们把终身学习作为我们的一种生活方式，那也就是说学习不仅是获取职业技能或者获取文凭的功利化的手段，更重要的是它也代表了生活方式的价值取向，构成了民众美好生活的一部分。那么，我们原来高等教育的人才培养、教学科研等职能里，包含了真正的教育本源吗？现在是不是能够涵盖美好生活这样一个价值目标呢？恐怕值得反思。所以在这样一个新时代的背景下，大学的职能或者我们讲高等教育的职能是不是应该有新的拓展呢？我们原来可能没有想那么多，像武汉大学还需要服务全民终身学习吗？我们就做尖端前沿技术研究、做精英人才培养就可以了，终身学习似乎跟武汉大学这样的学校没有直接的关系。但实际上，如果终身学习成为一种生活方式，成为美好生活一个重要的有机构成部分，包括武汉大学这样一流大学在内的所有大学的作用就必须要发挥出来，大学的现有职能就必然面临要拓展的问题。为什么我要把它和现代信息技术联系在一起？因为现代信息技术的发展必然会带来高等教育办学模式、教学方式、教学形态、大学业态等方面的变化，甚至可能是革命性的颠覆性的变化，就像我们现在做的在线教学，这种方式无疑给终身学习提供了极便利的条件。所以，我想借此敦促同学们站在一个更高的层面来思考高等教育职能拓展的问题，大学职能到底要不要拓展？要怎么拓展？我们进一步来思考吧，因为时间关系就不多说了。

**曾心媛：** 思钰你提到"大学是终身教育的'中流砥柱'"，这里用的是终身教育。在论述大学职能时，你用的又是终身学习，老师提供的标题是服务全民终身学习的教育体系，我发现了你整套PPT应该是把终身学习、终身教育或者是其他的表述混用了，但是终身教育、终身学习以及学习型社会其实是有区别的。终身教育最先是保罗·朗格朗提出来的，后来中国学者提出了学习型社会概念，然后又提出了终身学习的概念。终身教育的延伸概念更全面一点，我有一个小的建议，在用这些概念的时候是不是要区分一下？因为我个人觉得终身教育更多是从供给侧角度出发，比如说我提供什么样的教育给你，但是终身学习体现的是一个人的主动性，它是从我们的需求侧出发，恰恰也是因为有现代信息技术的支持，所以人们可以有这个机会、条件去实现泛在学习，人人都能学习，引领了需求，应该是这样说，所以我觉得是不是要注意一下用法？这个是我想跟思钰探讨的一个部分。

**周思钰：** 谢谢心媛，果然是人多力量大，可以给我提出很多有用的建议。终身教育我觉得可能是我自己的一个理解，心媛刚刚也给了我很多思考，因为我之前没有像心媛思考得这么全面，我之前将终身教育和终身学习理解为一个概念，刚刚心媛就给了我一个新的认识，因为终身教育、终身学习、学习型社会，我总认为它们的目的都是一样的，都是为了实现"全民时时可学"，但是经过心媛刚刚对这三个词的辨析，我觉得课后我还是要重点再去了解一下这三个词的概念，我这里确实是前后有点不太一致，谢谢心媛给我的建议。

**彭宇文：** 心媛刚才提的这个问题，其实我们有时候确实可能存在混用，当然它也是在不同角度下出现的，我们可以看到有终身教育、终身学习等不同角度的表达。终身教育更多的是强调教育供给者，从教育供给侧去谈，而终身学习是从受教育者、学习者的角度去谈，强调要一辈子主动学习。我们只要把这个搞清楚就行，其实它们之间是相互支撑的。

这是大家的问题，我们现在都讨论完了。

## （四）彭老师点评环节

**彭宇文：** 那我们把思钰的PPT简单过一下，还是从你的开头部分开始。思钰在我的基础上提出了一个新的描述，叫"知识经济时代与高校信息化"。那么我想问一下大家，她认为我们现在的时代是知识经济时代，你们觉得准不准确？你们还有没有关于这个时代新的标签的描述？

**王萍**：我觉得是知识经济时代。

**彭宇文**：因为我们现在研究的是教育的问题，你现在描述的叫知识经济时代，那么怎么把两者关联起来？你为什么给它这个界定？

**王萍**：我们从原始社会走来，经过了农业经济时代，农业经济时代就是靠农业发展，后来又进入工业时代。我觉得现在社会的发展主要是靠知识，包括信息它也是通过知识来发展的，所以我觉得如果从这个角度来讲的话，思钰这个标题没有问题。

**彭宇文**：这是支持思钰的表达，就有点像我们上一讲提到的《权力的转移》书里所讲到的，从知识权力带来的一种新的控制力的角度来阐述。实际上这个地方我觉得大家也可以进一步思考，如果我们从高等教育信息化角度来体会的话，还有没有别的时代标签？比如思钰报告中谈到的智能、智慧、智力这几个词，这些不同表达之间是什么关系？我觉得可能还是需要把它梳理得更准确。我们讲信息时代，其实我们也会讲人工智能时代、AI时代、IT时代，等等，有很多说法，我觉得刚才王萍对知识经济时代的解释是成立的，只是我们在内部把它跟信息化构建关联起来的时候，你得建立一个有机的联系，这是一个问题。

PPT再往后翻。思钰在解释终身学习时用了"提升学历"这样的词，这个就得注意，其实终身学习更多讲的是生活方式，它重点不在于学历的提升，意味着人已不再追求提升学历的简单功利化目的，而是在于生活内容的丰富及幸福化，这种表述你还得注意一下。

你还提到一个"后大学时代"，提出企业大学是针对企业员工"后大学时代"的终身教育机构。你为什么把它界定为"后大学时代"？

**周思钰**：我所理解的"后大学时代"就是大学生活已经结束了。

**彭宇文**：那我倒觉得应该是"大学后时代"，就是你刚才讲的大学已经结束了，大学以后的时代，而"后大学时代"，就应当是大学期间的后期阶段。我们经常会在很多地方使用类似这种表述，需要注意一下。

另外，思钰将一流大学治理中的现代信息技术应用问题梳理为三点。第一点讲的是条块分割难以协调的问题，这是技术问题，也是一个组织架构的问题；第二点讲的是以管理者的思维来建设的问题，这是一个建设的逻辑起点、价值取向的问题；第三点讲到信息孤岛的问题，还是一个技术描述的问题。这是三个角度的问题，但我觉得在问题的归纳以及问题先后顺序的把握方面，还可以进一步地思考。比如首先你讲的是部门条块分割，这是讲了信息应用怎么组织架构的问题，而我们实际上更多的可能首先想到的是信息应用的基本价值取向是什么。就你的三点问题而言，我认为你的第二点应该成为第一点，先讲思路再讲技术，应该是这样的一种逻辑思路，因为理念、思维总是先行的。

王萍提到了评价问题，我觉得这个非常好。评价其实也是我们现在大学治理中非常薄弱的方面，比如说政策举措如何评价？政策实施效果如何评价？评价的确是个难点。所以王萍从评价角度进行思考，和思钰的报告构成了一个有机的支撑，这也是我觉得很好的地方。

### （五）彭老师谈本专题

**彭宇文：** 那么下面我也来分享一下我的内容。这堂课是本门课程的收尾课，为什么我把技术基础放到最后作为一个收尾的题目？有两个考虑：一个角度的考虑是，一流大学治理必须以现代信息技术的发展为重要支撑手段。推进一流大学治理离不开现代信息技术，因为它非常重要，特别是在现代化发展的新时代背景下，如果我们简单地抛弃现代信息技术，或者我们简单地按照固有的传统思路去抵触现代信息技术，可能我们无法实现一流大学治理。现在确实有一种舆论思潮，认为现代信息技术带来的都是问题，所以要摒弃在一些领域所谓的信息技术的发展。这是一个角度的考虑。第二个角度的考虑是，我认为一流大学治理变革及发展的趋势都要依托现代信息技术，就是它发展的未来前景在现代信息技术。实际上无论是知识经济时代也好，还是信息时代也好，现代信息技术一定会带来一流大学治理的新的前景和新的空间，所以我把它放在最后来讨论。这是关于架构的考虑。

另外这里我提了两个子标题：一个子标题是"服务全民终身学习的教育体系建设中的大学职能"，为什么把它放在这里？前面我们也讲过了，我就不多说。现在国家发展的战略需求是要构建服务全民终身学习的教育体系，一流大学在这中间怎么发挥作用？发挥作用离不开现代信息技术。所以，这个地方其实就隐含着两个问题，一是我前面讲到的在服务全民终身学习的教育体系构建中，大学的职能要不要拓展？要不要赋予大学现有五项职能新的内涵？二是现代信息技术在这中间怎么发挥作用的问题，也就进入我提出的第二个子标题了，第二个子标题是"一流大学治理的现代信息技术应用"。一流大学治理怎么发挥大数据、人工智能等现代信息技术的优势？一流大学治理应该是具有标杆代表性的，能够体现并引领新发展趋势，应当在现代信息技术应用方面发挥带头作用。实际上我们可以看到，现在一流大学治理中的现代信息技术应用还是存在着很大差距的，思钰刚才总结了很多的问题，比如信息鸿沟、信息混乱等一系列问题。现在问题的核心就是，一流大学治理为什么要应用现代信息技术？现代信息技术应用在一流大学治理中，它究竟能够发挥什么作用？我们需要从什么角度来思考它？我觉得，恐怕要从一流大学治理的目标、一流治理的核心角度来考量。一流治理的关键点是理顺内外部利益相关者的关系，那么理顺关系的核心点在哪里？在于沟通，在于协调，在于相互交流融通的一种机制，这种机制怎么建立？现代信息技术的发展是一个很好的手段，比如数据共享、资源共享，它可以解决很多传统管理中我们难以逾越的障碍。我觉得要从这个角度去思考这个问题。比如说大数据信息共享，不同的利益相关者通过应用数据的分析，可以找到自己在大学治理中应有的位置，也可以明晰自己在大学治理中应该发挥什么样的作用。正因为如此，现代信息技术的应用它不是简单地把技术拿过来使用就完了，关键在于对技术应用背后的深层次延伸分析。比如说校园一卡通的使用，可以通过校园一卡通使用的表象，收集各种信息，比如说你这个学期这个月在食堂吃饭刷了多少次卡？每一次消费了多少钱？你是在哪个食堂吃的？每次吃饭的时间？进图书馆学习的次数、时间及时长？在图书馆借阅了哪些图书？等等，得到这些信息后，就可以判断你的消费能力、消费习惯、消费爱好、学习习惯、学业状态等情况，由此进一步分析你的经济状况、学习状况甚至是思想状况等。不仅是对这些数据的掌握，还有一个重要特点就是这些数据都是可以实时生成、实时获取并实时分析的，具有极强的时效性与动态性，这就为我们做好相关工作提供了相当有价值的数据依据，可以针对性地解决相关问题，在治理中有针对性地及时做好学生思想政治等各方面工作。所以，大学治理中现代信息技术的应用，要透过现象看本质，敏锐把握技术应用背后的新突破。当然，我们现在的数据共享及协调还不够，大数据信息还未能得以充分运用，在学校、家长、政府等方面利益相关者之间实现信息共享还很不够，大学治理中现代信息技术的作用发挥依然很不够。不过，现代信息技术是一把双刃剑，这里面也涉及另一个问题，就是信息安全问题，还有信息带来的公平问题，信息带来的公民权益维护问题，等等。所以现代信息技术既需要充分应用，又需要准确把握。

好，下面我还是基于一些重要政策文件进行阐释，因为时间关系我就不多展开说了。

第一份文件，《中共中央关于坚持和完善中国特色社会主义制度、推进国家治理体系和治理能力现代化若干重大问题的决定》，文件在"构建服务全民终身学习的教育体系"部分中提出，"发挥网络教育和人工智能优势，创新教育和学习方式，加快发展面向每个人、适合每个人、更加开放灵活的教育体系，建设学习型社会"。这里谈到了现代信息技术的应用，明确了现代信息技术可以在教育和学习方式创新中发挥作用。更值得我们关注的是，文件关于教育体系的界定，是面向每个人、适合每个人、更加开放灵活的教育体系，这个界定我们可以从两方面解读。一方面，它明确提出了现代教育体系的关键特质，要能够满足每个人的教育及发展的个性化需求，要具有充分的开放度与灵活性，要能够开放灵活地提供适合每个人的教育服务；另一方面，这个现代教育体系的特质，是建立在网络化、人工智能等现代信息技术基础上的，也正是依托于这些现代信息技术手段，才能够有效地实现现代教育体系的关键特质。可以看出，国家从发展战略高度对现代信息技术在教育事业中的应用，提出了非常明确的部署要求，教育治理也必须呼应这些要求。

第二份文件，中共中央、国务院2019年发布的《中国教育现代化2035》。关于这个文件我们着重看一下以下三方面内容：其一，推进教育现代化的八大基本理念。文件提出八个"更加"的基本理念，"更加注重以德为先，更加注重全面发展，更加注重面向人人，更加注重终身学习，更加注重因材施教，更加注重知行合一，更加注重融合发展，更加注重共建共享"。里面虽然没有直接提出现代信息技术应用问题，但其中面向人人、终身学习这样一些地方，其实都需要现代信息技术发挥作用。更关键的是，这些理念对发挥现代信息技术作用具有重要的指导意义，是需要遵循的基本原则。其二，"构建服务全民的终身学习体系"。这里与党的十九届四中全会"构建服务全民终身学习的教育体系"的表述不一样，就是刚才心媛提到的两种角度的表达。文件提出，"构建更加开放畅通的人才成长通道，完善招生入学、弹性学习及继续教育制度，畅通转换渠道。建立全民终身学习的制度环境，建立国家资历框架，建立跨部门跨行业的工作机制和专业化支持体系。建立健全国家学分银行制度和学习成果认证制度。强化职业学校和高等学校的继续教育与社会培训服务功能，开展多类型多形式的职工继续教育。扩大社区教育资源供给，加快发展城乡社区老年教育，推动各类学习型组织建设"。无论是终身学习，还是终身教育，文件围绕通道、制度、渠道、支持体系、多类型多形式教育以及学习型组织建设等方面进行了阐述，虽然文字不多，但是内容很丰富。我们还可以关注的一点是文中的"畅通"一词，现代信息技术的核心之一就是 communicate，而终身学习作为一种贯通终身的教育形态，一定是具有相当流畅性的贯通，即"畅通"的，这种畅通其实也是离不开现代信息技术支撑的。其三，"加快信息化时代教育变革"。文件在面向教育现代化的十大战略任务中，第八点专门阐述了信息化问题，"建设智能化校园，统筹建设一体化智能化教学、管理与服务平台。利用现代技术加快推动人才培养模式改革，实现规模化教育与个性化培养的有机结合。创新教育服务业态，建立数字教育资源共建共享机制，完善利益分配机制、知识产权保护制度和新型教育服务监管制度。推进教育治理方式变革，加快形成现代化的教育管理与监测体系，推进教育管理精准化和决策科学化"。我们可以看到，文件标题其实就呈现出较强烈的政策导向，信息化时代必然带来教育变革，而且这种变革的速度还需要进一步加快。从教育治理角度来看，有几点需要重点关注。一是平台建设，现代信息技术应用必须依托于相关平台，通过平台发挥作用；二是机制建设，特别是数字资源共建共享机制、利益分配机制建设，信息化必然打破旧格局而形成新的资源利益分配格局，加强相关机制建设是保障现代信息技术切实发挥作用的实质性前提条件；三是教育服务业态创新，信息化一定会产生新的教育服务业态，这也是新时代教育事业发展的现实需要，但由此也必须进一步加强前述的平台建设、机制建设，以保证这些教育服务新业态在符合教育规律的合法性规范化轨道上创新；四是治理方式变革，依托现代信息技术加快形成现代化的教育管理和监测体系，这其实也涉及长期以来难以突破的教育评价难点问题，而现代信息技术的发展完全有可能为我们带来突破口。

第三份文件，2019 年 2 月中共中央办公厅、国务院办公厅印发的《加快推进教育现代化实施方案（2018—2022 年）》，这是对贯彻落实《中国教育现代化 2035》进行具体部署的政策文件。文件提出了推进教育现代化的十项重点任务，其中第六项是"大力推进教育信息化"，提出"着力构建基于信息技术的新型教育教学模式、教育服务供给方式以及教育治理新模式。促进信息技术与教育教学深度融合，支持学校充分利用信息技术开展人才培养模式和教学方法改革，逐步实现信息化教与学应用师生全覆盖。创新信息时代教育治理新模式，开展大数据支撑下的教育治理能力优化行动，推动以互联网等信息化手段服务教育教学全过程。加快推进智慧教育创新发展，设立'智慧教育示范区'，开展国家虚拟仿真实验教学项目等建设，实施人工智能助推教师队伍建设行动。构建'互联网+教育'支撑服务平台，深入推进'三通两平台'建设"。这段话包含的内容还是非常丰富的，我觉得，其中最值得关注的是几个"新"："新型""新模式""创新"。现代信息技术作为最具创造能力的新手段，必然给新时代教育事业发展带来新契机，信息化背景下，我们一定需要深入思考现代信息技术会为大学治理提供哪些新型手段、形成哪些新模式，特别是能够带来哪些创新突破。文件使用"大力""着力""加快"等这样的程度副词，也进一步表明了国家层面对于推进教育信息化工作的鲜明政策导向。

还有几个关于教育信息化的系列文件，如教育部 2012 年发布的《教育信息化十年发展规划（2011—2020 年）》、2016 年发布的《教育信息化"十三五"规划》、2018 年发布的《教育信息化 2.0 行动计划》。这三个文件相对来说更全面地体现出教育信息化的工作要求，特别是 2018 年最新发布的 2.0 行动计划，在"基本目标"部分，提出了"三个转变"和"三个模式"，这是我们需要特别注意的。文件提出，"推动从教育专用资源向教育大资源转变、从提升师生信息技术应用能力向全面提升其信息素养转变、从融合应用向创新发展转变，努力构建'互联网+'条件下的人才培养新模式、发展基于互联网的教育服务新模式、探索信息时代教育治理新模式"。应当说，这个文件的站位还是非常高的，体现出政策制定者从现代信息技术发展的趋势、从教育事业发展的全局高度上关于教育信息化建设的战略思考，具有极强的指导意义。落脚到大学治理而言，"三个转变"和"三个模式"也蕴含着相当丰富的内容，诸如：大学治理必须拓展现有资源范畴，要充分利用教育大资源，也就是更广义上的各方面资源，为推进大学治理提供充足而实在的资源支撑；大学治理中要消除鸿沟、实现教育公平，就要提升信息素养，而不是简单地提高信息技术应用能力，从能力到素养，其实是从行为到理念、从"术"到"道"的实质性提升；目前在大学治理中主要还是应用现代信息技术来实现改进，处于逐步将现代信息技术融合进治理体系的进程中，实际上依然是比较被动的应用模式，而文件提出的从融合应用向创新发展转变，则是从如何利用现代信息技术创新发展教育治理的更高立场提出了大学治理的发展趋势，不仅仅是被动应用，而是积极求变，具有更强的主动性和引领性；三个新模式把人才培养新模式放在首位，体现了现代信息技术应用必须紧扣人才培养根本任务的基本立场，教育服务新模式和教育治理新模式也都必须服务于这个根本任务，同时，一旦提出模式探索，就意味着要在传统模式基础上构建一种新模式，具有较强的体系性与创新性要求。这些都是我们需要思考的。

好，上面介绍了几个重要政策文件，下面我再给大家分享几本书。

第一本是美国学者罗伯特·赫钦斯的《学习型社会》。这是 20 世纪 60 年代系统提出构建学习型社会比较权威的著作，内容很丰富，大家可以找来看看，我们这里只是结合本节课的主题分享几点。其一，学习型社会中的大学职能问题。赫钦斯在书中提出，"学习型社会基于两个重要的事实：日益增加的自由时间，以及快速的变化。快速的变化需要不断地学习，而闲暇时间使这种学习成为可能"。我们前面讨论过在构建全民终身学习的教育体系中大学要发挥什么作用的问题，也就是在学习型社会的背景下，大学的职能要不要拓展的问题。可以看到，随着社会的发展，我国社会中也呈现出自由闲暇时间增多、变化加快的现象，在这样一种情况下，大学旧的职能可能就需要拓展了，从功利性的知识技能学习转向超功利性的兴趣化学习，既能够适应职业技能快速发展对知识的需求，又能够满足人们享受闲暇生活的需要。所以，大学怎么适应这两个构建学习型社会的重要事实的发展？这也是我们一流大学治理需要思考的问题。其二，学习型社会中的大学定位问题。赫钦斯以连续问句的形式，对此提出了尖锐发问，"大学是社会的仆人，还是社会的批评者？它是独立的，还是依附性的实体？它是镜子，还是灯塔？它是力图满足民族的直接需要和实际需要，还是把满足高雅文化的传承和延伸需要作为它的主要任务？在一个强调专业化的时代，一个由知识分子组成的社区是可能的吗？一个国有化的产业能够成为世界的未来吗？或者，这些看上去相互矛盾的目标，能够成功地结合在一个机构之中吗"？这几个问题既涉及教育规律问题，又涉及大学精神问题，也涉及大学职能问题，环环相扣，步步紧逼，确实引人深思。我想，对这些问题大家应当有自己的结论，形成自主思考，我这里就不提出结论观点了。其三，学习型社会中的教育技术应用问题。我发现，作者比较早地提到了教育技术应用的问题，特别是对教育技术弊端的控制问题具有先见之明。他在"教育技术的控制"专门一节中发问，"教育中的技术问题和一般情况下的技术问题是相同的：它们能够受到控制吗？如果任其发展，新设备会将其应用扩展到训练、死记硬背的学习、娱乐，以及信息的传播上，因为这些都是最容易实现的目标。……它们将会推进集权化，妨害教师的自由，因为从少数几个中心点指挥系统，将会更有'效率'。它们将倾向把教师赶走，因为教学将会如此简单：即使让一位西班牙的文盲妇女监管德国学校也如同让其看管德国面包房一样。它们将把以人性化为目标的过程变得非人性化。它们将确认、加深和延长大众教育中最坏的特征的有效期和影响力"。应当说，赫钦斯所担忧的技术应用弊端问题在之后的现实中不幸得到了印证，特别是现代信息技术给教育带来的诸多弊端，大家有目共睹。我们需要思考的是，在大学治理中究竟什么才真正是现代信息技术应用的"效率"？我想，不管怎样，符合教育规律、符合人才成长规律、符合大学精神、符合美好生活目标一定是这种"效率"的前提和基础。

第二本书，美国学者凯文·凯里的《大学的终结：泛在大学与高等教育革命》。书中凯文·凯里以跨区域跨学校选读《生命的奥秘》课程的经历，阐述了他对未来的大学形态的构想，提出现代信息技术将创造性地产生泛在大学，对高等教育带来"革命"性的变化，传统大学形式可能终结。书的内容很多，我这里摘选几段和大家一起讨论。其一，关于泛在大学的出现。他认为，"高等教育处在信息技术变革的浪尖……这个历史性的发展将解放全球数以亿计的人，创造出一种前所未有的学习方式。这也颠覆了美国精英领导阶层的基础，从根本上改变了社会创造知识和经济发展的方式。有意也好，无心也好，（哈佛大学和麻省理工学院）两所大学正在构建一种崭新的、史无前例的学校，那就是——泛在大学（The University of Everywhere）"。随着现代信息技术在高等教育领域的深度应用，这种随处可在的泛在大学形态，正在不以人们意志为转移地构建形成，成为可能颠覆传统大学形态的崭新形态。其二，关于泛在大学的优势。他在书中花费较多笔墨阐述了泛在大学在教育教学方面的大量优势，诸如：教育资源的充分获取，"随着数字化学习环境的蓬勃发展，丰硕的教育资源，如书籍、讲座视频、图像、音频等任何可数字化的东西，不管在全球哪个角落，只要有互联网，就可以轻易获取、免费享用"；真正面向普罗大众的个性化教育的提供，"学生将在史无前例的复杂数字化环境中接受教育，泛在大学将解决普通大学在千年前首次建立时就遭受困扰的基本问题，即如何以合理的价位向广大人民提供个性化的教育"；对学生学习态度的激励更有效，"新的数字化学习环境将用于激励人们持续努力地学习，这是现实教育不断提出的要求"；终身学习的实现，"在泛在大学，入学是终身制的，这是现代生活中的基本生存方式。人们不会在成人的关键期花费几年时间在一所学校学习，相反，他们根据自身喜好、条件和需求与各种学习机构建立联系，这种关系将维系数十年"。其三，也正因为前述泛在大学的这样一些特殊优势，大学治理将出现新的趋势，实现更加公平高效的治理。他以我们之前讲过的密涅瓦大学为例，"在密涅瓦，我看到的学校正通过金融、技术、智力资源去发掘综合性大学模式的弱点，以及大学鉴于其财富和特权允许溃烂在其内部的低效率和荒谬之处。……'密涅瓦项目'的整体理论就是，一个新的组织可以将一种选择度高、无腐败的录取程序与世界级的教育经历匹配起来"。因此，我们可以看到，泛在大学的治理已经不再是传统意义上的大学治理，这种新形态实际上必将赋予大学治理以许多新价值、新内涵和新表现，通过现代信息技术手段及学校形态的创新，人们长期以来所追求的教育公平、公正、规范等方面目标将得到有效实现，那么，需要思考也是需要应对的是，面对这种创新挑战，传统的大学治理应当怎么样变革甚至是"革命"？从传统的大学治理向新型的泛在大学形态的治理转型，会是一个多长时期的过程？这种转型究竟有哪些"变与不变"的东西？我们应当如何顺利度过这个目前尚难以把握的转型期？这些问题需要我们思考，也许一时间难有结论，但事实上已经迫在眉睫，必须高度关注。

第三本书，社会学者郑也夫的《代价论——一个社会学的新视角》，这是我这段时间有空闲翻书架找出来读的一本书。我之所以在我们这门课程的最后一讲中把这本书拿出来讨论，是因为结合一流大学一流治理的主题，郑也夫教授的两个观点值得我们认真借鉴思考。其一，代价的必然性及其应对。书中以多种角度分析了社会行为中的代价问题，指出，"合作必有代价，冲突自然有代价，禁止冲突代价更大，没有一种伦理是无代价的"。那么，在新的时代背景下，无论是一流大学治理的发展也好，还是现代信息技术的应用也好，甚至高等教育的发展也好，必然会遇到挑战、遭遇冲突，在这些挑战冲突之中，我们有没有付出代价？我们付出了什么代价？我们下一步还将会付出什么更多的代价？代价这个问题，其实是一个客观存在的、蕴含着利益的问题，我们需要付出代价才可能推动一流大学治理的发展，特别是在泛在大学等这样新的社会条件下，高等教育治理传统与现代的冲突可能还会加剧，也许我们下一步还需要付出更多的代价才能持续推进大学治理现代化发展。所以，发展必然面临冲突，冲突自然存在代价，作为一种客观现象，冲突和代价本身并不可怕，我们需要思考的是怎么样以最恰当的或者说最小的代价应对冲突。其二，必要的张力。既然冲突与代价不可避免，那么如何最大限度地帮助人们减少行为选择时的代价，他认为，"人类行为的理想之境是中庸之途"。围绕如何实现中庸之道，他提到了两个观点，我们可以思考。一是从库恩《必要的张力》一书中得到启发，认为这种必要的张力是找到中庸之道的首要条件之一。张力本是一个物理学名词，应用于社会科学中，往往意味着矛盾之中的弹性，在矛盾的不同方面保持适度的收放协调。落脚到我们讨论的大学治理，在治理理念、治理规则、治理行动、治理合作等方面必然面临着诸多矛盾和冲突，这时候对张力的把握就显得尤为重要，张力可能成为实现治理效能的关键因素。当然，如何找到这种张力，如何把握这种张力，其实是一个非常有难度的事情，需要治理主体深厚的实践积累及高度的理性智慧。二是关于保守与激进两"极"的处理问题。他认为，现实社会生活中总是存在着保守与激进两"极"，"保守主义与激进主义，从来都是一个社会的政治思想最重要的两极。……一个失去了激进派批评的社会将从维护现状走向抱残守缺，一个失去了深刻保守主义的社会将从反传统走向反文化。只有在这两极共存的情况下，我们才能找到张力，找到中庸之道"。我觉得这一段论述非常深刻，任何社会都存在这样的保守、激进两极问题，在一流大学一流治理中其实也必然面临着保守与激进的两极问题，在治理理念、治理规则、治理行动、治理合作等方面都可能存在着保守主义和激进主义的不同观点。比如说现代信息技术在大学治理中的应用，那种认为现代信息技术势不可挡、必将在大学治理中形成颠覆性革命的观点是不是一种极端主义？而那种把现代信息技术视为洪水猛兽、反对应用现代信息技术而追求坚守传统大学精神的观点是不是属于保守主义？当然，在现实中也许没有那么鲜明的激进主义或者保守主义表现，更多的还是偏向于激进主义或保守主义的表现。参照郑也夫教授的观点，在一流大学一流治理中最重要的还是我们怎样在激进和保守之间找到一种平衡，就是在两极共存的情况下找到一种张力，找到中庸之道。面对已成必然趋势的现代信息技术潮流，我们要从"必要的张力"角度来思考大学治理问题，既不要太理想化，也不能过于悲观，过于消极。在一流大学一流治理这样的状态下，深刻的保守主义和激进派可能都有其价值，我们既要回归教育本源，坚守高等教育的本质规律，坚守历史悠久的大学精神，又要适应时代发展，充分发挥现代信息技术优势，不断创新治理模式，提升治理效能。我们要找到两极之间的张力，这是我们实现一流治理必不可缺的方法论。

好了，这门课程到今天就结束了。我非常感谢大家的共同探讨，教学相长，我也有很多收获。每一次的讨论我觉得都有很多很精彩的点，值得深入思考。虽然我们的课程结束了，但我希望我们依然要继续努力打造一个学术共同体，那么，我们这个学术共同体应当是一个什么样的学术共同体？希望你们每个人说一个定语词，表达你的期待。思钰今天你是主讲，你先说吧。

**周思钰：**打造高端的学术共同体。

**王萍：**思钰说高端的话，我就说个异端。因为我们虽然是一个学术共同体，但我们和而不同，是求同存异的意思。

**夏施思：**打造学科交融的学术共同体。

**曾心媛：**我觉得用个性化会好一点。

**李骏锋：**打造云学术共同体，一是体现了我们现在这种上课的方式，然后还有第二层含义就是，虽然我们每个人的学科背景不太一样，但还是融合在了一起。

**彭宇文：**我更欣赏你说的第二个含义，因为"云"它只是一个云端的技术性的东西，技术可能会不断地变化，而你说的融通性这样一种内涵是我更希望看到的。

**唐依凡：**我想到的是互动交流共同体。

**彭宇文：**其实交流就蕴含着互动在里边了，是吧？或者说互动里面它肯定有交流的含义。

**易慧：**打造自律的学术共同体。我们对待学术科研应该保持自律，做到坚持。

**彭宇文：**这个角度倒还真是有意思，我们大家有时候可能没太注意这个角度。行为规范有他律和自律两个角度，学术事项更重要的其实是自律，对非学术的事项用他律的方式更有效，而这个自律体现在比如说我们自己主动地研究、主动地学习，包括学术规范性的自律，这个非常好，我觉得体现了学术的特点。

**徐玉胜**：我觉得是开心的或者是和谐的都可以。因为做学术如果你不开心的话，其实就很痛苦很难受，应该大家一起互相交流，快乐地学习。

**彭宇文**：对。这个也很好，实际上我也想到了和谐。学术共同体开心和谐非常重要，可能现在同学之间还没有那么明显的这种感受。中国古语有一句话叫作文人相轻，因为学术它确实会有不同的立场，或者说不同的思维点、不同的背景、不同的风格、不同的个性，那么在这种不同之下，我们是简单地去相轻？还是从"轻视"的"轻"变成"亲密"的"亲"？我觉得，其实现在社会的发展对于我们而言更多的是需要一种和谐，就是由和谐而达到开心。和谐怎么建设？就是我们前面讲的这些，无论是求同存异也好，还是我们加强共同的交流也好，融通、融合也好，形成一种开心的氛围很重要。没有兴趣的研究，你可能一个字都写不出来，或者你会写得非常痛苦，当你有兴趣的时候，你可能很快就写出来了。我写文章有时候就是这样的，可能几天我就能完成一篇文章，因为你有想法，你有兴趣你想去写，你压抑不住想做学术的冲动，你会去写它，那么你自然会完成它，这就是开心的一种体现，就是欢乐的学术、开心的学术、和谐的学术。

所以，我为什么在课程最后来讨论"共同体"这个词？我是希望大家形成一个共同体，我们这九个人是一个小共同体，还有更大的学科共同体，我希望我们要有这种意识，即使课程学习结束了，共同体的建设并没有结束，希望以后继续我们共同体的交流，围绕一系列的专题、不同的专业来进行持续的交流，因此，这门课程的结束也意味着我们一个新的学术共同体的开始。

# 三、2022 年的再思考

距离这次课堂汇报过去两年时间了，但再次翻开当时的课堂记录却感觉这些内容已经深深刻在脑海里，可以清晰地回忆起那天老师的指导，和小伙伴们交流的场景，以及自己彼时彼刻的一些思考。仔仔细细把汇报文稿再整理了一遍，发现当时的一些观点在这两年间，也不知不觉渗透在我的生活里。

今年年初，我观看了很老的一部电影——《肖申克的救赎》，最令我印象深刻的不是主人公的机智勇敢与忍耐，而是剧中一个角色在多年牢狱生活之后，再次踏入社会，但因为与社会格格不入而陷入迷茫和痛苦之中，最后选择自杀逃避一切。当时看完电影，我就去搜寻国内关于出狱人员的保护制度的实施，这也和我两年前在汇报中提到的法国大众大学有类似之处，大众大学是终身教育的一项具体落实，所面向的群体更加广泛，包括从监狱里出来的人都可以在这个学校里进行学习，去弥补自己和社会的脱节，以尽快融入社会。两年以后，我更加坚定地认为终身教育应该人人平等享有，从儿童到老年人，乃至受到社会不平等待遇的特定群体都要树立终身教育的观念，国家和社会要带头制定保障政策，不限制任何一个人拥有终身教育的自由。

再回到现实生活，特殊时期，如何灵活应用现代信息技术成为高校急需解决的一项大问题。在特殊时期，学生线上上课、学生就业的笔试面试、学术交流会议都越来越依托现代信息技术，可以说在特殊时期，现代信息技术在高校中的运用得到了飞速发展，这也就回到了我的汇报主题，一流大学治理的技术基础必然是现代信息技术。两年后的我们，更加坚信当时彭老师在课堂上提到的一句话：信息化是推进大学治理现代化之路、实现高效治理目标的必由之路。这也就给了高校新的时代课题：如何在现有的信息技术基础上寻求新的突破点，提高高校治理水平，完善后疫情时代的治理体系。高校治理之路，在特定的时代背景之下仍然需要继续探索。

最后，我想说，相信大家在特殊时期，会更加认同终身教育的重要性。当你发现，用传统的知识、管理方法无法去对抗突发事件的冲击之时，我们要更加主动地去学习新兴技术，才不会被这个时代淘汰。终身教育不再是单纯地提升我们的学历水平，或许在以后的发展中，我们只有终身学习，才能继续生存。**（周思钰）**

## 思考题

1. 谈谈你对一流大学治理中现代信息技术应用的理解。
2. 如何理解一流大学治理中的"保守主义"与"激进主义"？
3. 试从现代信息技术角度分析一流大学治理的未来发展。

## 参考文献

[1] 吴英娟．我国高校信息化建设问题探讨［J］．东北师大学报（哲学社会科学版），2018（04）．

[2] 刘永贵．基于信息视角的高等教育信息化内涵探析［J］．现代教育技术，2011，21（04）．

[3] 陈敏，范超，吴砥，等．高等教育信息化应用核心评估模型研究［J］．中国电化教育，2017（03）．

[4] 刘键．论现代信息技术在高校管理工作中的应用［J］．中国管理信息化，2017，20（19）．

[5] 朱鹏威，曹烨帆，董天舒．"互联网+"视阈下高校信息化教学资源共享平台建设研究［J］．情报科学，2016，34（12）．

[6] 杨建军．现代教育治理语境下地方高校教育信息化建设推进机制研究［J］．软件导刊，2020，19（08）．

[7] 成洪波．信息化促进高校治理现代化的路径创新［J］．中国高校科技，2019（11）．

[8] 任友群．智慧校园：高校管理信息化的转折与挑战［J］．中国教育信息化，2013（19）．

［9］刘立霞．信息化建设视角下高校行政管理的策略［J］．黑龙江高教研究，2016（10）．

［10］翁渊瀚．知识经济时代高等教育的改革与发展［J］．教育教学论坛，2020（02）．

［11］陈磊．基于高校治理视角的信息化建设探讨［J］．科技创新导报，2019，16（33）．

［12］丁国勇．高校治理视阈下教育数据挖掘的应用与挑战［J］．高教论坛，2020（04）．

［13］赵靖岩，胡振波．大数据环境下高校信息化教学模式研究［J］．情报科学，2016，34（01）．

［14］刘怀金，聂劲松，吴易雄．高校数字化教学资源建设：思路、战略与路径——基于教育信息化的视角［J］．现代教育管理，2015（09）．

［15］张林．对高校研究生教育信息化建设的思考与建议——以北京大学研究生奖助系统为例［J］．学位与研究生教育，2014（11）．

［16］石晶．大数据时代高校教学信息化现状分析与对策思考［J］．高教学刊，2019（26）．

# 后　记

2018 年我获批武汉大学 "研究生研究学分课程建设" 项目，并自 2018—2019 学年第一学期开始，一年一度开设了多期的 "'双一流' 建设与高校治理现代化研究" 课程。作为研究生人才培养模式改革探索，研究学分课程倡导开放式教学，以问题式教学、探究式教学等方式实施课堂教学，因此，我在课堂教学过程中，有意识地希望突破原来研究生课程中存在的被动性知识传输缺陷，鼓励研究生以主体性姿态参与课程教学，强化思想性、探索性和原创性。根据教育治理理论进展、高等教育改革发展实践以及每期选课研究生的学科专业背景等实际情况，我会设置不同的教学专题，并组织研究生们开展课前文献综述、课堂主题报告、课堂研讨等多形式研究活动，使这个项目及这门课程的教学能够与时俱进地增强理论性、现实性及针对性、创新性。在师生共同努力下，经过实践探索，我主持的 "'双一流' 建设与高校治理现代化研究" 研究学分课程项目，在结题验收时被学校评为 "优秀" 等级。本教材的编著出版，就是这个项目及课程教学的成果展现。

本书探索拓展教材建设的新形态，根据研究生教学的研究性与个性化特点，突破传统的教材形式，以 "课堂实录" 形式呈现教学内容，充分彰显了研究生教学的深度互动性特色，既能够弥补目前相关教材的缺乏，又能够展示武汉大学特色性教材建设成果，更是拓展研究生教材建设新形态的重要创新。因此，本教材不同于传统教材由教师独立完成的形式，而是在我作为责任教师的主导之下，由参与课堂教学的师生们共同完成，是集体研究的成果。参加本教材创作过程的包括武汉大学教育科学研究院的以下 8 位硕士研究生同学 （以姓氏笔划为序）：王萍 （2019 级高等教育学专业）、李骏锋 （2019 级高等教育学专业）、易慧 （2019 级教育经济与管理专业）、周思钰 （2019 级高等教育学专业）、夏施思 （2019 级高等教育学专业）、徐玉胜 （2019 级教育经济与管理专业）、唐依凡 （2019 级高等教育学专业）、曾心媛 （2019 级高等教育学专业）。根据我设计的教学专题及教学环节，他们作为报告人、研讨者，充分发挥学习主体积极性，与我共同完成了课堂教学及教材撰写工作。本教材由我进行整体框架设计、统稿及审阅，李骏锋及彭学琴 （2021 级博士研究生） 承担了文稿收集整理校对等多项事务性工作。

本书的成稿，也与一段特殊时期背景直接相关。我于 2019—2020 学年第二学期开设 "'双一流' 建设与高校治理现代化研究" 课程，上述 8 位同学报名选修。孰料 2020 年 1 月，新冠疫情突发，至 2 月份开学时同学们仍然不能按期返校上课。按照 "停课不停学" 的要求，我与全国广大教师们一样，组织开展了在线教学，通过网络形式坚持线上教学。说实话，从已经习惯的线下课堂教学形式突然转型为陌生的线上教学形式，对我形成了极大挑战，加之当时本人身负院长、院党委书记、教师的多重身份所带来的巨大工作量，使自己在开课以后的相当一段时间里寝食难安、如履薄冰。好在同学们都能够积极配合，协助我完成了许多教学事务性工作，使这门课程能够顺利结课。也就是在这个线上教学的过程中，我提出由同学们采取线上录音的形式，对每一期课堂教学的全过程进行录音，并在课后及时转化为文字稿，记录下这一段难得的教学经历。2020 年下半年，逐步恢复了正常的校园生活以后，我组织同学们对文字稿进行进一步整理，形成初稿。在此基础上，我向学校申报了"武汉大学研究生教材建设培育项目"，并于 2021 年获批立项。依托教材建设项目，我和同学们深入研讨，不断完善教材文稿，最终形成了现在的正式文稿。

作为"课堂实录"形式，本教材的体例按照当时课堂教学的 9 个专题设置，包括课堂报告、研讨交流、教师点评及教师主讲等环节的相关内容。录音文稿整理既尽可能按照当时课堂教学的实际内容呈现，彰显"实录"特点，又对一些口语化表述进行必要的优化，强化学理性特征。2022 年完成修订以后，我又让同学们写一段"2022 年的新思考"，对课程教学进行进一步反思。记得 2022 年 6 月 12 日，我们这个课程团队举行总结聚会，我在当天的"朋友圈"中写道："有同学说，这是一门历时三年的课程。确实，从 2020年上半年突发新冠疫情下第一次尝试的在线教学，到现在完成几十万字的课堂实录，我们在这门课程的研习中收获了很多很多，诸多场景历历在目而难以忘怀。不忘从充满灵性的同学们那里学到的各种新知识、偷到的各样新表情包，感谢并感动于同学们用心准备的充满多项课程元素的蛋糕……"同学们虽然都已经毕业，但因为这门特殊课程、特殊教材而形成的特殊师生情谊却永恒！感谢同学们为本教材所付出的努力！

需要说明的是，由于是线上教学，加上我与同学们也缺乏"课堂实录"的写作经验，我们在课堂教学中参考借鉴了许多已有研究成果，虽以"参考文献"形式有所呈现，但肯定有遗漏，还望有关同仁谅解。同时，由于我们水平有限，加之开放性、研讨型研究学分课程的特点，本教材的有关内容可能会表现出比一般教材更强的个性化、争论性特征，希望读者能够结合最新理论与实践进展加以阅读，也期待各位方家批评指正。

本教材出版得到了"武汉大学研究生研究学分课程建设"项目、"武汉大学研究生教材建设培育项目"经费资助，感谢武汉大学研究生院、武汉大学出版社的领导、老师们对这本探索性"课堂实录"教材的理解与支持！

彭宇文

2024 年秋于珞珈山